2026

독학사

- 최신 기출문제 해설 강의 무료
- 2025년 기출복원문제
- 최신 출제경향 반영

2단계

최신 기출문제 해설강의
무료 제공

이 **책**의 **머리말**

독학에 의한 학위취득제는 「독학에 의한 학위취득에 관한 법률」에 따라 독학자에게 학사학위 취득의 기회를 줌으로써 평생교육의 이념을 구현하고 개인의 자아실현과 국가·사회의 발전에 이바지하는 것을 목적으로 한다. 현재 독학학위 취득시험은 「평생교육법」에 의해 '국가평생교육진흥원'에서 관장하며, 홈페이지를 통해 과목별 평가영역을 구체적으로 알려 주고 있다.

독학사 시험에서 다루는 2단계 전공기초과정 인정시험은 각 전공영역의 학문 연구를 위하여 각 학문계열에서 공통적으로 필요한 지식과 기술을 평가한다. 따라서 본서는 다양한 자료와 예시를 통해 구체적으로 학습하고, 이론과 문제를 통해 정리할 수 있도록 구성·편집되었다.

그동안의 독학사 기출문제를 분석해보면 문제은행식이라 할 수 있다. 따라서 수험생들은 기출문제를 중심으로 주어진 범위와 내용을 반복 학습해야 하며, 이것이 합격점 이상의 점수를 얻을 수 있는 최선의 방법이다.

모든 지식을 빠뜨리지 않고 실어 놓은 수험서가 꼭 좋은 수험서라고는 할 수 없다. 우리가 치러야 할 시험이 요구하는 준거를 무난히 통과하기 위해서 주어진 시간과 비용을 고려해 가장 효율적인 방법을 선택하는 것이 필요하다. 이런 점에서 본서는 기출문제를 중심으로 핵심 내용을 요약·정리하였고, 기출을 기반으로 예상문제를 개발해 최소한의 충분한 양을 수록하였다.

독학학위 취득을 위해 본서를 선택한 모든 수험생분들이 꼭 학위취득의 기회를 마련하였으면 한다.

대문편저자 씀

독학학위제는 대학교를 다니지 않아도 스스로 공부하여 학위를 취득할 수 있으며 언제, 어디서나 학습이 가능한 평생학습시대의 자아실현을 위한 제도입니다.

 1. 독학학위제란?

독학학위제는 「독학에 의한 학위취득에 관한 법률」에 의거하여 고등학교 졸업 이상의 학력을 가진 사람이라면 누구나 시험에 응시할 수 있으며 총 4개의 과정을 거쳐 학위취득 종합시험에 합격하면 국가에서 학사학위를 수여하는 제도이다. 현재 독학학위 취득시험은 「평생교육법」에 의해 '국가평생교육진흥원'에서 관장한다.

 2. 시험의 합격결정

1~3과정 인정시험에서 매 과목 100점 만점에 전 과목 60점 이상 득점을 합격으로 한다.

 3. 교양과정 인정시험

구 분	시 간	시험 과목
1교시	09:00 ~ 10:40 (100분)	회계원리, 인적자원관리
2교시	11:10 ~ 12:50 (100분)	마케팅원론, 조직행동론
3교시	14:00 ~ 15:40 (100분)	경영정보론, 마케팅조사
4교시	16:10 ~ 17:50 (100분)	생산운영관리, 원가관리회계

 4. 과정별 평가수준

과정별 시험	평가 수준	합격 기준	문항 수
1과정 (교양과정 인정시험)	대학의 교양과정을 이수한 사람이 일반적으로 갖추어야 할 학력수준을 평가한다.	5과목 합격 (필수 3, 선택 2)	총 40문항 (객관식 40문항)
2과정 (전공기초과정 인정시험)	각 전공영역의 학문연구를 위하여 각 학문계열에서 공통적으로 필요한 지식과 기술을 평가한다.	6과목 이상 합격	
3과정 (전공심화과정 인정시험)	각 전공영역에 관하여 보다 심화된 전문적 지식과 기술을 평가한다.	6과목 이상 합격	총 28문항 (객관식 24문항, 주관식 4문항)
4과정 (학위취득 종합시험)	시험의 최종 단계로 학위를 취득한 사람이 일반적으로 갖추어야 할 소양과 전문지식 및 기술을 종합적으로 평가한다.	6과목 합격 (교양 2, 전공 4)	

시험안내

시험과정별 응시자격

1과정	2과정	3과정	4과정
교양과정 인정시험	전공기초과정 인정시험	전공심화과정 인정시험	학위취득 종합시험

「독학에 의한 학위취득에 관한 법률」 일부 개정에 따라 2016년부터 고등학교 졸업 이상의 학력을 가진 사람이면 누구나 1~3과정(교양과정, 전공기초과정 및 전공심화과정) 시험에 자유롭게 응시 가능. 단, 학사학위 취득을 위한 마지막 과정인 학위취득 종합시험에 응시하기 위해서는 1~3과정 시험에 모두 합격(면제)하거나, 학위취득 종합시험 응시 자격을 충족해야 함.

 **1. 교양과정ㆍ전공기초과정 및 전공심화과정 인정시험(1~3과정) 응시자격**

① 고등학교 졸업자
② 「초ㆍ중등교육법 시행령」 제98조 제1항에 따라 상급학교의 입학에 있어 고등학교를 졸업한 사람과 같은 수준의 학력이 있다고 인정되는 사람
③ 「평생교육법」 제31조 제2항에 따라 지정된 학력이 인정되는 학교형태의 평생교육시설에서 고등학교 교과과정에 상응하는 교육과정을 마친 사람
④ 「보호소년 등의 처우에 관한 법률」 제29조에 따른 소년원학교에서 고등학교 교육과정을 마친 사람

 **2. 학위취득 종합시험(4과정) 응시자격**(단, 응시하고자 하는 전공과 동일전공 인정 학과에 한함)

① 교양과정 인정시험, 전공기초과정 인정시험 및 전공심화과정 인정시험에 합격(면제)한 사람
② 대학(「고등교육법」 제2조 제2호ㆍ제3호 및 제5호에 따른 학교와 다른 법령에 따라 설립된 대학을 포함) 및 이에 준하는 각종학교(학력인정학교로 지정된 학교만 해당)에서 3년 이상의 교육과정을 수료하였거나 105학점 이상을 취득한 사람
③ 수업 연한이 3년인 전문대학을 졸업한 사람 또는 이와 같은 수준의 자격이 있다고 인정되는 사람(전문대학 졸업예정자는 응시 불가)
④ 「학점인정 등에 관한 법률」 제7조에 따라 105학점(전공 28학점 이상 포함) 이상을 인정받은 사람
⑤ 외국에서 15년 이상의 학교교육 과정을 수료한 사람

3 유의사항

① 학사학위 소지자는 취득한 학사학위 전공과 동일한 전공 시험에 응시할 수 없음.

② **유아교육학, 정보통신학 전공** : 전공심화과정 인정시험 및 학위취득 종합시험만 개설. 고등학교 졸업자가 전공심화과정 인정시험에 응시는 가능하나, 학위취득 종합시험에 응시하기 위해서는 1~2과정 시험 면제요건을 충족하고 3과정 시험에 합격하거나 4과정 시험 응시자격을 충족해야 함.

③ **간호학 전공** : 학위취득 종합시험만 개설

간호학 전공은 4과정(학위취득 종합시험)의 시험만 개설. 학위취득 종합시험에 응시하기 위해서는 3년제 전문대학 간호학과를 졸업 또는 4년제 대학교 간호학과에서 3년 이상 교육과정을 수료하거나 105학점 이상을 취득해야 함.

4 시험면제

「독학에 의한 학위취득에 관한 법률 시행령」 제9조에 따라 국가기술자격 취득자, 국가시험 합격 및 자격·면허 취득자, 일정한 학력을 수료하였거나 학점을 인정받은 사람은 1~3과정별 인정시험 또는 시험과목을 면제받을 수 있다.

> **과정면제**
>
> - 국가기술자격 취득자 : 자격 취득분야와 동일한 분야의 시험 응시자는 해당 과정 면제
> - 교육부령으로 정하는 교육과정 수료자 또는 학점을 인정받은 자
>   ① 교양과정 면제
>   ㉠ 대학 및 이에 준하는 각종학교에서 1년 이상 교육과정을 수료하였거나 35학점 이상을 취득한 사람
>   ㉡ 학점은행제로 35학점 이상을 인정받은 사람
>   ㉢ 외국에서 13년 이상의 학교교육과정을 수료한 사람
>   ② 교양 및 전공기초과정 면제 [면제받고자 하는 전공과 동일전공인정 학과에 한함]
>   ㉠ 대학 및 이에 준하는 각종학교에서 2년 이상 교육과정을 수료하였거나 70학점 이상을 취득한 사람
>   ㉡ 학점은행제로 70학점 이상을 인정받은 사람
>   ㉢ 외국에서 14년 이상의 학교교육과정을 수료한 사람

시험안내

- 교육부령으로 정하는 시험 합격자 및 자격·면허 취득자 : 국가(지방) 공무원 7급 이상의 공개경쟁채
  용시험 합격자는 해당 과정 면제, 교육부령으로 정하는 자격 면허 취득자는 해당 과정 면제

과목면제 

- 국가기술자격 취득자 : 자격 취득 분야와 다른 분야의 시험 응시자는 해당 과목 면제
- 국가평생교육진흥원장이 지정한 강좌 또는 과정 이수자는 해당 과목 면제

독학사와 학점은행제의 연관관계

「학점인정 등에 관한 법률」 제7조 제2항 제5호에 따라 독학학위제 시험합격 및 면제교육과정을 이
수한 사람은 아래와 같이 학점은행제 학점인정을 받을 수 있음.

독학사의 과정별 학점은행제 등록 시 인정학점

- [1과정] 과목당 4학점 (단계별 최대 5과목, 20학점까지 인정 가능)
- [2~4과정] 과목당 5학점 (단계별 최대 6과목, 30학점까지 인정 가능)

① 학점은행제 학습구분 결정기준
  - ㉠ 교양과정 인정시험 : 교양학점으로 인정 가능. 단, 일부 과목의 경우 학점은행제 희망 전공의
    표준교육과정에 기초하여 전공필수 혹은 전공선택으로 인정 가능
    - 예 학점은행제 경영학(학사) 전공의 학습자가 [경영학개론] 과목 합격 시 전공필수와 교양
      중 학습자가 원하는 학습구분으로 인정
  - ㉡ 전공기초, 전공심화, 학위취득 종합시험 : 희망 학위 및 전공의 표준교육과정을 기준으로 학
    습구분이 결정
② 학위취득 종합시험에 합격하여 독학학위제 학사학위를 취득한 경우에는 과정별 합격(면제)과목
  을 학점으로 인정하지 않음.
③ 시험면제교육과정 이수 학습과목에 한하여 1년/1학기 최대 이수학점, 1개 교육훈련기관 최대 인
  정학점 제한이 적용됨.
④ 학점인정을 받은 과목 간 중복과목이 있는 경우 학습자가 선택하는 1과목만 인정 가능(단, 독학
  학위제 시험 과목 간에는 중복 없이 인정 가능)

1

국가평생교육진흥원에서 고시한 과목별 평가영역에 준거하여 출제하되 특정한 영역이나 분야가 지나치게 중시되거나 경시되지 않도록 한다.

2

독학자들의 취업 비율이 높은 점을 감안하여, 과목의 특성상 가능한 경우에는 학문적이고 이론적인 문항뿐만 아니라 실무적인 문항도 출제한다.

3

단편적 지식의 암기로 풀 수 있는 문항의 출제는 지양하고, 이해력·적용력·분석력 등 폭넓고 고차원적인 능력을 측정하는 문항을 위주로 한다.

4

이설(異說)이 많은 내용의 출제는 지양하고 보편적이고 정설화된 내용에 근거하여 출제하며, 그럴 수 없는 경우에는 해당 학자의 성명이나 학파를 명시한다.

5

교양과정 인정시험은 대학 교양교재에서 공통적으로 다루고 있는 기본적이고 핵심적인 내용을 출제하되, 교양과정 범위를 넘는 전문적이거나 지엽적인 내용의 출제는 지양한다.

6

전공기초과정 인정시험은 각 전공영역의 학문을 연구하기 위하여 각 학문 계열에서 공통적으로 필요한 지식과 기술을 평가한다.

7

전공심화과정 인정시험은 각 전공영역에 관하여 보다 심화된 전문적인 지식과 기술을 평가한다.

8

학위취득 종합시험은 시험의 최종 과정으로서 학위를 취득한 자가 일반적으로 갖추어야 할 소양 및 전문지식과 기술을 종합적으로 평가한다.

9

교양과정 인정시험 및 전공기초과정 인정시험의 시험방법은 객관식(4지택1형)으로 한다.

10

전공심화과정 인정시험 및 학위취득 종합시험의 시험방법은 객관식(4지택1형)과 주관식(80자 내외의 서술형)으로 하되 과목의 특성에 따라 다소 융통성 있게 출제한다.

학위 취득 과정도

4 과정 · 학위 취득 종합시험 응시

응시자격(동일전공에서)
• 4년제 대학 3학년 수료 또는 105학점 취득
• 3년제 전문대학 졸업
• 학점은행제 105학점(전공 28학점 포함) 인정

시험 과정 면제
1~3과정 면제자

3 과정 · 전공심화과정 인정시험 응시

응시자격
고등학교 졸업 이상 학력

시험 과정 면제
1~2과정 면제자

2 과정 · 전공기초과정 인정시험 응시

응시자격
고등학교 졸업 이상 학력

시험 과정 면제
1과정 면제자

1 과정 · 교양과정 인정시험 응시

응시자격
고등학교 졸업 이상 학력

마케팅조사 최신 기출문제

마케팅조사

CHAPTER 1 마케팅조사의 이해

CHAPTER 2 마케팅조사의 절차

CHAPTER 3 마케팅조사의 종류와 마케팅자료

이 **책**의 **차례**

이 책의 차례

마케팅조사
2025년

최신 기출문제

* 2025년 기출문제는 수험생들의 기억력을 토대로 복원되어
실제로 출제된 문제와는 다소 차이가 있을 수 있습니다.

독학사

2단계 | **마케팅조사**

01 마케팅조사의 필요성에 대한 설명으로 옳지 않은 것은?

① 시장점유율 조사를 통하여 신제품을 개발할 수 있다.

② 시장잠재력 조사를 통하여 시장기회와 문제를 발견할 수 있다.

③ 출시될 신제품의 사진 반응을 탐색하기 위하여 마케팅조사를 실시할 수 있다.

④ 환경요인으로 인한 의사결정의 불확실성을 해소하기 위하여 마케팅조사를 실시한다.

02 다음 설명에 해당하는 마케팅조사 과업은?

> 일정 시장규모를 유지해 오던 가정 간편식 시장의 규모가 최근 폭발적으로 증가하고 있다. 이에 대한 조사결과 소비자의 라이프스타일 변화와 식품업체의 가공 기술 발전이 주요 원인임을 확인할 수 있었다.

① 성과분석

② 마케팅 시장상황 조사

③ 마케팅 프로그램 개발 조사

④ 마케팅전략 수립을 위한 조사

03 마케팅조사 실시 여부를 결정하고자 할 때 고려할 사항이 아닌 것은?

① 조사를 실시하는 데에 필요한 지원을 충분히 확보한다.

② 의사결정을 위한 정보가 충분하지 않은 경우에 실시한다.

③ 조사비용과 관계법규에 대한 조사결과가 가치있는 경우에만 조사를 실시한다.

④ 의사결정을 하기에 앞서 마케팅조사를 위한 충분한 시간을 확보한다.

04 기술조사에 대한 설명으로 옳은 것은?

① 소비자의 특성, 생각, 감정, 행동을 조사한다.
② 환경과 산업 동향을 파악하기 위하여 정보 기술의 변화를 조사한다.
③ 특정 문제나 주제에 대하여 학교나 연구소 등에서 이미 연구한 자료를 발굴한다.
④ 소비자가 제품 사용에 대한 생각과 느낌을 기록한 온라인 후기와 같은 텍스트 자료를 탐색한다.

05 정성적 자료의 수집방법으로만 묶인 것은?

① 서베이, 실험　　　　　　　　　② 투사법, 실험
③ 심층면접, 투사법　　　　　　　④ 표적집단면접법, 서베이

06 횡단조사와 종단조사의 차이점에 대한 설명으로 가장 적절한 것은?

① 횡단조사는 조사대상을 특정 시점에 1회 조사하지만, 종단조사는 조사대상을 반복적으로 조사한다.
② 횡단조사는 고정된 조사대상에게 조사하지만, 종단조사는 여러 시점에 걸쳐 다양한 조사대상에게 조사한다.
③ 횡단조사는 시장 또는 소비자를 대상으로 하는 조사이고, 종단조사는 기관이나 기업체를 대상으로 하는 조사이다.
④ 횡단조사는 조사기간이 길고 예산이 비교적 적게 들지만, 종단조사는 단기간 조사이며 예산이 많이 든다.

07 2차 자료에 대한 설명으로 옳은 것은?

① 다른 연구를 위하여 수집된, 이미 존재하는 자료이다.
② 1차 자료 수집 이후 심층분석이 필요하여 재수집한 추가 자료이다.
③ 당면하고 있는 마케팅 문제를 해결하기 위하여 직접 조사하고 수집한 자료이다.
④ 자료수집 직후 조사문제에 대한 분석이 이루어지지 않은 원데이터 상태의 자료이다.

08 탐색조사에 대한 설명으로 옳은 것은?

① 탐색조사에는 기술조사와 인과조사가 있다.

② 실험법은 대표적인 탐색조사법으로, 정량적 자료 수집방법에 속한다.

③ 탐색조사는 간접적인 방식으로 정량적 자료를 수집할 수 있다는 장점이 있다.

④ 문제정의 및 조사목적 설정할 때 사용하며 문헌조사나 사례조사 등을 통해 실시한다.

09 심층면접법의 장점에 대한 설명으로 옳지 않은 것은?

① 다른 조사방법보다 복잡한 질문을 할 수 있다.

② 면접자와 응답자 간의 자유로운 소통을 통해 풍부한 정보를 얻을 수 있다.

③ 다수의 표본으로 조사결과를 일반화할 수 있다.

④ 관찰법으로 관찰할 수 없는 내심의 동기나 태도 등의 측정이 가능하다.

10 인과관계를 추론하기 위하여 필요한 요건으로 옳지 않은 것은?

① 원인변수와 결과변수의 변화가 동반적으로 발생해야 한다.

② 결과변수의 변화는 원인변수 외의 다른 변수들에 의하여 입증되어야 한다.

③ 원인변수가 변화하는 시점 혹은 그 이후 결과변수에 변화가 일어나야 한다.

④ 원인변수가 결과변수에 미치는 영향이 가설에서 설정한 방향으로 발생해야 한다.

11 다음 사례에 해당하는 1차 자료 수집방법은?

> • 은유 광고와 비은유 광고가 구매의도에 미치는 영향을 조사한다.
> • 광고 속 브랜드에 대한 선호도와 같이 구매의도에 영향을 미칠 수 있는 외생변수의 영향력을 통제한다.

① 관찰법　　　　　　　　　② 서베이법

③ 실험법　　　　　　　　　④ 표적집단면접법

12 다음 상황에서 사용된 탐색적 조사방법은?

> A : 이동통신 고객센터에 어떤 서비스를 요청하셨습니까?
> B : 통화 품질과 부가서비스에 대하여 문의하였습니다.
> A : 왜 부가서비스에 대하여 문의를 하셨습니까?
> B : 해외 출장 중 로밍 서비스를 이용하여 편리하게 휴대 전화를 쓰기 위함입니다.
> A : 또 다른 서비스를 이용할 계획이 있습니까?
> B : 안전을 위한 유해 사이트 차단에도 관심이 있습니다.

① 문헌조사　　　　　　　　　② 표적집단면접법
③ 심층면접법　　　　　　　　④ 전문가 의견조사

13 다음 설명에 해당하는 수집 방법은?

> 고정된 표본들에게 개인별로 조사 사이트 접속 ID를 부여하고, 일주일에 한 번씩 총 4주 동안 조사 사이트에 방문하여 어떤 메뉴를 언제, 어디서, 어떻게, 왜 먹었는지 식단 기록을 남기도록 유도한다.

① 종단조사　　　　　　　　　② 패널조사
③ 관찰조사　　　　　　　　　④ 델파이조사

14 실험을 통한 자료수집에서 조작 또는 처치에 대한 설명으로 옳은 것은?
① 피험자가 모르는 사이에 실험을 완료하는 행위이다.
② 불량한 응답을 한 피험자의 데이터를 삭제하는 행위이다.
③ 독립변수, 즉 원인변수의 여러 수준 또는 조건을 만드는 과정이다.
④ 어떤 원인으로 인하여 결과변수의 상태나 값이 달라지는 현상이다.

15 **외생변수에 대한 설명으로 옳은 것은?**

① 독립변수와 종속변수 사이에 위치하는 매개변수이다.

② 종속변수에 영향을 미칠 수 있는 요인들 중 독립변수를 제외한 변수를 일컫는다.

③ 종속변수의 일종으로, 피험자마다 일정한 양상으로 차이를 유발하는 조건들을 일컫는다.

④ 조사하고자 하는 변수들 간의 관계에 아무런 영향을 미치지 않는 외적인 변수를 일컫는다.

16 **다음 사례에 해당하는 조사방법은?**

> A 호텔은 많은 투숙객이 침실을 사무실로 사용하는 것을 발견하여, 필요에 따라 사무용 책상 또는 식탁으로 사용할 수 있는 테이블을 개발하였다.

① 투사법

③ 심층면접법

② 표적집단면접법

④ 에스노그라피 기법

17 **(   ) 안에 들어갈 말로 알맞은 것은?**

> A 브랜드는 일정 기간 동안 브랜드 광고를 진행한 후, 광고에 노출된 소비자를 대상으로 브랜드에 대한 태도를 측정하고자 한다. 이때 A 브랜드를 좋아하는 소비자를 대상으로 조사한다면, 이는 (   ) 문제를 야기할 수 있다.

① 시험효과

③ 측정 편향

② 통계적 회귀

④ 표본 선택 편향

18 **다음 설문지 질문의 문제점은?**

> 당신은 퇴근 이후 가능하면 집에서 업무활동을 할 수 있기를 원합니까?

① 모호한 질문이다.

② 대안을 묵시적으로 담고 있다.

③ 응답자가 답변하기 곤란한 질문이다.

④ 한 설문에 두 가지 내용이 포함되어 있다.

19 ( ) 안에 들어갈 말로 알맞은 것은?

> 1점이 '매우 불만족'이고 5점이 '매우 만족'인 5점 척도 사용하여 고객만족도를 측정한다
> 고 할 때, 5점 척도는 ( )이다.

① 명목척도   ② 비율척도
③ 서열척도   ④ 등간척도

20 척도의 분류에 있어서 비교척도법에 속하는 측정법으로 옳은 것은?

① 순서서열척도법   ② 리커트척도법
③ 스타펠척도법   ④ 의미차별화척도법

21 다음 설문에서 사용된 척도는?

> A 은행의 서비스 품질에 대한 귀하의 평가를 해당란에 표시하시오.
> 불친절한 직원 ______________________________ 친절한 직원
> 느린 서비스 ______________________________ 신속한 서비스

① 등급척도   ② 리커트척도
③ 혼합형척도   ④ 의미차별화척도

22 ( ) 안에 들어갈 말로 알맞은 것은?

> A 대학교는 우수한 학업 역량을 나타낼 수 있는 학생을 선발하고자 한다. 수능점수를
> 토대로 선발된 학생들의 수능점수와 대학학점 간의 상관관계를 분석하였더니 정(+)의 관
> 계가 나타났다. 이는 (㉠)이/가 (㉡)에 대하여 (㉢)이 높다는 의미이다.

	㉠	㉡	㉢
①	수능점수	대학학점	기준타당성
②	대학학점	수능점수	기준타당성
③	수능점수	대학학점	내용타당성
④	대학학점	수능점수	내용타당성

23 다음 사례에 대한 설명으로 옳은 것은?

> 고객만족과 고객충성도는 서로 다른 구성개념으로 고객만족(Customer Satisfaction)을 측정하기 위하여 CS1, CS2의 2개 항목을 사용하였고, 고객충성도(Customer Loyalty)를 측정하기 위하여 CL1, CL2, CL3의 3개 항목을 사용하였다.

① CS1과 CL1 간의 상관관계가 높다는 것은 구성타당성이 높다는 의미이다.
② CS1과 CS2의 상관관계가 높다는 것은 고객만족의 측정항목들 간 수렴타당성이 높다는 의미이다.
③ 고객만족의 측정항목들과 고객충성도의 측정항목들 간 상관관계가 낮을수록 법칙타당성이 높아진다.
④ 고객만족의 측정항목들과 고객충성도의 측정항목들 간 상관관계가 높을수록 판별타당성이 높아진다.

24 크론바흐 알파값에 대한 설명으로 옳은 것은?

① −1과 1 사이의 값을 가지며 측정항목들의 신뢰성을 나타낸다.
② −1과 1 사이의 값을 가지며 그 값이 클수록 측정의 타당성이 높다고 해석한다.
③ 0과 1 사이의 값을 가지며 그 값이 작을수록 측정의 오류가 적다는 의미로 해석한다.
④ 0과 1 사이의 값을 가지며 그 값이 클수록 측정항목들 간의 신뢰성이 높다는 의미로 해석한다.

25 반복측정법에 대한 설명으로 옳지 않은 것은?

① 시행하는 데 시간과 비용이 많이 든다는 단점이 있다.
② 동일한 척도로 일정 시간 간격을 두고 두 번 측정한다.
③ 처음 측정 시 응답한 경험이 두 번째 측정에 영향을 미칠 수 있으며, 이를 상호작용 시험효과라고 한다.
④ 응답자들의 선호도 변화 등으로 응답의 실제 값이 달라질 수 있기 때문에 반복 측정 시 시간 간격에 유의해야 한다.

26 다음 설문지 질문의 문제점은?

> 당신은 경제 활성화를 위하여 아파트 재건축 절차를 간소화해야 한다고 생각하십니까?
>
> (1) 예   (2) 아니오

① 개방형으로 자유로운 응답을 방해한다.
② 응답자의 답을 특정 방향으로 유도한다.
③ 애매모호한 문장을 사용하여 응답자를 혼란스럽게 한다.
④ "예"와 "아니오"를 모두 선택할 가능성이 있음에도 복수 선택을 허용하지 않는다.

27 다음 설명에 해당하는 개념은?

> 모집단으로부터 무작위로 추출된 표본 평균의 분포가 표본 크기가 충분히 크게 되면 정규분포에 가까워진다는 원리를 의미한다.

① 성숙효과   ② 중심극한의 정리
③ 이항분포의 원리   ④ 연속확률분포

28 다음 사례에 대한 설명으로 옳은 것은?

> A 회사는 최근 1년간 국내 신차 승용차 구매자 150만 명을 대상으로 마케팅조사를 실시하고자 한다. 이를 위하여 신차 차량 등록증을 소유한 사람들의 명단을 확보하고 인구통계적 특성, 거주지 등의 측면에서 사전에 정해진 비율에 따라 표본을 추출하였으며, 최종 500명에게 설문지를 발송하였다.

① 유효표본 수는 500명이다.
② 지역표본추출 방법을 활용하였다.
③ 신차 구매자 150만 명은 표본추출단위로 볼 수 있다.
④ 표본추출프레임 오류는 표본추출프레임이 모집단보다 큰 경우 발생한다.

29 다음 사례에 해당하는 표본추출법은?

> 일주일간 A 백화점 출구에서 나오는 쇼핑객 총 120명을 무작위로 선정하여 설문조사를 실시하였다.

① 군집표본추출
② 편의표본추출
③ 눈덩이표본추출
④ 단순무작위 표본추출

30 다음 사례에 해당하는 표본추출법은?

> A 회사는 온라인으로 설문조사를 실시하고자 한다. 이를 위하여 설문 문항이 담긴 인터넷 주소를 조사대상자에게 발송하였으며, 그들로 하여금 해당 설문주소를 다른 사람에게 전달하는 방식으로 또 다른 조사대상자를 주선하도록 유도하였다.

① 판단표본추출
② 할당표본추출
③ 편의표본추출
④ 눈덩이표본추출

31 다음 설문조사의 결과를 분석하고자 할 때 A, B 문항의 답변별 코딩 방법으로 바르게 묶인 것은?

> A. 귀하의 연령은?
> ______ 20세 미만, ______ 20세 이상 ~ 30세 미만,
> ______ 30세 이상 ~ 40세 미만, ______ 40세 이상 ~ 50세 미만,
> ______ 50세 이상 ~ 60세 미만
> B. 귀하는 기회가 되면 다른 사람에게 A 제품을 추천 하시겠습니까?
> ______ 절대로 추천하지 않겠다. ______ 추천하지 않겠다. ______ 모르겠다.
> ______ 추천하겠다. ______ 반드시 추천하겠다.

① A : 각 항목을 '1', '2', '3', '4', '5'로 코딩
　 B : 각 척도점을 '1', '2', '3', '4', '5'로 코딩
② A : 각 항목을 '1', '2', '3', '4', '5'로 코딩
　 B : 각 척도점을 '0', '2', '5', '8', '10'으로 코딩
③ A : 각 항목을 '1', '2', '3', '4', '5'로 코딩
　 B : 선택한 척도점을 '1', 나머지는 '0'으로 코딩
④ A : 해당 연령은 '1', 그렇지 않은 경우는 '0'으로 코딩
　 B : 선택한 척도점을 '1', 그렇지 않은 경우는 '0'으로 코딩

32 다양한 마케팅활동을 통하여 이번 달 A 브랜드의 브랜드 충성도가 지난 달보다 증가하였는지를 확인하고자 할 때, 귀무가설로 옳은 것은?

① A 브랜드의 이번 달 브랜드 충성도에 마케팅활동이 영향을 미쳤다.
② A 브랜드의 이번 달 브랜드 충성도는 지난 달의 브랜드 충성도와 같다.
③ A 브랜드의 이번 달 브랜드 충성도는 지난 달의 브랜드 충성도보다 크다.
④ A 브랜드의 이번 달 브랜드 충성도에 영향을 미친 마케팅 활동은 지난 달에 영향을 미친 활동과 다르지 않다.

33 A 브랜드 신뢰도와 B 브랜드 신뢰도의 차이를 결정하고자 할 때, 95%의 신뢰수준 채택이 의미하는 것은?

① 통계검정 시 유의수준을 5% 이상으로 설정한다는 의미이다.
② 통계검정 시 유의수준을 95% 이하로 설정한다는 의미이다.
③ 두 브랜드의 신뢰도 평균의 차이가 $p=0.95$ 이상으로 나오면 차이가 실제로 존재한다는 의미이다.
④ 두 브랜드의 신뢰도 평균의 차이가 $p=0.05$ 이하로 나오면 차이가 실제로 존재한다는 의미이다.

34 실험실 실험과 현장 실험의 차이에 대한 설명으로 옳지 않은 것은?

① 현장 실험은 환경이 인공적으로 조정된다.
② 현장 실험은 실험실 실험보다 변수가 많다.
③ 실험실 실험은 현장 실험보다 내적 타당성이 높다.
④ 실험실 실험은 현장 실험보다 실험보다 조작이 용이한 편이다.

35 90%의 신뢰수준을 채택할 경우 연구자가 주장하는 대립가설이 유의하지 않다고 판단하기 위한 p 값의 조건은?

① 0.05 이하여야 한다.　　② 0.1 이하여야 한다.
③ 0.05 이상이어야 한다.　　④ 0.1 이상이어야 한다.

36 두 변수의 피어슨 상관계수 값이 유의한 음수(−)로 나왔을 때 그 값의 해석으로 옳은 것은?

① 두 변수 간의 관계는 존재하지 않는다.

② 피어슨 상관분석은 두 변수 간에 인과관계를 의미하므로, 음(−)의 기울기로 해석한다.

③ 피어슨 상관계수 값은 0에서 1 사이의 값을 가지므로, 해당 분석에 오류가 발생하였다고 본다.

④ 두 변수 간의 관계는 서로 상반된 관계로, 하나가 증가하면 다른 하나가 감소하는 관계이다.

37 다음 사례에 대한 설명으로 옳지 않은 것은?

> 마케팅 관리자는 세 가지 광고대안을 개발하여 실험 참여자에게 노출시킨 후, 광고태도를 측정하여 소비자가 좋아하는 광고를 결정하고자 한다. 이때 광고대안에 대한 태도가 성별에 따라 다를 것이라고 판단하여 남녀를 각각 9명씩 뽑아 총 18명의 피실험자를 대상으로 실험을 진행하였다.

① 이원분산분석에서 처치변수 광고의 자유도는 2이다.

② 이원분산분석에서 처치변수 성별의 자유도는 1이다.

③ 이원분산분석에서 상호작용항에 해당하는 자유도는 5이다.

④ '광고대안에 대한 태도는 성별에 따라 다를 것이다.'라는 대립가설을 세울 수 있다.

38 다중공선성에 대한 설명으로 옳은 것은?

① 두 개 이상의 독립변수들 간에 강한 양의 상관관계를 보이는 현상으로, 이 값이 클수록 정확한 감정을 알 수 없다.

② 잔차의 산점도가 커서 분산이 커지는 현상을 말하며, 계수 추정의 오류는 변수의 변환을 통하여 해결한다.

③ 한 변수의 관측값이 그 변수의 선행 관측값과 상관관계를 가지는 값으로 회귀모형이 지나치게 정당화될 소지가 있다.

④ 독립변수와 값이 증가 또는 감소함에 따라 분산이 달라지는 현상으로 이분산성으로도 불리며, 표준오차가 이상적으로 증가하게 된다.

39 군집분석에 대한 설명으로 옳은 것은?

① 기존에 나누어진 집단의 특성을 설명해 주는 변수들을 찾아내어 함수를 구성하는 방법이다.

② 조사대상이 어떻게 나누어져 분포하고 있는지에 대한 사전 지식이 있어야 사용 가능한 분석방법이다.

③ 연구모형을 구체화하기 위하여, 소비자의 반응으로 가장 유력한 요인이 될 수 있는 변수들만을 추려 집단화하는 방법이다.

④ 세분시장 분류에 활용하기 좋은 분석으로, 조사대상인 응답자들을 상호 연관성에 근거하여 몇 개의 집단으로 분류하는 방법이다.

40 조사보고서 작성 및 조사결과 발표 시 고려할 사항으로 옳지 않은 것은?

① 조사보고서를 작성하는 경우, 조사의 목적과 관련된 조사 결과를 정리한다.

② 의사결정자의 판단 오류를 줄이기 위하여 조사결과를 정확하고 명확하게 전달한다.

③ 청중 관점이 아닌 조사자 관점에서 통계 전문 용어를 활용하여 조사결과를 발표한다.

④ 여러 가지 시각 자료를 활용하여 단순하지만 강조하고자 하는 것에 집중하여 발표한다.

정답 및 해설

2025년 기출문제

정답

01 ①	02 ②	03 ③	04 ②	05 ③
06 ①	07 ①	08 ④	09 ③	10 ②
11 ③	12 ③	13 ②	14 ③	15 ②
16 ④	17 ④	18 ④	19 ④	20 ①
21 ④	22 ①	23 ②	24 ④	25 ③
26 ②	27 ②	28 ①	29 ④	30 ④
31 ①	32 ②	33 ④	34 ①	35 ④
36 ④	37 ③	38 ①	39 ④	40 ③

01 정답 ①

시장점유율(Market Share) 조사는 현재 자사와 경쟁사의 시장 내 점유율을 파악하는 활동으로 신제품 개발과는 거리가 멀다. 신제품 개발 여부는 시장점유율 조사보다는 소비자 니즈분석, 시장잠재력 조사 등을 통해 진행된다.

02 정답 ②

마케팅 시장상황 조사는 기업이 제품이나 서비스를 성공적으로 출시하고 경쟁 우위를 확보하기 위해 시장 성장추세, 고객의 니즈, 경쟁환경 등에 대한 정보를 수집하고 분석하는 활동이다. 문제에서는 시장의 변화요인을 라이프스타일 변화와 식품업체의 가공 기술 발전으로 파악하고 있으므로 이는 마케팅 시장상황 조사에 해당한다.

03 정답 ③

마케팅조사는 마케팅관리자에게 의사결정에 필요한 정보를 제공하기 위한 목적으로 실시된다. 따라서 조사비용과 관계법규에 대한 조사결과가 가치있는 경우에만 조사를 실시하는 것은 아니다.

04 정답 ②

기술조사란 관심을 가지고 있는 상황에 대한 특성파악과 특정 상황의 발생빈도 조사 및 관련 변수들 사이의 상호관계 정도를 파악하는 조사방법이다. 대부분의 마케팅조사가 이에 해당하며, 주로 서베이법(설문지조사)을 이용한다.

05 정답 ③

정성적 자료 수집방법은 정량화된 수치보다는 의견, 태도, 동기, 감정 등을 심층적으로 파악하는 질적인 조사방법(qualitative research)으로 심층면접법, 투사법, 표적집단면접법(FGI) 등이 대표적이다. 반면 서베이법, 실험법 등은 계량화할 수 있는 정량적 기법에 해당한다.

06 정답 ①

횡단조사와 종단조사

횡단조사	종단조사
단기간, 특정 시점 특정 조사	장기간, 일정 기간 반복적 조사
정태적(Static)	동태적(Dynamic)
표본의 크기가 클수록 정확	표본의 크기가 상대적으로 작음

07 정답 ①

2차 자료(Secondary Data)는 다른 목적을 위해 이미 수집되어 존재하는 자료를 현재 조사 목적에 맞게 수정·보완하는 자료로 신문, 문헌, 통계청 통계자료, 기존 연구 보고서, 업계 보고서 등이 대표적이다.

08 정답 ④

탐색조사는 마케팅조사의 첫 단계인 문제정의 및 조사 목적 등을 설정할 때 사용한다. 또한 문헌조사나 전문가 의견조사, 사례조사 등을 통해 실시하게 된다.

09 정답 ③

심층면접법은 조사자와 응답자 간 1:1 면접 방법이다. 소수의 응답자를 대상으로 진행하므로 연구 결과를 일반화하기 어렵다는 단점이 있다.

10 정답 ②

② 결과변수의 변화는 원인변수 외의 다른 변수들에

의하여 입증되어야 한다는 것은 ④ 외부변수 통제
에 위배된다.

인과관계 추론을 위한 3가지 요건
① 공변성(covariation) : 원인이 되는 현상이 변화하
면 결과적인 현상도 항상 같이 변화해야 한다는 것
으로, 공동변화의 원칙이라 한다.
③ 시간적 선행 : 한 변수가 원인이고, 다른 변수가
결과임을 증명하기 위해서는 공변성의 확인과 함
께 변화하는 변수들 간의 시간적 선후관계를 확인
해야 한다.
④ 외부변수 통제(외부 설명의 배제) : 결과변수의 변
화가 추정된 원인이 아닌 제3의 변수 또는 외부의
변수에 의해 설명될 가능성이 없어야 한다는 것으
로 제3의 변수에 의해 설명할 수 없는 두 변수 간의
연관성을 말한다.

11 정답 ③

제시된 사례는 광고 유형이라는 독립변수를 조작하고,
브랜드 선호도와 같이 구매의도에 영향을 미칠 수 있
는 외생변수를 통제한 상태에서, 구매의도라는 종속변
수의 변화를 분석하고 있다. 이처럼 독립변수의 효과
를 명확히 검증하기 위해 조건을 통제하여 자료를 수
집하는 방법은 실험법에 해당한다.

12 정답 ③

심층면접법은 조사자가 응답자와 1:1로 면접을 진행
하며, 질문과 추가 탐색 질문을 통해 응답자의 생각,
동기, 욕구 등을 깊이 이해하는 방법이다. 문제의 대화
내용은 1:1 심층면접에 해당한다.

13 정답 ②

패널조사 마케팅은 특정 소비자 집단(패널)을 대상으
로 반복적인 조사를 실시하여 시장의 변화 및 소비자
의 선호도 변화 등을 지속적으로 모니터링하는 마케팅
조사방법을 말한다. 동일한 개인이나 가구, 기업 등을
대상으로 지속적으로 데이터를 수집하며, 시간의 흐름
에 따른 변화를 분석하여 원인과 결과를 파악하는 데
매우 유용하다.

14 정답 ③

실험에서 조작 또는 처치란 연구자가 독립변수를 의도
적으로 변화시키거나 조작하여 그 효과를 측정하는 행
위를 말한다. 이는 실험 대상에게 특정 조건을 가하거
나 변화시켜서 그 영향관계를 분석하는 과정이라 할
수 있다.

15 정답 ②

외생변수는 독립변수와 종속변수 외에 연구 결과에 영
향을 줄 수 있는 모든 변수를 의미한다. 이 변수들은
독립변수와 종속변수 간의 관계를 왜곡하거나 숨길 수
있다는 문제가 있다.
• 독립변수(Independent Variable) : 원인변수라고도
하며, 연구자가 조작 및 통제하여, 그 변화가 종속변
수에 영향을 미치는 변수를 말한다.
• 종속변수(Dapendent Variable) : 결과변수라고도 하
며, 독립변수의 변화에 따라 그 결과 값이 결정되는
변수를 말한다.
• 매개변수(Intervening Variable) : 독립변수와 종속변
수 사이에 영향을 미치는 매개자의 역할을 하며, 두
변수의 관계를 부가적으로 설명하는 역할을 한다.

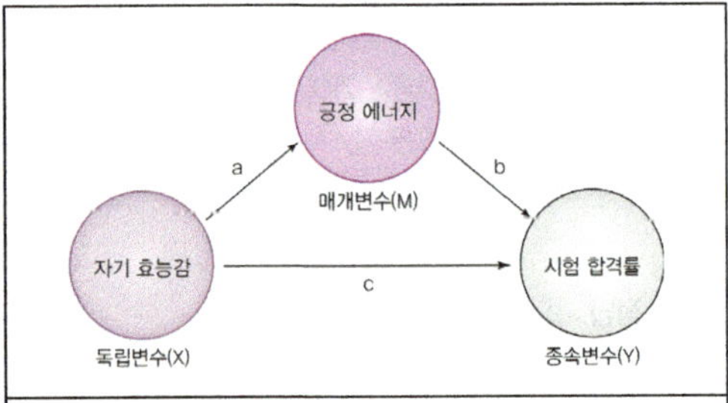

[연구가설] 자기효능감이 높은 사람은 시험합격률
이 높다.

[결론] 자기효능감이 높은 사람은 긍정에너지가 높
기 때문에 시험합격률이 높다.

16 정답 ④

에스노그라피(Ethnography)는 민속지학적 연구라고
도 하며, 소비자의 자연스러운 생활환경을 장기간 관
찰하여 그들의 행동・습관・사용패턴을 조사하는 기
법이다. 문제에서는 호텔 측에서 투숙객을 대상으로
실제 생활환경을 관찰하여 침실을 사무실처럼 쓰는 패
턴을 발견하고 제품(테이블)을 개발한 것으로 이는 에
스노그라피의 사례에 해당한다.
① 투사법 : 응답자가 자신의 생각・감정을 간접적으
로 드러내도록 하는 심리적 기법

② 표적집단면접법(FGI) : 6~12명의 소규모 집단 토론을 통해 의견 수집
③ 심층면접법 : 1:1 심층대화로 응답자 내심의 심리나 동기를 파악하는 기법

17 정답 ④

표본 선택 편향(Sample Selection Bias)은 조사 대상이 전체 모집단을 대표하지 못하고, 특정 집단에 치우친 경우 발생한다. 문제처럼 A 브랜드를 이미 좋아하는 소비자만을 조사 대상으로 삼는다면 표본 선택 편향이 발생할 수 있다.
① 시험효과 : 반복된 측정으로 인해 실험대상자에게 발생되는 학습효과로 향후 실험에 영향을 미치는 것. 주시험효과와 상호작용시험효과로 구분
② 통계적 회귀 : 사전 검사에서 극단적인 점수를 받은 연구 대상이 시간이 지남에 따라 평균값으로 되돌아가는 경향
③ 측정 편향 : 조사 설계나 측정 도구의 특성 때문에 실제 값과 조사 결과 사이에 체계적으로 왜곡이 생기는 현상

18 정답 ④

질문에서 '퇴근 이후'라는 '시간 조건'과 '집에서 업무활동'이라는 '공간·행위 조건'이 결합되어 있어 응답자에게 혼란을 줄 수 있는 질문에 해당한다.

19 정답 ④

문제의 만족도 관련 5점 척도는 점수 간 간격이 동일하다고 가정하므로 등간척도에 해당한다. 일반적으로 등간척도는 속성에 대한 순위를 부여하되 순위 사이의 간격이 동일한 척도를 말하며, 양적인 정도의 차이를 나타내며, 해당 속성이 전혀 없는 절대적인 영점은 존재하지 않는다.

20 정답 ①

척도는 분류에 있어서 비교척도법과 절대척도법으로 구분할 수 있다. 이 중 비교척도법에는 쌍대비교척도법, 순서서열척도법, 고정총합척도법 등이 있고, 절대척도법에는 리커트척도법, 의미차별화척도법, 스타펠척도법 등이 있다.

21 정답 ④

질문에서 제시된 척도는 의미차별화척도(= 어의차이척도)이다. 이는 양극단의 형용사(불친절 ↔ 친절, 느림 ↔ 신속)를 제시하고 그 사이의 위치에 표시하도록 하는 척도법에 해당한다.

22 정답 ①

타당성(validity)은 검사(test)가 측정하고자 하는 것을 얼마나 정확하게 측정하고 있는지를 나타내는 개념으로, 내용타당성과 기준타당성으로 구분된다.
내용타당성이란 검사 문항이 측정하려는 전체 내용을 얼마나 충실하게 대표하고 있는지를 의미한다. 기준타당성이란 검사 도구와 어떤 외적 준거(기준) 간의 상관관계를 통해 타당성을 검증하는 것을 말한다.
즉, 수능점수(검사 도구)와 대학학점(준거 변인) 간의 상관관계가 높다는 것은, 수능점수가 대학학점을 잘 예측하고 있다는 의미이므로 기준타당성이 높다고 해석할 수 있다.

23 정답 ②

수렴타당성(Convergent Validity)이란 하나의 개념을 측정하기 위해 여러 개의 다른 측정 도구를 사용했을 때, 그 측정 결과들 간의 상관관계가 높아야 함을 의미한다.
① 서로 다른 개념(CS vs CL)의 항목 간 높은 상관관계는 일반적으로 구성타당성의 직접 증거가 아니며, 오히려 판별타당성을 저해한다.
③ 법칙타당성(Nomological Validity)은 이론이 예측하는 적절한 방향과 크기의 관계가 실제 조사에서 관찰되는가에 관한 것이다. 보통 고객만족도와 고객충성도는 양(+)의 관계가 관찰되므로 상관관계가 낮을수록 법칙타당성이 높아진다는 말은 옳지 않다.
④ 판별타당성은 서로 다른 측정항목 간 상관관계가 낮을수록 높게 나타난다.

24 정답 ④

크론바흐 알파(Cronbach's α)는 측정항목들 간의 내적 일관성을 나타내는 지표로, 0 ~ 1 사이의 값을 가지며 값이 클수록(보통 0.7 이상이면 양호) 측정항목들이 동일한 개념을 잘 측정하고 있음을 의미한다.

25 정답 ③

반복측정법(Test-Retest Method)은 동일한 대상자에게 동일한 측정을 일정한 시간 간격을 두고 반복 실시하여 측정의 신뢰성을 검증하는 방법이다. 처음 측정 시 응답한 경험이 두 번째 측정에 영향을 미칠 수 있는 것은 상호작용 시험효과가 아닌 '주시험효과'에 해당한다.

26 정답 ②

'경제 활성화를 위하여'라는 전제가 이미 긍정적인 방향으로 응답을 유도하고 있는 질문으로, 마치 재건축 절차 간소화가 곧 경제 활성화와 직결되는 것처럼 제시되어 있어 응답자의 생각을 특정 방향으로 유도하는 문제점을 발생시킨다.

27 정답 ②

중심극한의 정리란 모집단의 분포가 어떠하든 상관없이, 표본 크기(n)가 충분히 크면 표본평균의 분포가 정규분포에 근사한다는 이론으로, 이 원리를 통해 표본평균을 이용한 추정과 가설검정이 가능해진다.

28 정답 ①

유효표본 수는 실제 설문에 응답한 사람 수 또는 조사 가능한 사람 수를 의미한다. 설문에서는 최종 500명에게 설문지를 발송했으므로, 유효표본 수는 500명이라 할 수 있다.

② 인구 통계적 특성, 거주지 등의 측면에서 사전에 정해진 비율에 따라 표본을 추출한 것은 할당표본 추출에 해당한다.

③ 표본추출단위는 신차 차량 등록증을 소유한 사람들의 명단에 해당한다. 신차 구매자 150만 명은 모집단에 해당한다.

④ 표본추출프레임 오류는 표본프레임 상에 누락, 중복, 부정확한 정보가 포함될 때 발생한다.

29 정답 ④

단순무작위 표본추출법은 각 표본이 동일하게 선택될 확률을 가지도록 선정된 표본 목록의 각 표본에 일련번호를 부여하고 난수표 등을 이용하여 무작위(random)로 추출하는 방식을 뜻한다.

30 정답 ④

눈덩이표본추출은 초기 표본을 선정한 후, 그들이 추가 표본을 추천하거나 연결하여 점차 표본을 확대하는 방법이다. 문제에서와 같이 조사대상자가 설문주소를 다른 사람에게 전달하도록 유도한 방식은 눈덩이표본추출의 전형적인 사례이다.

구분	개념	사례
편의표본추출	조사자의 편의 또는 임의대로 표본을 선정하는 방법	신제품을 테스트하기 위해서 지원자를 대상으로 조사
판단표본추출	표본의 조사 목적에 가장 적합하다고 판단되는 특정 집단을 표본으로 선정하는 방법	신제품을 출시하기 전 제품의 시장잠재력을 가장 잘 반영할 것으로 판단되는 특정 도시를 선택하여 조사
할당표본추출	모집단의 특성(나이, 성별)을 기준으로 이에 비례하여 표본을 추출함으로써 모집단의 구성원들을 대표하도록 하는 추출 방법	모집단을 20세 이하, 20대, 30대, 40대, 50대 이상으로 구분하고, 각 집단의 구성 비율에 대해 사전적인 정보를 가지고 있는 경우 그 비율에 따라 표본을 추출

31 정답 ①

- A(연령대) : 범위를 나눈 서열형 범주이므로 각 항목을 '20세 미만 → 1, 20세 이상~ 30세 미만 → 2, …' 등으로 코딩
- B(추천 의사) : 5점 척도인 리커트척도(Likert Scale)에 해당하므로 각 응답을 1~5 숫자로 코딩

32 정답 ②

귀무가설은 연구자가 새로이 증명하고자 하는 가설과 반대되는 가설로 보통 "차이/효과가 없다" 등의 표현을 쓴다. 반면 대립가설(Alternative Hypothesis)은 귀무가설과 반대로 실제로 연구자가 주장하거나 증명하고 싶은 가설로, 귀무가설이 거짓이라면 대안적으로 참이 되는 가설을 말한다.

- 귀무가설 (H_0) : A 브랜드의 이번 달 브랜드 충성
  도는 다양한 마케팅활동에도 불구하고 지난 달의
  브랜드 충성도와 같다.
- 대립가설 (H_1) : A 브랜드의 이번 달 브랜드 충성
  도는 다양한 마케팅활동을 통하여 지난 달과는 다
  르다.

33 정답 ④

95%의 신뢰수준이란 유의수준[$(\alpha) = 1 - 0.95$] 0.05
를 의미한다. 즉, 통계검정에서 p-value ≤ 0.05(유의
수준)이면, 귀무가설(H_0)을 기각하고 두 브랜드 신뢰도
평균에 통계적으로 유의한 차이가 있다고 판단한다.

34 정답 ①

현장 실험은 실제 자연환경에서 실험을 수행하는 것으
로, 실험환경이 자연적이므로 인공적 조정이 거의 없
다. 이에 따라 외생변수 통제가 중요하며, 외적 타당성
(external validity)은 높지만, 내적 타당성은 낮을 수 있
다는 한계가 있다.

35 정답 ④

신뢰수준 90%는 유의수준[$(\alpha) = 1 - 0.90$] 0.10과
같다. 이는 통계검정에서 p-value ≥ 0.10이면, 귀무
가설(H_0)을 기각할 수 없으며, 이에 따라 대립가설
(H_1)은 유의하지 않다고 판단한다.

36 정답 ④

피어슨 상관계수의 범위는 -1부터 +1까지($-1 \le r \le 1$)이다.
음의 상관관계($r < 0$)인 경우 변수 하나가 증가하면,
다른 변수는 감소하는 반비례관계를 나타낸다.

37 정답 ③

- 처치변수(독립변수) 1 : 광고안(3가지) → 경우의
  수(a) = 3
- 처치변수(독립변수) 2 : 성별(남, 여) → 경우의 수
  (b) = 2
- 표본 크기 : 남자 9명 + 여자 9명 → 총실험자 수
  (N) = 18

처치변수 1 '광고안'의 자유도 = (a) − 1 = 3 − 1 = 2
처치변수 2 '성별'의 자유도 = (b) − 1 = 2 − 1 = 1
상호작용항의 자유도 = (a − 1) × (b − 1)
$$= (3 − 1) × (2 − 1) = 2$$
따라서 상호작용 자유도는 2이다.

38 정답 ①

다중공선성(Multicollinearity)은 회귀분석에서 독립변
수 간에 강한 상관관계가 존재할 때 발생하며, 수리적
으로는 어떤 독립변수가 다른 독립변수들과 완벽한 선
형 독립이 아닌 경우를 말한다.

예 소비크기에 영향을 미치는 요인들을 분석할 때, 소
  득수준과 재산과 같이 서로 밀접한 관련이 있는 변
  수들이 동시에 독립변수로 사용될 때 다중공선성
  이 나타날 수 있다.

39 정답 ④

군집분석(Cluster Analysis)은 개인 또는 여러 개체 중
에서 유사한 속성을 지닌 대상을 몇 개의 집단으로
그룹화한 다음 각 집단의 성격을 파악함으로써 데이터
전체의 구조에 대해 이해하고자 하는 탐색적 분석기법
으로, 시장세분화 등에 많이 활용된다.

40 정답 ③

③ 조사자 관점이 아닌 청중 관점에서, 청중이 쉽게
  이해할 수 있도록 전문 용어는 최소화하여 조사결
  과를 발표한다.

마케팅조사

01 마케팅조사의 정의

1 마케팅조사의 중요성

최근 마케팅 환경이 급변하고 다양한 유통기관들이 출현하면서 경영자와 소비자 간의 직접적인 접촉이 어려워짐에 따라 경영자의 주관적 정보만으로는 기업이 당면한 문제해결에 충분하지 않게 되었다. 즉, 경영자는 성공적인 마케팅의사결정을 내리기 위해 마케팅조사를 통한 객관적인 시장정보(소비자의 욕구, 자사 및 경쟁상표에 대한 고객의 태도, 경쟁사의 마케팅전략의 변화 등)와 이에 입각한 합리적인 의사결정을 필요로 하게 되었다. 이에 따라 기업은 고객과 경쟁기업에 대한 정보를 획득하기 위한 마케팅조사의 중요성을 인식하고 있다.

2 마케팅조사의 정의

(1) 마케팅조사의 정의

① 마케팅조사(Marketing Research)란 기업의 마케팅활동을 위한 시장정보 요구에 대한 답을 제시하는 것을 목적으로 하는 활동이라고 할 수 있다. 즉, 기업의 마케팅활동에 필요한 다양하고 복잡한 시장정보를 조사하고, 이를 마케팅 책임자의 의사결정과정에 지원하거나 기업이 당면한 마케팅 또는 경영 문제를 해결하며, 궁극적으로는 경영과 마케팅 의사결정의 답을 지원하기 위한 적극적 조사활동 체계이다.

② 즉, 주어진 마케팅 문제에 대한 분석이라는 차원을 넘어, 마케팅 문제를 예측하고 진단하기 위해 필요한 정보가 무엇이며, 어떠한 변수가 마케팅 문제의 파악과 분석에 적절한가를 선택하고, 거기에 필요한 타당한 정보를 수집 · 기록 · 분석하는 것을 의미한다.

③ 마케팅조사는 일반적으로 고객(시장, 구매자, 소비자), 기업(제품, 판매촉진, 가격, 유통, 서비스 등), 경쟁자(기업과 관련된 환경 포함)를 대상으로 한다. 마케팅조사에 의해 개발된 마케팅정보는 현재의 상황과 미래의 환경을 정확하게 분석하여야 하고, 기업의 마케팅활동 또는 당면한 문제와 관련성이 높아야 하며, 제공된 정보가 시의적절할수록 그 가치가 높게 평가될 수 있다.

(2) 미국 마케팅학회(American Marketing Association)의 정의

마케팅조사는 정보의 수집(마케팅 기회와 문제를 파악할 수 있는 정보, 마케팅활동을 기획 · 수행 · 평가하는 데 이용되는 정보, 마케팅활동의 성과를 관찰할 수 있는 정보, 마케팅과정에 대한 이해를 증진시켜 줄 수 있는 정보)을 통하여 소비자, 고객 및 일반대중을 기업의 관리자와 연결시켜 주는 기능을 수행하는 것이다.

3 마케팅조사의 목적과 활용

(1) 기업의 마케팅조사 목적

마케팅조사의 목적은 마케터의 합리적인 의사결정을 위해 필요한 자료를 수집하고 분석함으로써 경영자가 보다 나은 의사결정을 내릴 수 있도록 지원하는 것이다.

① 경영자의 의사결정에 수반되는 불확실성을 줄여 준다.

② 객관적, 체계적으로 자료들을 수집·기록·분석한다.

③ 합리적인 의사결정을 할 수 있도록 해준다.

(2) 기업의 마케팅조사 영역

① 영역: 신제품 및 제품/서비스 조사, 고객 및 시장조사, 브랜드 가치 조사, 광고조사

② 마케팅조사는 수익을 목적으로 하는 영리기업에만 한정되는 것이 아니며 비영리조직도 조직의 목적을 달성하는 데 필요한 마케팅자료의 수집과 분석이 요구되고 있다.

(3) 기업의 마케팅조사 활용

최근에는 기업에서 보다 적극적이고 정밀한 마케팅조사 기법인 마케팅 애널리틱스(Marketing Analytics)를 활용하고 있다. 이는 자사의 핵심 사업 운영과 관련된 분석인 소비패턴분석, 고객불만분석, 고객행동분석, 판매 및 거래 데이터 분석 등을 빅데이터를 기반으로 수행하여 빠르고 쉽게 통찰력을 얻고 의사결정과정에 이를 반영함으로써 경쟁우위를 확보하게 된다.

> **Plus UP! 시장조사의 활용**
>
> ㉠ 시장조사의 활용에는 창업 및 신규사업의 경우 시장조사를 통해 수요를 예측하고, 예측된 수요에 따라 시설을 계획하며, 생산 및 판매계획을 세우고 평가하여 사업의 경제성이 있는지에 대한 분석이 가능하다.
>
> ㉡ 시장조사를 통해 비용, 가격, 광고, 신용 등 다양한 정보를 입수하고 그 원인과 효과를 분석하여 비용관리, 유통관리, 광고정책, 가격정책, 신용정책 등을 수정하고 보완하는 데 활용할 수 있다.

4 마케팅 프로그램의 개발

마케팅조사는 마케팅 프로그램의 수립, 집행, 성과 평가로 이루어지는 마케팅 프로그램 개발과정에서 필요한 정보를 제공하여 효율적이면서 동시에 가장 효과적인 마케팅 활동을 할 수 있게 한다. 이러한 마케팅 프로그램의 개발단계는 첫째, 마케팅 환경의 감시단계, 둘째, 마케팅 기회 및 문제의 파악단계, 셋째, 대안의 파악 및 평가단계, 넷째, 대안의 검정과 재수정단계, 다섯째, 성과의 측정과 평가단계로 구성되어 있다.

5 마케팅 프로그램 개발의 5단계

(1) 마케팅 환경의 감시단계(Envionmental Surveillance)

① 마케팅 환경의 변화동향을 찾고, 그 마케팅 의미를 인식하고, 마케팅 프로그램의 개발방향과 시점을 예측하여 환경의 변화과정을 추적하는 것부터 마케팅 프로그램이 시작된다고 할 수 있다.

② 이 단계에서는 ㉠ 시장의 특성, ㉡ 특성에 영향을 미치는 주요 경향, ㉢ 마케팅 성과상황을 중요하게 조사하여야 한다.

(2) 마케팅 기회 및 문제의 파악단계(Problem and Opportunity Definition)

① 마케팅 활동을 하면서 발생한 문제는 무엇인지 알아보고 당면한 문제가 시장점유율이나 매출, 이익에 미치는 충격을 측정해 볼 때 당면하고 있는 마케팅 문제가 얼마나 심각한지 판단하고, 또는 새로운 마케팅 기회가 있다면 크기는 어떠한지 기존자료를 좀 더 자세하게 분석하여 파악한다.

② 더 자세하게 조사하기 위해서 프로젝트로 발주하여 전문적인 연구를 하는 경우도 있다.

(3) 대안의 파악 및 평가단계(Identification and Assessment of Alternatives)

① 이 단계에서는 ㉠ 현재 문제에 어떻게 대응할 것인지, ㉡ 선택할 수 있는 대안의 범위는 얼마나 되는지, ㉢ 신제품의 시장기회가 있다면 어떻게 추구해야 할 것인가를 분석한다.

② 이러한 분석은 거시적인 시각을 통해 가능한 한 넓은 범위의 선택 가능한 대안을 찾아내는 작업(Alternative Generating), 그리고 대안의 평가선택작업(Alternative Screening)으로 구분할 수 있다.

(4) 대안의 검증과 재수정단계(Testing and Refining the Alternatives)

앞서 고려한 대안들 중 어느 대안이 성공할 수 있을지, 어느 대안이 더 효과적인지, 어느 대안부터 먼저 시행할지를 결정하는 단계로 계획단계에서 이루어진 사소한 실책은 실천 후 엄청난 손실을 초래할 수 있으므로 대안을 선택하기 전에 어느 대안이 가장 효과적인지, 대안이 가지고 있는 문제는 없는지, 있다면 수정할 사항은 무엇인지 다시 한번 검증하고 조사해야 한다.

(5) 성과의 측정과 평가단계(Performance Monitering and Evaluation)

① 대안의 선택 후 실행되면 그 효과를 시간, 여건, 변화에 따라서 면밀하게 측정해야 한다. 예를 들어, 소비품이라면 재구매율, 취급점포의 반응, 구매의도와 소비자 인식, 구매량, 빈도 등을 조사하여 새로운 보완, 개선방향을 모색해야 한다.

② 이 단계에서 특히 중요한 초점은 예상했던 목표를 달성하였는지 평가하는 것이다.

마케팅조사는 다음 그림에서 보듯이 마케팅 계획과 마케팅 프로그램 개발의 5단계와의 상호 과정에서 필요한 마케팅시스템에 관한 모든 정보를 수집, 분석, 해석하여 제공해 준다고 할 수 있다.

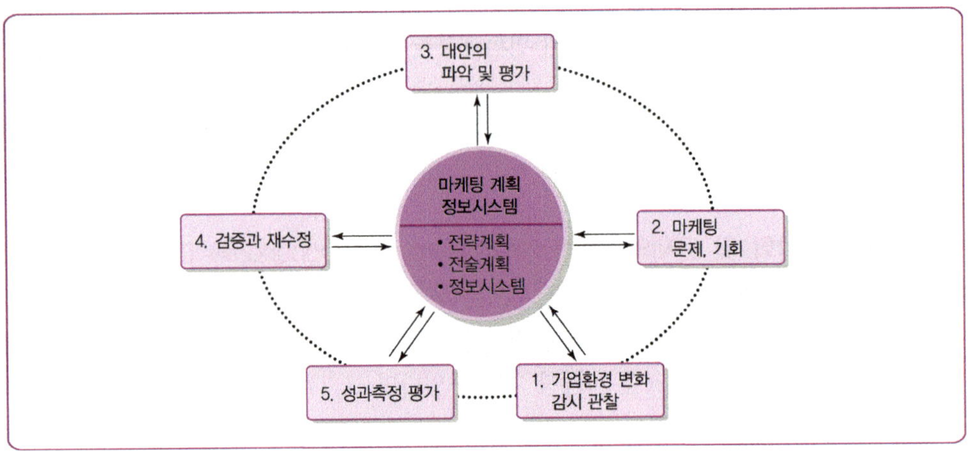

▍ 마케팅 프로그램의 개발과정 ▍

◀6 마케팅조사와 마케팅 관리과정과의 관계

기니이(Kinnear)와 테일러(Taylor)가 제시한 마케팅조사와 마케팅 관리과정과의 관계는 다음 그림과 같다. 마케팅 관리기능으로 '계획, 조직, 조정, 통제'의 4가지 기능을 포함시키고 있다.

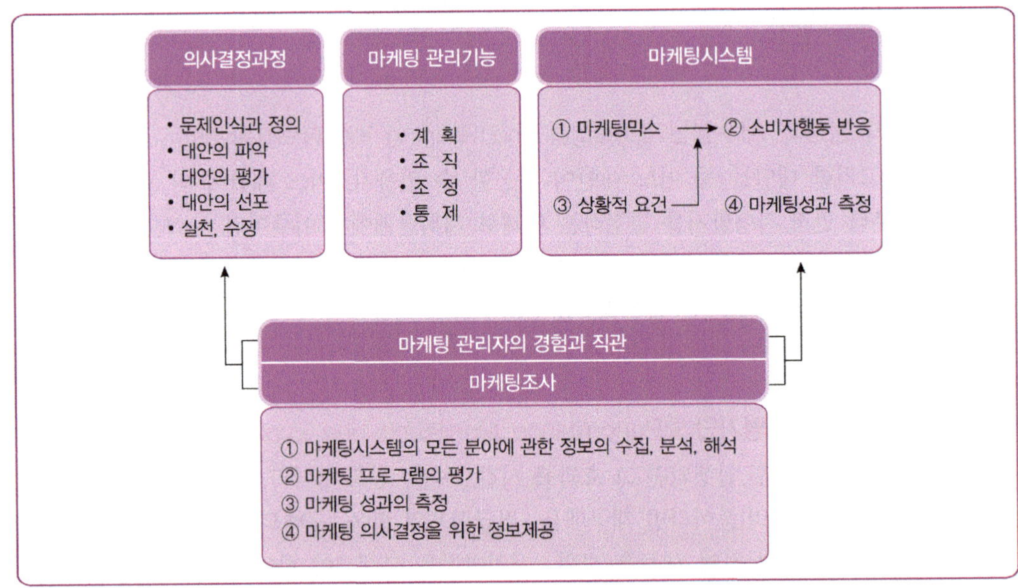

▍ 마케팅조사와 마케팅 관리과정과의 관계 ▍

02 마케팅의사결정과 마케팅조사

마케팅조사는 마케팅전략과 마케팅믹스 프로그램을 개발, 실행하는 데 유용한 정보를 제공한다. 기업의 마케팅활동은 소비자의 욕구를 충족시킬 수 있도록 설계되어야 하는데, 문제는 소비자 욕구가 다양하다는 것이다. 기업은 마케팅조사를 통해 추구하는 욕구가 서로 다른 복수의 세분시장을 파악하고 그 특성을 이해할 수 있다.

1 전략수립 시 마케팅조사의 역할

마케팅조사는 기업의 전략수립단계에서 필요한 정보를 제공하여 효율적이면서 효과적인 마케팅활동을 영위할 수 있게 하는 데 초석이 된다. 전략은 기업수준에서 이루어지는 기업전략, 제품군 수준에서 이루어지는 마케팅전략과 마케팅믹스 프로그램의 수립으로 나누어 볼 수 있다.

(1) 전략수립을 위한 상황분석

기업전략, 마케팅전략, 마케팅믹스 프로그램의 수립을 위해 상황분석이 필요하다.

① 상황분석의 구성요소
- ㉠ 거시적 환경분석: 사회문화적 변화, 법과 제도의 변화, 원자재공급업체와 유통업계의 변화, 인구통계적 특성의 전반적 변화 등
- ㉡ 산업분석: 제품시장의 규모와 성장률, 산업의 매력도, 경쟁사와 자사의 강약점
- ㉢ 소비자분석: 제품 구매사용과 관련된 다양한 소비자 특징(라이프스타일 특성, 구매행동 특성 – 구매빈도, 브랜드충성도)

② 기업전략의 수립: 상황분석과 전년도 기업활동 성과를 토대로 경영자는 차기년도 기업목표를 선정한다.
- ㉠ 기업목표의 결정: 좋은 사명진술서는 핵심 목표에 집중하며, 기업의 주요 정책과 가치를 강조하고, 회사의 주요한 경쟁영역을 규정한다.
- ㉡ 제품 포트폴리오의 평가: 제품 포트폴리오를 구성하는 각 제품시장의 매력도를 평가하여 각 제품시장에 대한 지원수준과 새로운 제품시장 진출 여부를 결정한다.

③ 마케팅전략의 수립: 시장기회분석(MOA: Market Opportunity Analysis)을 적용한 매력도를 결정한다.
- ㉠ 원가우위: 기업은 기술, 구매, 생산, 물류 등에 있어서 우위를 가져야 한다.
- ㉡ 차별화: 기업은 경쟁자보다 우월한 성과를 달성하는 차별화에 공헌하는 강점을 개발해야 한다.
- ㉢ 집중화: 기업은 한정된 세분시장에 집중하여 원가우위 혹은 차별화를 이 표적시장에서 추구한다.

(2) 시장세분화와 마케팅조사

시장세분화(Market Segmentation)는 전체시장을 마케팅믹스 요소(제품, 가격, 유통, 촉진)에 유사한 반응을 보이는 소비자집단으로 나누는 과정을 말한다.

① 기업은 마케팅조사를 통해 서로 다른 욕구를 가진 복수의 세분시장을 발견할 수 있다.

② 기업은 각 세분시장의 크기, 각 세분시장에 진출해 있는 경쟁사의 수 등의 파악을 통해 각 세분시장의 수익잠재력을 추정할 수 있다.

③ 마케팅조사는 자사 및 경쟁사가 소홀히 하고 있는 세분시장을 확인하는 데 도움을 줄 수 있다.

④ 기업은 마케팅조사를 통해 각 세분시장의 소비자특성을 파악할 수 있는데 이러한 정보는 각 세분시장의 성장가능성을 추정하는 데 도움을 준다.

(3) 목표시장 선정

목표시장 선정(Targeting)은 시장세분화를 통해 나누어진 세분시장들 중 해당시장 내 소비자들의 욕구를 가장 잘 충족시킬 수 있으면서 경쟁우위를 가질 수 있는 하나 혹은 그 이상의 세분시장을 선정하는 것이다.

(4) 제품포지셔닝

제품포지셔닝(Product Positioning)은 목표시장의 고객의 마음속에 차별적인 위치를 차지하도록 기업의 제공물과 이미지를 설계하는 활동이다.

① 기업은 마케팅조사를 통해 경쟁브랜드들의 기존포지션을 확인할 수 있다.

② 마케팅조사는 자사브랜드의 바람직한 제품포지션을 결정하는 데 유용한 정보를 제공한다.

③ 마케팅조사는 기존제품에 대한 재포지셔닝전략을 추구하는 데 유용한 정보를 제공한다.

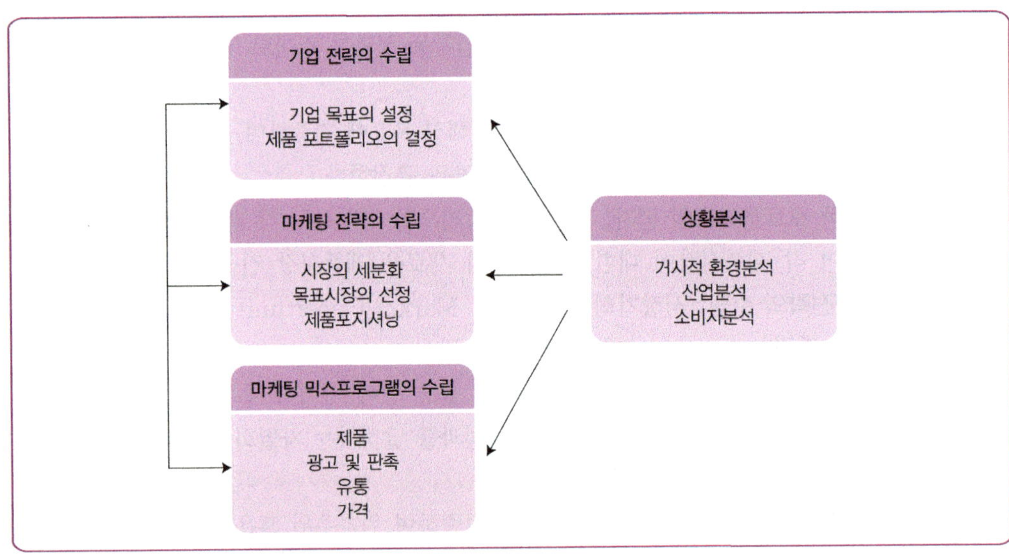

▮ 전략수립의 전반적인 과정 ▮

2 마케팅믹스 프로그램 개발을 위한 마케팅조사

(1) 제품(Product)결정을 위한 마케팅조사

소비자요구를 충족시키는 제품과 서비스를 개발하는 것은 핵심적인 마케팅활동의 하나이므로 기업은 제품의사결정 과정에서 소비자조사를 활용한다.

① 소비자욕구 파악을 통해 이를 충족시키는 제품과 서비스를 개발한다.

② 소비자조사를 통해 타깃 소비자가 제품으로부터 기대하는 편익이 무엇인지 파악할 수 있다.

③ 기존제품에 새로 추가할 속성이나 변경해야 할 속성을 파악하는 데 활용한다.

④ 브랜드명의 결정, 패키지, 로고 대안들에 대한 테스트에 활용한다.

(2) 광고 및 판촉(Promotion)과 마케팅조사

마케팅조사는 광고목표의 결정, 시각적 정보와 광고카피의 개발, 광고매체의 결정, 광고시점의 결정, 광고효과의 측정 등에 활용된다.

① 광고목표의 결정, 시각적 정보와 광고카피의 개발, 광고매체 결정, 광고시점의 결정 등에 필요한 정보를 제공한다.

② 소비자가 신규 브랜드를 모른다면 광고는 브랜드 인지도를 높이거나, 브랜드는 알지만 브랜드 제품특성을 모른다면 브랜드지식의 강화를 목표로 한다.

③ 기억에 남을 광고물의 제작, 닐슨 등의 조사기업 자료를 활용한다.

(3) 가격(Price)결정과 마케팅조사

제품가격은 소비자의 구매의사결정에 큰 영향을 미치므로 마케터들은 가격변화에 소비자반응을 조사하여 가격결정에 활용해야 한다.

① 가격변화에 대한 소비자반응을 조사하여 적정가격 결정에 활용한다.

② 판매가격을 얼마로 책정해야 하는지에 대한 결정에 활용한다.

③ 묶음가격정책(Bundled price)에 대한 소비자반응을 활용할 수 있다.

④ 지불가격의 적절성에 대한 소비자판단을 파악할 수 있다.

⑤ 가격에 대한 민감도 수준에서의 차이를 파악할 수 있다.

(4) 유통(Place)의사결정과 마케팅조사

마케터는 마케팅조사를 통해 소비자들이 어떻게 자사제품을 구매하는지(목표소비자들이 선호하는 쇼핑장소, 소비자반응에 영향을 주는 점포설계)를 이해해야 한다.

① 소비자들이 어떻게 자사제품을 어떻게 구매하는지를 파악해 최적의 유통경로를 결정한다.

② 유통채널의 유형을 결정하는 데 활용할 수 있다.

③ 소매점의 설계와 머천다이징에 도움을 줄 수 있다.

④ 기업의 소매환경관리에 도움을 줄 수 있다(환경의 편안함에 따른 쇼핑 만족도).

◢ 1 조사대상의 의의

마케팅조사는 마케팅 프로그램의 개발 및 마케팅 관리과정에 필요한 정보를 제공하며, 마케팅 활동의 효과는 마케팅시스템의 종속변수로서 소비자 행동반응(Behavioral Response)과 마케팅 성과(매출액, 시장점유율, 순이익 등)로 구분할 수 있다. 이러한 종속변수에 강한 영향을 미치는 요소인 독립변수로 상황변수로서의 수요상황, 경쟁상황, 경제적 상황 등을 생각할 수 있다. 이러한 상황적 변수들은 기업으로서는 통제할 수 없기 때문에 변화해 가는 상황에 대응하여 제품(Product), 가격(Price), 유통(Place), 촉진(Promotion) 등의 4P 요소인 마케팅믹스(Marketing Mix)를 적절하게 조정해야 할 것이다.

(1) 종속변수와 독립변수

① **종속변수**: 원인(독립변수)의 작용에 의해 영향을 받은 결과(피실험자들의 광고시안 평가는 광고라는 원인에 이미 노출된 결과로 종속변수에 해당)를 나타내는 변수

② **독립변수**: 실험에서 자극을 주는 변수. 원인변수, 예측변수 또는 처치변수라고 한다.

(2) 종속변수의 종류

① **소비자 행동반응변수**: 인지, 지식, 호감, 선호, 구매의도, 구매, 충성도 등

② **마케팅 성과측정변수**: 매출액, 시장점유율, 원가, 이익, 자본이익률, 기업이미지, 현금유동성 등

(3) 독립변수의 종류

① **마케팅믹스(통제가능)**: 제품, 가격, 촉진, 판매경로 등

② **상황변수(통제불능)**: 수요상황, 경쟁상황, 정치상황, 경제적여건, 기술여건 등

◢ 2   마케팅조사의 조사대상

마케팅조사의 조사대상을 바로 다음 그림의 마케팅시스템의 구성요소에 관한 사항, 소비자
행동반응에 관한 사항, 그리고 마케팅 성과측정에 관한 사항으로 구분할 수 있다. 따라서 마
케팅전략의 수립을 위해 반드시 수행되어야 할 마케팅조사 영역은 고객분석과 경쟁분석이다.

❘ 마케팅시스템의 구성요소 ❘

01 오늘날 마케팅조사의 의의라고 할 수 있는 것은?

① 자료의 정확한 수집·분석·기록
② 마케팅 문제를 예측·진단하기 위한 자료의 선택·수집·분석
③ 자료의 분석을 위한 통계기법의 이론적 발전
④ 현재의 문제보다 미래의 문제를 대비한 자료의 축적

해설 오늘날에는 마케팅 문제가 무엇인지 미리 예측하고, 새로운 성장의 기회를 포착하기 위해 활용되는 것으로 볼 수 있다. 즉, 주어진 마케팅 문제에 대한 분석이라는 차원을 넘어, 마케팅 문제를 예측하고 진단하기 위해 필요한 정보가 무엇이며, 어떠한 변수가 마케팅 문제의 파악과 분석에 적절한가를 선택하고, 거기에 필요한 타당한 정보를 수집·기록·분석하는 것을 의미한다.

02 마케팅조사에 대한 설명으로 잘못된 것은?

① 경영자의 의사결정에 수반되는 불확실성을 줄여 준다.
② 객관적, 체계적으로 자료들을 수집·기록·분석한다.
③ 마케팅과 관련된 의사결정 그 자체이다.
④ 합리적인 의사결정을 할 수 있도록 해준다.

해설 마케팅조사는 마케팅과 관련된 의사결정 그 자체가 아니라, 마케터의 합리적인 의사결정을 위해 필요한 자료를 수집하고 분석·지원하는 활동이다.

03 마케팅조사의 의의로 옳지 않은 것은?

① 시장상황을 객관적으로 반영한다.
② 체계적이고 과학적인 정보에 의한 올바른 의사결정에 도움이 된다.
③ 고도의 경쟁시장에서는 내부구성원의 경험과 의견이 더욱 중요하다.
④ 비용과 시간은 많이 소요되나 의사결정의 효과성과 효율성이 증대된다.

해설 경쟁이 치열한 시장상황하에서는 다른 기업의 제품이나 서비스와의 차별점이 요구된다. 따라서 이러한 차별점에 대한 소비자의 반응은 내부구성원의 경험과 의견보다는 보다 체계적이고 과학적인 데이터의 분석이 필요하다.

정답 01 ② 02 ③ 03 ③

04 현대 마케팅조사의 목적에 관한 사항 중 설명이 다른 하나는?

① 경영자의 의사결정에 수반되는 불확실성을 줄여 합리적인 의사결정을 할 수 있도록 하기 위함이다.

② 고객 욕구를 파악하는 데 있어서 객관적, 체계적으로 자료들을 수집·기록·분석한다.

③ 기업이 당면한 문제를 해결하기 위하여 소비자 및 경쟁사에 대한 정보수집이 선결되어야 한다.

④ 축적된 경험이나 주관적 판단을 토대로 마케팅의사결정을 내리는 데 도움이 된다.

해설 ④ 최근 마케팅환경이 급변하고 있어 주관적 정보만으로는 기업이 당면한 문제해결에 충분하지 않게 되었다.
①, ②, ③은 마케팅조사 목적에 대한 거시적인 설명이다.

05 다음 중 마케팅조사의 목적으로 옳은 것은?

① 조사자가 특정한 입장을 지지하기 위해

② 마케팅 영역에서 필요로 하는 정보를 획득하여 활용하기 위해

③ 마케팅 활동의 실패에 대한 책임회피의 근거를 마련하기 위해

④ 이미 내린 잘못된 의사결정을 정당화하기 위해

해설 마케팅조사의 목적은 소비자나 경쟁자에 관한 정보를 수집·분석·해석하여 경영자의 불확실성을 줄여주는 데 있다. 즉, 마케팅 영역에서 필요로 하는 정보를 획득하여 활용하기 위한 대표적인 수단이 마케팅조사라 할 수 있다.

06 다음 중 마케팅조사에 대한 설명으로 바르지 않은 것은?

① 보편 타당성이 있어야 한다.

② 관찰을 통해서나 실험을 통해 검정이 가능해야 한다.

③ 분석적이고 주관적으로 수행해야 한다.

④ 마케팅조사의 역할은 효율적인 의사결정을 위해 정보를 제공하는 데 있다.

해설 마케팅조사는 분석적이고 객관적으로 수행해야 한다.

정답 04 ④ 05 ② 06 ③

07 마케팅조사의 목적으로 옳지 않은 것은?

① 소비자의 욕구 파악
② 자사의 인적자원 변화 파악
③ 경쟁사의 마케팅 전략의 변화 파악
④ 자사 및 경쟁상표에 대한 고객의 태도 파악

해설 고객(시장, 소비자), 기업(제품디자인, 가격, 유통, 판촉, 서비스), 경쟁사를 대상으로 욕구, 행동, 태도 등에 대하여 마케팅조사가 이루어진다.

08 마케팅조사를 수행하는 직접적인 이유로 옳지 않은 것은?

① 마케팅관리자의 의사결정 지원
② 시장정보의 제공
③ 문제 해결 방안의 제시
④ 새로운 문제점의 발견

해설 새로운 문제의 발견은 마케팅조사의 간접적인 결과일 수 있지만, 직접적인 이유로 보기에는 적합하지 않다. 마케팅조사는 주로 기존 문제를 해결하거나 의사결정을 지원하는 데 초점을 맞추며, 문제를 발견하는 과정은 조사 이후에 이루어질 수 있는 추가적인 단계이다.

09 마케팅조사의 정의와 거리가 먼 것은?

① 시장의 역동성과 불확실성을 효과적으로 이해하기 위해 내부구성원 및 전문가의 경험과 직관이 더욱 중요해진다.
② 신상품을 개발할 경우 소비자의 니즈, 현재 기술수준, 상품의 시장성 등을 체계적으로 이해하는 데 도움이 된다.
③ 시장에 대한 객관적이고 정확한 정보를 수집하여 불확실성에 따른 위험을 감소시켜 준다.
④ 빅데이터의 체계적인 분석은 소비자의 욕구를 정확하게 파악하여 효과적인 마케팅 전략 수립에 도움이 된다.

해설 마케팅조사는 전략수립 과정에서 필요한 자료의 체계적 수집 및 분석을 통하여 마케팅 의사결정에 도움을 주는 역할을 한다. 내부구성원 및 전문가의 경험과 직관과 같은 주관적 정보만으로는 기업이 당면한 문제해결에 충분하지 않게 되었다.

정답 07 ② 08 ④ 09 ①

10 전략수립에 있어 마케팅조사의 역할에 관한 사항 중 설명이 틀린 것은?

① 기업목표의 결정, 사업포트폴리오의 평가 등 기업전략 수립에 도움을 준다.

② 시장세분화, 목표시장 선정, 제품포지셔닝을 하는 마케팅전략을 수립하는 데 기여한다.

③ 거시적 환경분석, 산업분석, 소비자 분석과 같은 상황분석은 기업전략, 마케팅전략 개발에만 적용되어 도움을 준다.

④ 제품, 가격, 유통, 촉진 등 마케팅믹스 전략 수립에 도움을 준다.

> **해설** ③ 상황분석은 기업전략, 마케팅전략, 마케팅믹스 프로그램 개발 모두에 적용된다. 마케팅조사는 이러한 모든 전략수립 과정에서 필요한 자료의 체계적 수집 및 분석을 통하여 마케팅의사결정에 도움을 주는 역할을 한다.

11 다음 중 통제 가능한 마케팅믹스의 조사내용으로 옳지 않은 것은?

① 품질 ② 광고비
③ 원가 ④ 소비자 선호

> **해설** 마케팅시스템의 종속변수로서 소비자 행동반응과 마케팅 성과측정(매출액, 시장점유율, 순이익 등)으로 구분할 수 있다. 이러한 종속변수에 강한 영향을 미치는 요소인 독립변수로서의 상황변수는 수요상황, 경쟁상황, 경제적 상황 등을 생각할 수 있다. 이러한 상황적 변수들은 기업이 통제할 수 없기 때문에 변화해 가는 상황에 대응하여 가격(price), 제품(product), 판매경로(place), 촉진(promotion) 등의 마케팅믹스(Marketing Mix)를 조정해야 할 것이다.

12 실험에서 조작 혹은 처치가 의미하는 것은?

① 종속변수의 변화를 관찰하는 것이다.

② 적절한 실험대상을 선발하는 것이다.

③ 독립변수를 인위적으로 변화시키는 것이다.

④ 외생변수의 영향을 인위적으로 제거하는 것이다.

> **해설** 조작 및 처치는 종속변수를 변화시키기 위해 독립변수를 체계적으로 조작하는 것으로 이러한 독립변수를 원인변수, 처치변수라고 한다.

정답 **10** ③ **11** ④ **12** ③

13 다음 중 종속변수에 해당하는 것은?

① 경제적 상황 　　　　　　② 판매경로

③ 실험의 난이도 　　　　　　④ 피실험자들의 광고시안 평가

해설 종속변수란 원인(독립변수)의 작용에 의해 영향을 받은 결과이다.
④ 피실험자들의 광고시안 평가는 광고라는 원인에 이미 노출된 결과로 종속변수에 해당하며,
①, ②, ③은 독립변수에 해당한다.

정답 13 ④

01 마케팅조사 문제의 규명

1 마케팅 문제의 인식

마케팅조사 담당자들은 발생한 문제를 명확히 하기 위해 조사의 목적, 관련된 문제의 배경, 필요한 정보, 의사결정의 종류 등을 고려하여 문제를 정의하여야 한다. 명확한 문제의 정의를 위해서 마케팅조사 담당자는 기업 내·외부의 2차 자료를 분석하고 관련 문제의 전문가나 의사결정자와 함께 해당 문제에 대한 논의와 면담을 진행할 수 있다.

문제는 기업이 일상적·상시적 활동 과정에서 도출되기도 하며, 특별한 사건이나 현상에 의해 문제가 새로이 도출될 수도 있다.

2 마케팅조사 문제의 정의

현재 기업이 직면한 현실과 문제는 마케팅조사의 출발점이며 동시에 명확한 문제의 정의가 향후 진행될 마케팅조사의 합리적 결과 도출을 위한 올바른 길의 단초를 제공한다. 이러한 점에서 문제의 정의는 마케팅조사 과정에서 가장 중요한 단계라 할 수 있다. 문제의 정의는 문제의 특성, 그리고 연관된 요소를 정확히 파악하여 문제에 대해 명확한 설명을 하는 것을 의미한다. 따라서 문제의 명확한 정의를 위해서는 해당 문제의 파악을 위한 조사가 수반될 수도 있다.

마케팅 문제의 정의에는 반드시 범위의 문제가 수반되기 때문에 범위의 수준을 어떻게 결정하느냐가 상당히 중요한 문제가 될 수 있다. 문제를 너무 광범위하게 정의할 경우, 향후 조사의 범위와 방향이 방대해져 조사의 목적성과 효율성을 저해할 가능성이 높다. 문제를 너무 구체적으로 정의한 경우에는 중요한 요인을 반영하지 못하거나 잠재적 기회를 배제시킬 가능성이 존재하며, 향후 조사결과에 대한 활용도를 낮추게 된다.

3 마케팅조사 문제의 유형

일반적으로 기업에서 고려하게 되는 마케팅 문제의 유형은 다음과 같다.
① 신제품 개발 및 출시 방안
② 매출 및 시장점유율의 변화원인
③ 경쟁브랜드 대응방안
④ 효율적 마케팅프로그램(4P)전략
⑤ 소비패턴 변화의 추세
⑥ 제품 개념 시험
⑦ 상표 및 포장에 대한 소비자 반응

⑧ 시제품에 대한 소비자 반응

⑨ 광고 카피에 대한 시장 반응

⑩ 시험시장(Test Market)

⑪ 세분시장조사

⑫ 표적시장조사

⑬ 브랜드 인지도·태도 조사

⑭ 광고 인지도·태도 조사

⑮ 제품사용 실태조사

⑯ 광고 반응 추적 조사(브랜드 인지도, 브랜드 이미지, 브랜드 선호도 등)

⑰ 브랜드 이미지 및 포지셔닝 조사

⑱ 판매촉진 프로그램에 대한 시장반응

⑲ 마케팅 프로그램에 대한 효과 측정

4 마케팅조사에서 문제해결의 요건

조사문제들이 실제로 연구되기 위해서는 일반적으로 모든 문제가 과학적 연구에 의해서 해결되는 것은 아니지만, 해결가능성을 높이도록 진행되어야 한다. 이러한 마케팅조사의 결과가 문제를 해결하지 못하는 몇 가지 기준으로는 첫째, 마케팅 문제가 구조화되지 못하고 모호하게 표현되어 있거나, 둘째 문제에 내포되어 있는 특징 용어나 개념의 정의가 잘못되어 명확하지 않거나, 셋째 문제는 정확하고 용어들이 잘 정의되어 있으나 문제에 대한 조사를 현실적으로 수행할 가능성이 없을 때에는 해결가능성이 없거나 낮다고 판단할 수 있다.

(1) 문제의 명확한 구조화

문제가 명확히 구조화되지 못하였다는 것은 문제가 관찰가능한 현상과 밀접하게 연결되어 있지 못할 때 일어난다.

(2) 용어의 명확화

문제에 포함된 용어의 정의가 명확히 규정되어 있지 않을 경우에는 문제의 모호성을 증대시켜 문제의 해결가능성을 저해하게 된다. 일반적으로 우리가 사용하는 일상용어들도 사람들마다 그 의미를 다르게 해석하기 때문에 많은 오해가 발생하기도 한다. 그러므로 용어에 대한 정의가 명확히 이루어지지 않는다면 문제에 대한 해결가능성이 낮아지게 된다.

(3) 조사가능성

마케팅조사에서 새로운 현상을 발견하고 여러 가지 가능한 문제를 선정하여 문제를 구조화하고 용어를 명확히 정의했다고 해서 모든 문제들이 다 조사 가능한 것은 아니며, 연구문제로서 일정한 요건을 갖추어야만 한다.

5 마케팅조사의 단계

먼저 마케팅조사의 문제를 정의하는 것이 마케팅조사의 시작이다. 마케팅 의사결정문제가 발생하면 마케팅조사가 필요해지며, 이를 위해 조사 절차와 단계가 체계적으로 수행된다. 마케팅조사의 과정은 일반적으로 기업 내외부의 문제 인식에서 출발하여 문제정의의 단계, 예비조사 단계, 조사계획 수립 단계, 자료수집 단계, 자료분석 단계, 그리고 결과보고 및 의사결정 단계로 이어진다. 즉, 조사활동은 단순한 자료의 수집이 아니라 문제의 규명에서 결과보고에 이르는 일련의 절차적 과정을 의미한다.

Plus UP!　마케팅조사의 절차와 진행과정

> ㉠ 마케팅조사의 절차
>
> 　마케팅조사의 절차는 조사의 전개 순서를 의미하며, 일반적으로 ① 조사문제의 결정 → ② 조사계획의 수립 → ③ 자료의 수집 → ④ 자료의 분석 → ⑤ 조사결과의 해석과 보고의 단계로 진행된다. 이때 각 단계는 유기적으로 연결되어 있으며, 문제의 정의가 잘못되면 이후 조사계획이나 분석 결과 또한 왜곡될 수 있으므로 조사문제의 결정 단계가 전체 절차 중 가장 중요한 출발점이 된다.
>
> ㉡ 마케팅조사의 단계
>
> 　마케팅조사의 단계는 조사의 구체적인 수행 흐름을 세분화한 것으로, 일반적으로 ① 조사문제의 인식 → ② 조사목적과 정보요구의 파악 → ③ 자료원의 파악 → ④ 자료수집형태의 결정 → ⑤ 표본설계의 작성 → ⑥ 자료수집 및 분석 → ⑦ 조사결과의 보고로 이루어진다. 이 단계는 조사 절차보다 세밀한 실행과정으로, 조사자가 조사계획을 수립하고 자료를 수집·분석하며, 그 결과를 해석하고 보고하는 전 과정을 포함한다.

6 마케팅조사의 과정

(1) 조사문제의 인식

기업은 마케팅 활동 과정에서 매출감소나 시장점유율 하락 등과 같은 문제를 발견할 때, 그 원인이 무엇인지 파악하기 위해 조사 필요성을 인식한다. 이는 마케팅조사의 출발점이 되는 단계이다.

(2) 문제의 정의

조사문제의 인식 후, 표면적인 현상 이면에 있는 근본 원인을 구체적으로 규명하는 과정이다. 이 단계에서 조사의 목표와 범위, 필요한 정보의 성격을 명확히 설정한다. 예를 들어 "매출감소의 원인 규명"이라는 문제를 "소비자 인식 저하로 인한 구매의도 감소"처럼 측정 가능한 조사문항 수준으로 구체화한다.

(3) 예비조사 및 조사계획

문제를 정의한 뒤에는 내부자료나 2차 자료를 검토하고, 필요시 면접·관찰 등의 예비조사를 통해 조사설계 방향을 확정한다. 조사계획 단계에서는 조사대상, 조사방법, 표본크기, 일정, 예산 등을 결정한다.

(4) 자료수집 및 분석

표본을 선정하고 설문, 면접, 관찰 등의 방법으로 데이터를 수집한 뒤, 통계적 기법을 사용하여 분석한다. 분석결과는 문제해결의 단서로 활용되며, 조사목적의 달성 여부를 평가하는 근거가 된다.

(5) 조사결과의 해석 및 보고

분석된 자료를 근거로 의미 있는 결론을 도출하고, 이를 보고서나 프레젠테이션 형태로 제시한다. 조사결과는 경영자의 의사결정에 직접적으로 반영되므로 명확하고 실증적인 표현이 요구된다.

02 조사의뢰기업에 의한 마케팅조사

1 마케팅조사의 이용주체

마케팅조사를 사용하는 강도와 빈도는 업종의 특성이나 기업의 규모, 경영 및 경쟁상태에 따라서 다를 수 있지만, 일반적으로 마케팅조사를 활용하는 주체는 크게 다음의 4가지로 구분할 수 있다.

(1) 소비재의 제조업체

소비재의 최종 소비자는 구매빈도가 높을 뿐 아니라, 광범위한 지역에 분산되어 있으며 수많은 거래처와 경쟁업체와의 관계를 통해 매출을 실현하고 있는 상황에 있다. 따라서 마케팅 관리자로서는 소비자, 경쟁업체의 상품, 거래처의 상황이 변화해 가는 정도를 정확하게 파악하기 곤란하다. 이에 마케팅의사결정을 하려면 마케팅조사에 의존할 수밖에 없다. 마케팅조사 기업에서 수행되는 마케팅조사활동의 내용들은 시장잠재력의 측정, 시장점유율 및 추세분석, 신제품관련 조사, 소비자의 제품 구매 및 사용과정 확인, 광고 및 판매촉진효과 분석, 고객서비스에 대한 만족도 평가, 상권분석 등이다.

(2) 산업용품의 제조업체

산업용품은 일반적인 소비용품에 비해 유통경로가 짧으며 단순하다. 또한 판매자와 구매자 모두 상호특성을 잘 파악하고 있다. 그러므로 마케팅조사는 주로 지역별, 제품별, 주요 고객별로 경기변동에 따른 매출 잠재력 또는 판매예측에 널리 이용된다.

(3) 대형 유통기관

최근 인터넷이나 모바일 서비스의 발전으로 데이터의 생성이 자동화, 전자화되고 보다 쉽게 접근 가능하게 되었다. 온라인을 통한 경제활동의 증가로 과거에 비해 고객행동을 감지하는 것이 상대적으로 수월해져 온라인 고객행동조사 방법이 많이 활용되고 있다. 이와 같이 어느 정도 규모가 있는 기업에서는 데이터분석 전문가들을 고용하여 자체적으로 자사의 고객, 서비스, 시장에 대하여 정보를 수집, 분석하고 있는 추세이다.

(4) 비영리기관

독점적 비영리기관들도 고객들의 의견을 반영하기 위해 조사를 실시하는데, 정부의 정책수립 및 정책의 운영은 조사결과를 토대로 이루어지고 있다. 가령, 청와대는 국정운영에 대한 국민만족도를 정기적으로 조사하고 국가운영의 중장기 과제 발굴 등을 위해 전화 여론조사 방식에 추가하여 전문가집단 면접조사 등 마케팅 분야의 조사기법을 도입하고 있다. 이는 여론조사를 단순히 찬/반을 묻는 조사로 끝내지 않고 소수의견에 대한 정밀분석을 통해 발생 가능한 사회갈등을 미연에 방지하기 위한 대안을 마련하기 위함이다.

2 마케팅조사 요구서의 작성

마케팅조사 요구서는 조사를 의뢰하는 기업이 리서치기관에 조사를 공식적으로 요청하기 위해 작성하는 문서이다. 기업은 조사 필요성을 인식하면, 조사 목적과 배경, 조사 대상 및 범위, 조사 일정 등을 구체화하여 요구서를 작성한다. 이 문서는 조사 수행기관이 조사제의서를 작성할 수 있도록 기본 방향과 요구 조건을 제시하는 역할을 한다.

(1) 조사요구서의 작성단계

조사요구서의 작성은 일반적으로 의사결정문제의 분석단계 → 마케팅조사의 예비단계 → 조사요구서의 작성단계의 순으로 이루어진다. 즉, 먼저 기업이 직면한 의사결정상의 문제를 구체적으로 파악하고(분석단계), 그 문제를 해결하기 위한 정보 요구를 정의한 뒤(예비단계), 이를 바탕으로 리서치기관에 의뢰할 조사요구서를 작성하게 된다. 이러한 단계적 접근은 조사 목적을 명확히 하고, 조사 수행의 효율성을 높이는 데 도움을 준다.

(2) 조사요구서의 기본사항

조사요구서에는 조사 수행에 필요한 기본 정보가 포함되어야 한다.
① 프로젝트 이름
② 날짜
③ 조사 의뢰부서
④ 조사 수행부서
⑤ 조사 담당자
⑥ 프로젝트 번호
⑦ 프로젝트 시작일
⑧ 보고서 제출일
⑨ 조사예산
⑩ 조사시기 및 조사기간

(3) 연구내용

조사목적을 달성하기 위해 필요한 구체적인 조사 항목이나 범위를 제시하는 부분이다. 기업은 다음과 같은 항목 중 필요한 영역을 중심으로 조사내용을 구성한다.
① 산업 및 환경분석과 관련된 내용
② 경쟁사 분석 및 시장구조 파악
③ 소비자의 구매행동 및 인식조사
④ 시장세분화 및 목표시장 선정 관련 분석
⑤ 가격·제품·유통·촉진 등 마케팅믹스에 대한 평가
⑥ 향후 마케팅 전략 수립에 필요한 기초자료 수집 등

03 조사회사에 대한 조사계획서 작성

1 마케팅조사의 수행 주체

(1) 마케팅 부서를 둔 대형기업

우리나라의 대기업들은 거의 모두 마케팅 기획·관리·조사실을 팀 또는 부서단위로 운영하고 있다. 그러나 사내의 전문가로는 신뢰성 있는 조사결과를 기대할 수 없기 때문에 외부 전문조사기관에 위탁하는 경우가 많아지고 있다. 그 이유는 숙련된 조사담당 연구원 확보의 어려움도 있지만 연간 수회 정도의 마케팅조사를 실시하므로 독자적으로 시장조사부서를 운영하는 것보다는 비용측면에서 효율적이라고 판단하기 때문이다.

(2) 마케팅조사 전문기관

현재 우리나라 마케팅조사 산업의 시장 규모는 약 18조 9천억 원 수준이다. 마케팅조사는 다양한 기관들에 의하여 수행되고 있으며 그중 가장 대표적인 것이 전문적인 조사회사들이다. 기업들이 전문업체를 이용하는 것은 비용과 관리, 얻어지는 정보의 질에 있어서 유리하기 때문이다. 대표적으로 닐슨코리아, TNS코리아, 한국갤럽, 한국리서치 등이 있다.

(3) 대학의 연구소

대학교 부설 경영연구소들도 경영컨설팅의 일환으로 시장조사를 수행하기도 한다. 대학의 부설 경영연구소는 마케팅조사의 수행주체로서 객관성과 학문적 전문성을 바탕으로 신뢰성 높은 자료를 생산할 수 있는 기관이다. 이들은 기업과는 달리 상업적 이해관계에서 자유로워 중립적이고 정밀한 조사를 설계할 수 있으며, 정책 연구와 사회적 가치 창출을 위한 공공 마케팅조사에서도 중요한 역할을 수행하고 있다.

(4) 기타 비영리기관

현재 많은 비영리기관들이 마케팅조사를 수행하고 있으며 이들 비영리기관은 국가정책결정이나 국민복지 향상 등에 중요한 자료를 제공하고 있다. 예를 들면, 통계청에서는 인구, 주택 등의 분야에 관한 기초자료를 조사·발표해 오고 있다.

◢2 마케팅조사 제의서 작성과 평가

조사의 필요성에 따라서 작성된 조사요구서가 경영자의 승인을 받으면 본격적인 조사가 실시된다. 조사가 수행되는 경우에는 이미 작성된 조사요구서에 의거하여 보다 구체적이고 자세한 조사수행계획, 방법, 일정, 예산 등을 포함시키게 된다.

(1) 조사제의서의 일반형식

① 프로젝트의 제목, 조사자 또는 기관의 직위, 성격, 주소, 전화번호
② 목차
③ 조사내용에 대한 요약
④ 조사제의
⑤ 조사요원의 경력
⑥ 사용할 설비나 기자재
⑦ 소요비용
⑧ 소요일정

(2) 조사제의서에서 경영자의 검토사항

① 프로젝트의 중요성
② 조사설계와 계획
③ 구성원과 설비
④ 경제적 효율성

(3) 조사기관의 선정 시 고려사항

① **시장조사에 대한 전반적인 경험**: 과거에 누구에게서 프로젝트를 의뢰받았고, 그 내용이 무엇이었으며, 그 수준과 소요기간 그리고 결과에 대한 평가는 어떠하였는지를 평가
② **관계분야에서의 경험**: 이번 프로젝트와 같은 분야의 경험은 어느 정도인가?, 특성과 문제점 처리방법에 관한 아이디어를 가지고 있는가?
③ **조사제의서의 평가**: 조사제의서의 내용은 논리적이며 프로젝트의 전반적인 내용을 포함하고 있는가?
④ **문제점 파악**: 문제를 명확하게 파악하고 있는가?, 문제를 어느 정도 어떻게 알고 있는가?
⑤ **제의서 상의 접근방법**: 정확하게 무엇을 하고자 하는가?, 이것과 문제와의 관계는 어떠한가?
⑥ **주요 조사원의 자질과 경험**

기출유형 다잡기

01 다음 〈보기〉는 무엇에 대한 설명인가?

보기

기회와 위협이라는 의미가 동시에 내포되어 있다고 할 수 있으며 경영자의 강력한 의지가 구현되는 방향과 방법에 따라 성장의 기회가 될 수도 있고, 몰락의 위기로 급변할 수도 있는 성질을 가지고 있다고 할 수 있다.

① 대안의 평가　　　　　　　　② 마케팅 문제
③ 효과의 측정　　　　　　　　④ 문제의 정의

해설 주어진 지문은 ② 마케팅 문제에 대한 내용이다.

02 마케팅조사의 절차로 옳은 것은?

① 조사문제의 결정 → 조사결과의 커뮤니케이션 → 조사계획의 수립 → 조사의 실시
② 조사문제의 결정 → 조사계획의 수립 → 조사의 실시 → 조사결과의 커뮤니케이션
③ 조사문제의 결정 → 조사계획의 수립 → 조사결과의 커뮤니케이션 → 조사의 실시
④ 조사문제의 결정 → 조사결과의 커뮤니케이션 → 조사의 실시 → 조사계획의 수립

해설 마케팅조사의 절차: 조사문제의 결정(의사결정문제의 정의, 조사목적 설정) → 조사계획의 수립(조사유형 및 자료유형 결정, 조사대상 및 분석방법 결정) → 조사의 실시(자료수집 및 분석) → 조사결과의 커뮤니케이션(보고서작성과 프레젠테이션, 피드백)

03 다음 〈보기〉에서 마케팅조사의 단계가 순서대로 옳게 나열된 것은?

보기

㉠ 조사필요성의 인식　　　　　　㉡ 조사결과 보고
㉢ 자료원의 파악　　　　　　　　㉣ 표본설계의 작성
㉤ 자료수집 및 분석

① ㉠ - ㉡ - ㉤ - ㉣ - ㉢　　　　　② ㉡ - ㉢ - ㉤ - ㉣ - ㉠
③ ㉠ - ㉢ - ㉣ - ㉤ - ㉡　　　　　④ ㉤ - ㉡ - ㉣ - ㉠ - ㉢

해설 마케팅조사의 단계는 '조사필요성의 인식 → 조사목적과 정보구조의 파악 → 자료원의 파악 → 자료수집형태 결정 → 표본설계의 작성 → 자료수집 및 분석 그리고 처리 → 조사결과 보고'이다.

정답　01 ②　02 ②　03 ③

04 다음 〈보기〉는 마케팅조사의 어느 단계에 대한 설명인가?

마케팅 활동 시 나타난 현상이나 문제가 발생하였을 경우, 그러한 상황이 내재하고 있는 근본적인 마케팅 문제가 무엇인지 정확히 알아야 한다.

① 문제의 정의단계
② 표본설계단계
③ 조사의 시행단계
④ 자료분석과 활용단계

해설 문제의 정의단계로, 예를 들어 신제품 매출액이 감소하고 시장점유율이 감소하고 있는 것이 발견되었다고 할 때, 이러한 상황이 발생하게 된 마케팅 문제가 무엇인지 찾아내기 위해서는 일반적으로 다음의 행동을 하게 된다.
㉠ 제품, 상표, 시장매출상황에 대한 내·외부자료를 수집한다.
㉡ 소비자와 토론한다든지 하여 시장에 관한 정보를 얻는다.
㉢ 경쟁업자들의 제품, 가격, 기타 마케팅 전략을 조사한다.

05 다음 〈보기〉는 무엇에 대한 설명인가?

이 단계에서는 조사에 투입되는 비용과 얻을 수 있는 효용을 대비해야 하는 것을 항상 주의해야 한다. 조사에 필요한 예산의 관리는 조사방법의 선택과 조사정보의 구조를 관리함으로써 이루어질 수 있다.

① 마케팅조사의 예비단계
② 조사요구서의 작성단계
③ 마케팅조사단계
④ 의사결정문제의 분석단계

해설 마케팅조사의 예비단계는 조사에 투입되는 비용과 얻을 수 있는 효용을 대비해야 하는 것을 항상 주의해야 한다. 조사에 필요한 예산의 관리는 조사방법의 선택과 조사정보의 구조를 관리함으로써 이루어질 수 있다.

06 마케팅조사에서 규정된 문제의 검토, 조사유형의 결정, 자료수집방법의 결정 등의 작업이 이루어지는 단계는?

① 자료의 수집 단계
② 수집 자료 분석 단계
③ 조사문제 결정(정의) 단계
④ 조사설계(조사계획수립) 단계

정답 04 ① 05 ① 06 ④

해설 규정된 문제의 검토, 조사유형의 결정, 자료수집방법의 결정 등은 조사계획수립의 단계에서 이루어진다.

》 마케팅조사의 진행과정

문제의 발생(예비단계) → 기업내부의 2차 자료 검토(조사계획단계) → 마케팅조사의 계획수립 → 자료수집(1차 자료, 2차 자료) → 자료분석 → 결과해석 → 전략의 도출단계

07 가설 혹은 모델을 정립하고, 자료수집절차를 결정하며 어떠한 분석기법을 활용할 것인가를 정하는 마케팅조사의 단계는?

① 문제의 정의   ② 표본설계
③ 조사의 설계   ④ 자료의 분석과 해석

해설 조사의 설계 단계에서는 가설 혹은 모델을 정립하고, 자료수집 절차를 결정하여 분석기법을 결정한다.

08 다음 〈보기〉 중 조사요구서의 작성단계가 바르게 나열된 것은?

보기

㉠ 의사결정문제의 분석단계
㉡ 조사요구서의 작성단계
㉢ 마케팅조사의 예비단계

① ㉠ － ㉡ － ㉢   ② ㉠ － ㉢ － ㉡
③ ㉡ － ㉠ － ㉢   ④ ㉢ － ㉠ － ㉡

해설 조사요구서의 작성단계는 의사결정문제의 분석단계, 마케팅조사의 예비단계, 조사요구서의 작성단계로 구성된다.

09 다음 중 조사요구서의 기본사항에 포함되지 않는 것은?

① 조사승낙부서   ② 프로젝트 시작일
③ 예산   ④ 조사의 목적

해설 조사요구서의 기본사항으로는 프로젝트 이름, 날짜, 조사의뢰부서, 조사승낙부서, 조사승낙일자, 프로젝트 번호, 프로젝트 시작일, 보고서 제출날짜, 예산, 조사실시기관 등이 포함된다.

정답   **07** ③   **08** ②   **09** ④

10 다음 중 조사제의서에 포함되지 않는 사항은?

① 목차
② 소요비용
③ 소요일정
④ 프로젝트의 일정

> **해설** 조사제의서에는 프로젝트의 제목, 조사자 또는 기관의 직위, 목차, 조사내용에 대한 요약, 조사
> 제의, 조사요원의 경력, 사용할 설비나 기자재, 소요비용, 소요일정 등이 포함된다.
> 조사제안서에는 프로젝트 진행'건'의 계획만 담긴다.

11 다음 중 조사기관 선정 시 고려되는 사항에 포함되지 않는 것은?

① 시장조사에 대한 전반적인 경험
② 관계분야에서의 경험
③ 주요 조사원의 자질과 경험
④ 해외적 명성

> **해설** 조사기관 선정 시 고려되어야 할 사항으로는 시장조사에 대한 전반적인 경험, 관계분야에서의
> 경험, 조사제의서의 평가, 문제점 파악, 제의서상의 접근방법, 주요 조사원의 자질과 경험 등이다.

01 연구목적에 따른 마케팅조사의 종류

1 과학적 조사방법의 활용

(1) 과학의 정의

① 과학의 사전적 의미는 보편적인 진리나 법칙의 발견을 목적으로 한 체계적인 지식으로 넓은 뜻으로는 학(學)을 이르고, 좁은 뜻으로는 자연과학을 이른다.

② 과학은 현상에 내재하고 있는 진리를 객관적인 접근방식에 의해 규명하는 과정 또는 해결 가능한 문제를 과학적 방법을 통해 이론을 도출하는 과정이라고 정의할 수 있다. 즉, 과학이란 이제까지 아무도 반증(反證)을 하지 못한 확고한 경험적 사실을 근거로 한 보편성과 객관성이 인정되는 '지식의 체계'로 이해된다.

③ 과학의 대상은 모든 현상 즉, 모든 자연현상, 사회현상이 그 대상이 된다.

(2) 과학적 조사방법의 활용

마케팅 문제를 미리 예측하여 진단하거나 이미 당면하고 있는 마케팅 문제를 해결하기 위해서는 자료를 수집·분석하여야 하는데, 이를 위해서는 객관적이고 보편타당한 방법이 필요하다. 다시 말하면, 분석적이고 과학적인 방법을 채택하여야 한다는 것이다. 그렇기 때문에 마케팅조사를 과학적으로 수행하기 위해서는 과학적 지식이 갖는 특징을 포함하고 있어야 한다.

(3) 과학적 조사방법의 특징

① 과학적 지식에서는 개인적 경험, 직관, 감성, 편견을 근거로 문제를 해석해서는 안 된다. 즉, 이론적으로 근거가 있는 객관적 사실(Facts)에 입각하여 자료(Data)를 선정하고 마케팅 문제를 설명하고 해결해야 한다.

② 마케팅조사자는 현재의 사실에만 국한할 것이 아니라, 이러한 사실의 원인을 설명하고 새로운 사실을 발견하고 추론해야 한다.

③ 마케팅조사자는 마케팅 문제를 구성하고 있는 요소를 구분하고 그 상호관계를 분석함으로써 마케팅 문제의 원인을 파악하고 해결방안을 모색해야 한다. 즉, 분석적이어야 한다.

④ 과학적 조사에서는 연구자가 해당 분야의 충분한 전문 지식과 이론적 배경을 바탕으로 문제를 분석해야 한다. 즉, 단순한 관찰이나 직관에 의존하지 않고, 축적된 학문적 지식과 연구 경험을 활용하여 자료를 체계적으로 해석하고 결론을 도출해야 한다.

⑤ 가능한 한 조사과정에서나 분석과정에서 오차 또는 오류를 극소화하도록 해야 한다.

⑥ 조사는 검증이 가능하여야 한다.

⑦ 의미 있는 연구를 수행하기 위해서 일련의 단계를 거쳐 체계적으로 연구하여야 한다.

⑧ 과학적 지식이 보편타당성이 있듯이 마케팅조사에서 발견한 이론이나 가설이 보편적으로
    적용될 수 있어야 한다.
⑨ 과학적인 연구로 마케팅 문제가 존재하고 있음을 발견하고 그 문제의 성격이 무엇인지를
    파악, 그 원인들을 규명하고 이러한 원인들의 상호작용 유형을 설명할 수 있어야 한다.
    나아가서는 마케팅 문제를 통제하고 예측할 수 있어야 한다.

2 마케팅조사의 유형

마케팅조사는 기업이 처한 현재의 문제에서 출발한다. 기업은 현재 처한 문제에 대해서 명확히
알고 있을 수도 있고 그렇지 못할 수도 있다. 만약 기업이 현재의 문제를 파악하지 못하고 있는
경우에 마케팅조사는 문제현황을 파악하는 것을 주목적으로 하여 실시할 수 있으며, 현재의 문
제를 파악하고 있는 경우에는 해당 문제의 해결을 위한 마케팅조사를 실시할 수 있다.

마케팅조사의 대표적인 유형은 '관계자료의 재검토(Resource Review), 가설검정(Hypothesis
Testing), 수단적 조사(Instrumental Investigation), 실태조사(Descriptive Investigation),
탐색(탐험)조사(Exploratory Research)'의 5가지로 구분할 수 있다.

(1) 관계자료의 재검토(Resource Review)

기존에 발표 또는 발행된 연구문헌을 재검토하여 당면한 마케팅 문제의 해결을 위한 적절한
연구체제나 계획을 세울 수 있으며, 마케팅 문제에 대한 통찰력과 마케팅 전략을 개발한다.

(2) 가설검정(Hypothesis Testing)

① 마케팅 문제에 대한 해결 대안들은 이론적 분석만으로 도출될 수 있으나, 이러한 논리적
    추론에 의한 가설이 과연 타당한 것인가를 현실자료로써 입증하여야 할 것이다.
② 이러한 가설검정은 마케팅조사에서 널리 사용되는 유형 중 하나이다.

(3) 수단적 조사(Instrumental Investigation)

① 이 조사는 질문서, 심리학적 테스트 또는 통계적 방법들과 같이 자료수집수단(Data
    Gathering Instrument)에 관한 것이다.
② 예컨대, 태도변화(Attitude Change)라는 개념을 실제로 측정하고자 할 때 여러 가지 유
    형의 질문과 통계기법이나 심리적 조사방법을 활용한다. 이렇게 하여 실제로 측정된 결
    과가 과연 태도변화의 정도를 정확히 반영하고 있는가를 조사해야 할 것이다.

(4) 실태(기술)조사(Descriptive Investigation)

① 이 조사는 어떤 모집단이나 세분집단에 대해서 이미 선택된 변수들에 관한 실태를 파악
    하려는 조사이다.

② 예를 들면, 우리나라 부부들의 평균 아이 수는 몇 명인지, 우리나라의 가구당 평균 소득은 얼마인지에 관한 실태를 조사하는 것 등이다.

(5) 탐색조사(Exploratory Research)

① 특정 가설을 유도하기 이전에 수행되는 조사이다. 이 조사는 바다의 대륙붕에 자원이 있는지 없는지를 탐사하는 것에 비유될 수 있다. 바꿔 말하면, "석유자원이 대륙붕에 있다"와 같은 가정을 유도하기 이전의 조사 성격을 내포하고 있으며, 동시에 대륙붕의 구조에 관한 실태조사의 성격도 포함하고 있다.

② 탐색조사는 주로 마케팅 문제를 파악하기 위한 조사이다. 이와 같은 조사의 유형은 문제의 성격에 따라서 상호보완적으로 활용되어야 한다.

✎ Plus UP!　　온라인(on-line)조사

> 온라인조사란 인터넷과 스마트 기기를 통해 마케팅조사에 활용하는 정도를 의미한다. 따라서 일반면접보다 시간적·공간적으로 비용절감의 효과가 있다. 온라인조사의 유형에는 회원조사, 방문자조사, 전자우편조사, 전자설문조사, 온라인FGI 등이 있다.

◢ 3 마케팅조사의 방법

마케팅조사방법은 크게 탐색조사와 종결조사로 구분된다.

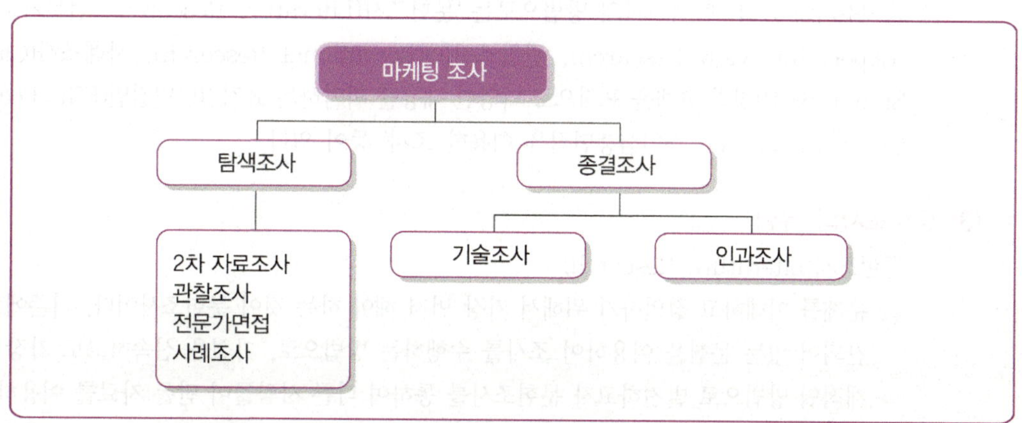

❙ 마케팅조사방법 ❙

(1) 조사설계

① 조사설계는 문제에 관해 구성된 가설을 검정하기 위한 포괄적인 계획을 의미한다. 즉, 문제해결에 대한 기초적인 명제나 가설, 적절한 사전 연구문헌을 통한 이론적 배경을 이용하여 규범적이고 설명적이며 예측적인 모델을 정립한다.

② 표본추출, 면접, 자료의 정리에 대하여 예산규모, 조사일정, 조사대상 등을 분석한다.

③ 조사에는 '탐색조사, 기술조사, 인과조사'의 3가지 종류가 있다.

(2) 탐색조사

① 탐색조사의 의의

㉠ 탐색조사(Exploratory Research)는 시장에 관한 정보획득을 위해 정식조사 이전에 비공식적으로 행하는 조사, 즉 관련된 내용을 보다 잘 파악하기 위한 예비적인 정보를 수집하기 위한 조사를 말한다.

㉡ 그러므로 탐색조사는 당면한 의사결정문제를 보다 분명하게 파악하고, 특정한 조사를 수행하기 전에 시행되는 예비조사의 성격을 가진다.

② 탐색조사의 목적

㉠ 문제가 정확히 인식되지 않을 때 문제를 찾아내고 정의하는 것을 목적으로 하는 조사이다. 즉, 조사문제를 보다 명확하게 규명하기 위해 실시한다.

㉡ 의사결정에 영향을 미치는 유용한 변수들을 파악하고 이들 간의 관련된 변수들에 대한 예비지식을 획득하기 위해 실시한다.

㉢ 기업의 현재 문제점과 앞으로의 기회를 파악하기 위해 실시한다.

㉣ 기업의 다양한 문제와 기회들 간의 우선순위를 파악하기 위하여 실시한다.

㉤ 문제가 광범위하고 모호한 경우, 이를 세분하여 좀 더 깊이 이해하기 위한 기초적 자료를 수집하고, 의사결정과 관련된 변수들을 찾아내어 변수들 간의 연관성을 파악함으로써 기존 가설의 확인 및 새로운 가설의 발견을 목적으로 한다.

③ 탐색조사의 방법
탐색조사의 방법으로는 '문헌조사(Literature Research), 전문가조사(Expert Interview Research), 관찰조사(Observational Research), 사례조사(Case Study), 6~12명의 고객을 표적으로 다양한 내용을 파악하는 표적집단면접법(FGI: Focus Group Interview), 개인심층면접을 이용한 조사' 등이 있다.

(3) 탐색조사의 유형

① 문헌조사(Literature Research)

㉠ 문제를 이해하고 정의하기 위해서 가장 먼저 해야 하는 것이 문헌조사이다. 기존에 발간되어 있는 문헌을 이용하여 조사를 수행하는 방법으로, 가설을 신속하고도 가장 경제적인 방법으로 발견하고자 문헌조사를 통하여 다른 사람들이 만든 자료를 이용하는 조사이다. 이는 시간과 비용이 가장 적게 들어 매우 효과적인 탐색적 조사방법이다.

㉡ 문제를 규명하고 가설을 정립하기 위한 가장 경제적이고 빠른 방법이다.

㉢ 학술문헌, 업계의 문헌, 기업의 매출자료 및 회계자료, 정부 등 기관에서 발표하는 통계자료, 이미 출판된 간행물 등을 수집하는 방법 등이 이에 해당한다.

② 전문가조사(Expert Interview Research)

㉠ 전문가조사는 특수한 전문지식을 보유하고 있는 전문가를 대상으로 문제의 해결책이나, 아이디어를 얻기 위해 전문가의 지식을 이끌어 내는 조사방법이다.

    ⓛ 여기서 전문가란 해당 문제와 관련하여 도움이 되는 정보를 제공할 수 있는 사람을 의미하며, 전문가조사는 정형화된 질문보다는 융통성 있는 질문을 하는 비구조화된 자료수집방법을 주로 이용한다.

    ⓒ 전문가조사는 문헌조사에 대한 보조적인 수단으로 이용한다.

③ **사례조사**(Case Study)

    ㉠ 사례조사는 소수의 구체적 현상이나 특정 단위, 일반적으로 관심의 대상이 되는 특정 상황에 대한 심층적이고 광범위한 자료수집을 통해 선택된 해당 상황을 집중적으로 조사하여 그 특정 상황에 대한 일반화된 설명을 도출하는 조사이다.

    ⓛ 과거의 실제 발생사건에 대한 사례를 이용하여 분석한다.

    ⓒ **사례조사의 예**: 매출성과에 영향을 미치는 요인을 파악하기 위해 인터넷 쇼핑몰 중 실적이 좋은 5개 사이트와 실적이 나쁜 5개 사이트를 선정하여 분석하는 경우

④ **관찰조사**(Observational Research): 조사자가 직접 또는 관찰도구의 활용을 통해 소비자들의 제품구매나 사용과정을 체계적으로 관찰하는 조사이다. 정형화된 설문지와 소비자의 기억에 주로 의존하는 서베이조사나 면접조사만으로 충분한 정보가 확보되지 않을 경우 시행한다.

⑤ **심층면접법**(Depth Interview)

    ㉠ 심층면접법은 전문면접원이 조사대상자 한 명을 상대로 깊은 수준의 질문을 통해 조사해 나가는 방식으로 정성적 조사방법에 해당한다.

    ⓛ 응답자와 면접원 간에 연구하고자 하는 주제에 대하여 비구조화된, 즉 사전에 면접원과 응답자 사이에 질문의 형식을 정하지 않고 면접을 행하는 방법이다.

    ⓒ 면접자의 면접능력에 크게 의존하는 방법이므로 숙련된 면접능력과 분석능력이 요구된다.

    ⓔ 또한 수집된 자료를 분석하고 해석하는 것이 어렵다는 한계점을 가지고 있다.

⑥ **표적집단면접법**(FGI; Focus Group Interview)

    ㉠ 표적집단면접법은 6~12명의 참여자가 주어진 주제에 대해 토론하도록 유도하여 가능한 많은 아이디어를 도출해내는 비계량적 조사(정성조사, Qualitative Research) 방법이다. 주로 구조화되어 있지 않은 인터뷰를 집단으로 진행하여 문제를 이해하고 조사자가 미처 생각하지 못했던 사실을 발견하는 것이 목적인 조사이다.

    ⓛ 표적집단면접법의 목적은 소수 응답자의 자연스러운 대화과정에서 조사목적과 관련된 유용한 정보를 얻는 조사법이다.

    ⓒ 표적집단면접법은 토론을 통하여 소비자의 심리상태를 파악하는 정성적 조사방법으로, 자연스러운 분위기에서 여러 사람들의 솔직하고 정확한 의견의 표명이 가능하고, 연구주제에 대해 참신하고 독창적인 아이디어가 창출될 수 있다. 또한 심층면접법에 비해 조사가 신속하고, 심층적 혹은 탐색적으로 접근하고 유연성 있게 풀어갈 수 있으며, 복잡한 문제를 총체적으로 파악하고 분석해 나갈 수 있는 장점이 있다.

② 그러나 도출된 결론을 일반적인 상황에 적용하기 어렵고, 결과의 분석과 해석상의 어려움이 발생할 수 있으며, 사회자의 편견으로 인하여 특정한 내용만 선별적으로 부각되어 해석상의 오류가 발생할 수 있는 단점이 있다.

(4) 기술조사

① 기술조사의 의의

　㉠ 기술조사(Descriptive Study)는 소비자가 생각하고 느끼고 행동하는 것을 기술하는 조사로 엄격한 조사방법이다.

　㉡ 기술조사의 실시목적에는 현상의 묘사, 이론의 검정, 2차 자료의 생성 등이 있다.

　㉢ 기술조사는 탐색조사와 달리, 사전조사를 통해 얻은 기초 정보를 바탕으로 구체적인 가설을 설정하고, 그 가설을 검정하기 위해 필요한 정보를 명확히 정의한다는 것이다.

　㉣ 기술조사의 종류에는 크게 자료를 수집하는 횟수에 따라 '횡단조사, 종단조사, 패널조사'의 3가지가 있다.

② 횡단조사: 횡단조사는 가장 보편적으로 사용되는 조사로, 한 대상에 대해 단 1회 실시하는 조사이다. 즉, 여러 조사대상들을 정해진 한 시점에서 조사·분석하는 방법이다. 횡단조사는 관심이 있는 집단에서 추출한 표본을 한 시점에서 측정하는 방법으로서 가장 많이 쓰이는 조사방법이다. 설문을 통해 조사하는 서베이(survey)가 횡단조사의 전형적인 예이다.

③ 종단조사(시계열 조사)

　㉠ 종단조사는 동일한 표본을 대상으로 시간간격을 두고 반복적으로 조사를 실시하는 것이다. 일반적으로 수주일에서 수년 동안의 장기에 걸쳐 일정한 시간의 간격을 두고 반복적으로 여러 차례 측정함으로써 자료를 수집하는 방법이다. 그래서 종단조사는 횡단조사에 비해 비용이 많이 소요되는 단점이 있고 이 단점 때문에 횡단조사보다 드물게 시행된다.

　㉡ 마케팅에서는 종단조사가 주로 패널(panel)에 의해 행해진다. 패널이란 가게, 판매원, 일반 개인 등의 고정된 표본으로서 패널의 구성원들은 일정기간 동안 반복적으로 관찰된다.

④ 패널조사

　㉠ 패널조사는 동일한 현상에 대해 특정 패널(panel)을 여러 시점에 걸쳐 지속적으로 반복·측정하여 조사하는 것으로 시청률조사 등에 주로 이용한다.

　㉡ 패널조사는 패널 유지에 많은 비용이 들고 관리가 쉽지 않기 때문에 특정 기업이나 개별 조사자가 실시하기보다는 전문적인 조사기관에서 조사를 하고 이를 필요로 하는 조사자가 구매하여 활용하는 경우가 많다.

(5) 인과조사

① 인과조사의 의의

　㉠ 인과조사(Causal Research)는 두 개 이상의 변수들 간의 인과관계를 규명하는 것으로 이를 통해 어떤 마케팅현상이 왜 그렇게 나타났는지를 이해하고 원인변수의 변화에 따라 어떤 결과가 초래될지를 예측할 수 있다.

　㉡ 인과조사는 원인과 결과 사이의 인과관계에 대한 가설을 검정하는 데 그 목적이 있다.

　㉢ 특정 현상에 대한 원인과 결과를 파악하기 위해 조사한다.

　㉣ 인과관계를 엄격히 규명하려면 외생변수는 통제되어야 한다.

　㉤ 인과관계조사는 새로운 아이디어를 도출하기 위해 실시되기도 한다.

② **인과관계를 추론하는 3가지 기준**: 어떤 증거가 있어야 인과관계가 있다고 과학적으로 추론(Scientific Inference)할 수 있을 것인가? 일반적으로 다음의 세 가지 기준이 제시된다.

　㉠ **시간적 선행성**: 첫 번째 기준은 원인(X)은 결과(Y)보다 먼저 일어나야 한다는 시간적 선행성이다. 만일, 결과가 원인보다 먼저 발생한다면 인과관계가 성립할 수 없다.

　㉡ **공행성**: 인과관계를 추론할 수 있는 두 번째 기준은 두 개의 사건 A와 B가 서로 같이 일어나고 같이 움직여야 한다는 공행성(Covariation)이다. 즉, 원인 (X)의 변화는 항상 결과(Y)의 변화를 가져와야 한다.

　㉢ **다른 설명의 불가능성 외생변수의 통제**: 세 번째 기준은 인과관계가 성립하려면 다른 설명이 가능하지 않아야 한다. 만일 원인(X)가 결과(Y)보다 선행하고 원인(X)와 결과(Y)가 같이 일어나며 같이 움직인다 할지라도, 결과(Y)를 초래하는 다른 변수(Z)가 존재한다면 원인(X)와 결과(Y) 간의 인과관계는 설득력을 잃게 된다.

③ **인과조사와 실험**: 인과관계의 가장 대표적인 예는 실험(Experiment)이다. 실험은 탐색조사나 기술조사가 할 수 없는 통제(Control)를 할 수 있기 때문에 인과관계를 밝힐 수 있다.

④ **외생변수의 통제**: 원인변수 이외의 인과관계에 영향을 미칠 가능성이 있는 기타변수들인 외생변수의 영향이 제거되어야 한다. 실험의 내·외적 타당성을 저해하는 외생변수들은 우연적 사건, 성숙효과, 시험효과, 측정방법의 변화, 시험단위 선정 오류, 시험단위 소멸, 통계적 회귀, 실험목적에 대한 예상 등이 있다.

❙ 조사의 유형 ❙

분류	특징	예
탐색조사	• 조사하는 문제가 별로 알려지지 않은 경우, 조사자가 통찰과 아이디어를 얻거나 마케팅 의사결정과 관련된 변수를 파악하기 위해 사용 • 특정 조사설계를 확정하기 전에 예비적으로 수행되는 경향이 많으므로 탄력성이 있어야 할 필요가 있으며, 상세한 조사설계가 요구되지는 않음	• 문헌조사(2차 자료 조사) • 전문가조사 • 케이스 스터디(사례 조사)

기술조사	• 가장 널리 이용되고, 주로 다음의 4가지 목적에 사용 – 특정집단의 특성을 묘사하는 것 – 마케팅 현상에 대한 예측 – 특정상황의 발생빈도 조사 – 경영(마케팅) 관련변수들 사이의 연관성 정도를 조사	• 특정제품 소비자의 인구통계적 특성 • 신규 판매원의 채용을 위한 향후 3년간 매출액 예측 • 특정상권 내 거주자의 제반 구매특성
인과조사	• 마케팅 현상에 대한 이해와 여건의 변화가 미치는 영향을 파악하기 위하여 인과관계의 규명이 중요 • 인과관계를 분석하는 데 필요조건은 인과관계에 직접 관련된 원인변수 이외의 다른 변수들이 결과변수에 영향을 주지 않도록 통제하는 것 • 실제 기업의 마케팅 현상을 분석하는 데에는 원인변수 이외의 변수들을 통제하기 어려우므로 주로 학문 연구에 많이 이용함	• 제품의 가격을 10% 인상할 경우 판매에 미치는 영향 • 제품 포장변경이 소비자 태도에 미치는 효과 • 광고가 판매에 미치는 영향

※ **자료**: 안광호, 임병훈(2016)

Plus UP! 마케팅조사의 성공요건

> ㉠ relevant: 마케팅조사는 마케팅 문제에 대한 적절한 조사가 되어야 한다. 적절한 조사란 전략적 내지 전술적 계획의 수립에 도움이 되어야 함을 뜻한다.
> ㉡ timely: 마케팅조사는 적절한 시기에 조사가 이루어져야 한다.
> ㉢ efficient: 마케팅조사는 능률적인 조사가 되어야 한다.
> ㉣ objective: 마케팅조사는 객관적 조사가 되어야 한다. 아무리 적절하고, 시기에 맞고, 능률적이라고 하더라도 그 결과가 정확하지 않으면 의미가 없다.

4 마케팅조사의 종류

(1) 애드혹(Ad-hoc) 조사
① 가장 널리 사용되는 조사의 형태로 기업이 필요한 의사결정을 위한 조사를 의미한다.
② 산발적으로 발생하는 의사결정을 위한 조사이다.

(2) 신디케이트(Syndicate) 조사
① 신디케이트 조사는 주기적으로 조사를 시행하여 정보가 필요한 기업에 판매하기 위한 조사를 의미한다.
② TV 시청률을 주기적으로 조사하여 시청률이 필요한 광고주나 광고대행사에 판매하는 경우가 신디케이트 조사의 대표적인 예이다.
③ 그 외에 주기적으로 브랜드 점유율, 가격 등에 관한 조사, 소비자 패널을 대상으로 시행되는 시장의 변화, 선호도 조사 등이 포함되며, 소비자 패널이나 점포조사를 통하여 시행된다.

(3) 옴니버스(Omnibus) 조사

① 하나의 조사에 여러 기업들이 함께 참여하는 형식의 조사이다.

② 광범위한 영역에 대한 조사가 필요할 때 사용하므로 자주 사용되지는 않는다.

02 마케팅조사를 통해 수집되는 자료의 종류

일반적으로 마케팅조사를 통해 수집되는 자료는 연구대상의 설명, 연구대상의 예측, 연구대상의 통제 등으로 활용된다. 이를 위해 마케팅조사 모델을 활용한다.

1 마케팅조사 모델

(1) 마케팅조사 모델

① 마케팅 문제의 해결을 위한 이론적·개념적 접근으로 개념적 정의, 개념적 명제의 설정, 명제의 종합, 문제에 대한 논리적 추론이 이루어지는 과정이다.

② 이 과정에서는 전문적 지식을 토대로 문제를 이론적으로 해석하는 것이 중심이 된다.

(2) 조사정보의 구조

① 문제해결에 필요한 개념들을 측정 가능한 항목으로 조작화하여 현실의 실제적·구체적 정보수집을 가능하게 하는 구체적 자료수집의 틀이다.

② 조사정보의 구조에는 실증적 접근체계, 조작적 정의, 가설의 제시, 종합적 체계 등이 포함되며, 이를 통해 문제에 대한 현실적 결론을 도출할 수 있다.

2 마케팅조사를 통해 수집되는 자료의 기능

(1) 연구대상의 설명

① 설명의 평가기준: 마케팅 문제를 발생시키는 직접·간접적인 영향요인들을 정확히 파악하여 마케팅 관리자의 전략을 모색하는 것을 의미한다. 이러한 연구대상의 평가기준은 다음과 같다.

  ㉠ 설명의 범위: 마케팅 문제에 이용되는 가설이나 이론의 적용가능성을 말한다.

  ㉡ 설명의 정확성: 마케팅 문제 설명에 사용된 개념이 문제에 얼마나 적절한가?, 개념들 간 상호관계가 명확한가?

  ㉢ 설명의 신뢰도: 마케팅 문제를 설명하는 데 이용하지 않았던 개념이나 요인들이 발생하는 빈도가 높을수록 신뢰도는 낮다.

ㄹ 설명의 통제능력: 마케팅 문제에 사용된 변수 등이 마케팅 문제를 얼마나 통제할 수 있는지의 여부

② 설명의 체크리스트

ㄱ 마케팅 현상을 설명하는 개념, 가설, 명제 등이 검정가능한가?

ㄴ 설명의 어느 단계까지 자세하게 서술하고 있는가?

ㄷ 설명의 기본구조가 얼마나 다양한 마케팅 문제까지 설명하는 데 활용될 수 있는가?

ㄹ 설명에 사용된 개념들이 마케팅 문제를 파악하는 데 얼마나 정확하고 적절한 개념들인가?

ㅁ 주요 개념들과의 상호관계가 명확하게 파악되어 있는가?

ㅂ 설명에 필요한 개념이 빠져 있거나 또는 필요 없는 개념이 포함되어 있지는 않는가?

ㅅ 마케팅 문제를 관리할 수 있는 주요 결정변수들을 파악하여 경영자가 마케팅 과정에 효과적으로 개입할 수 있도록 해주고 있는가?

✪ 설명의 체크리스트를 통하여 설명의 타당성과 검정가능성을 높일 수 있다.

(2) 연구대상의 예측

① 예측의 근거: 예측의 근거는 과학적 조사, 객관적 사실, 보편타당한 이론에 의하여 유도된 것이어야 한다. 이러한 연구대상의 예측은 다음과 같은 사항들이 전제되어야 한다.

② 연구대상의 예측의 전제조건

ㄱ 기본전제의 진실성

ㄴ 사실에 입각한 자료가 미래지향적

ⓐ 활용된 변수의 상호관계가 자세히 정의되어 있는지의 여부

ⓑ 미래예측을 위한 모든 변수가 고려되었는지의 여부, 누락 여부

ⓒ 예측에 사용되지 않은 변수가 미래에 심각한 영향을 끼칠 가능성은 없는지의 여부

(3) 연구대상의 통제

통제란 시스템 내의 종속변수를 변화시키기 위해 이 변수와 관계있는 독립변수를 체계적으로 조작하는 것을 말한다.

(4) 마케팅조사 모델

① 모델의 개념

ㄱ 모델(model)이란 중요한 부분을 뽑아서 복잡한 현실을 간단히 표현한 것(설명적 기능)으로 모델의 구성요소인 개념, 명제, 이론 등의 상호관계를 밝힌다.

ㄴ 모델을 형성하려면 먼저 복잡한 연구대상을 단순화시켜 필요한 변수를 찾아 그들 간의 관계를 밝혀 구조적으로 나타내어야 한다.

ㄷ 모델의 적합성은 연구대상의 설명·예측·통제에 필요한 개념들이 포함되고 그 한계점도 분명히 제시되어야 하며, 연구대상의 제 상황이 고루 반영되어야 한다.

② 모델의 특징

　㉠ 연구대상의 설명·예측·통제에 필요한 주요 개념이나 명제가 포함되어야 한다.

　㉡ 표현방법, 그 기능 그리고 모델의 구성요소의 상호관계나 변화원인 등으로 분류할 수 있다.

　㉢ 모델은 연구대상을 단순화하여 제시한다.

　㉣ 여러 가지 한계점이 분명히 제시되어야 한다.

③ 모델의 단순화와 복잡화

　㉠ **모델의 단순화**: 모델을 단순하게 하기 위해서는 다음과 같이 한다.

　　ⓐ 변수를 상수로 처리한다.

　　ⓑ 선형관계를 이용한다.

　　ⓒ 우연요인을 무시한다.

　　ⓓ 변수를 제거한다.

　　ⓔ 가정·제약조건을 엄격하게 한다.

　㉡ **모델의 복잡화**

　　ⓐ 상수를 변수로 바꾼다.

　　ⓑ 비선형관계를 이용한다.

　　ⓒ 우연요인을 고려한다.

　　ⓓ 변수를 첨가한다.

　　ⓔ 가정·제약조건을 완화시킨다.

④ **모델의 종류**: 모델은 중요한 부분을 뽑아서 복잡한 현실을 간단히 표현한 것을 의미하며, 표현방법에 의한 1차적 분류와 기능에 의한 2차적 분류, 구성요소의 변화원리에 의한 3차적 분류가 있다.

　㉠ **표현방법(표현수단)에 따라**(1차적 분류)

　　ⓐ 언어(Verbal)모델

　　ⓑ 그림(Schematic)모델

　　ⓒ 수리(Mathematical)모델

　　ⓓ 모형모델

　㉡ **기능(성질)에 따라**(2차적 분류)

　　ⓐ **기술(Descriptive)모델**: 자세한 설명을 통해서 모델 제시

　　ⓑ **예측(Predictive)모델**: 사건을 예측할 수 있게 해주며, 모델의 구조가 변화하거나 모델의 주요 관계가 변화하였을 때, 그 효과나 영향은 어떻게 변화할지에 대해 나타내줌

　　ⓒ **규범(Normative)모델**: 설명이나 예측의 기준이 되는 규범, 원리, 경영자로서의 의지를 구현할 수 있는 방법과 방향을 제시

ⓒ **구성요소의 변화원리(확률성)에 따라(3차적 분류)**

    ⓐ **결정(Deterministic)모델**: 모델의 구성요소인 개념, 명제, 이론 등의 상호관계에서 어떤 것이 변하면 다른 요소도 일정하게 변한다고 보는 인과론적인 원칙에 기반한 모델이다.

    ⓑ **확률(Stochastic)모델**: 개념, 명제, 이론의 상호관계가 우연적 요인에 의해 영향을 받는다고 감안하여 확률이론을 배경으로 하여 작용한다고 보는 모델이다.

⑤ **모델설계의 과정**

    ㉠ 연구대상과 관련된 모든 변수를 정의

    ㉡ 변수 상호 간의 중요성을 평가하여 변수 선택

    ㉢ 상호관계가 조사과정에서 찾은 정보를 바탕으로 검정되어야 가설 성립

    ✪ **마케팅조사 모델**: 변수와 변수의 상호관계, 즉 가설들로 이루어진다.

3 자료 수집을 위한 조사정보 구조와 개발과정

(1) 조사정보 구조의 의미

① **조사정보 구조의 필요성**: 구체적인 측정항목을 이용하여 측정할 수 있는지의 여부와 상호관계가 어떤지에 대한 틀로서 필요하다.

② **조사정보**: 구체적인 자료수집의 가장 기초적인 틀이다.

(2) 조사정보의 구조와 개발과정

조사정보의 개발과정은 '조사대상의 개념파악 → 개념에 대한 조작적 정의 → 개념의 상호관계와 활용방안의 제시 → 개념 간 상호관계의 종합화'의 순이다.

① **1단계**: 조사대상의 개념파악

    마케팅조사 모델에 근거하여 수집되어야 할 정보를 체계화하는 단계

② **2단계**: 개념에 대한 조작적 정의

    ㉠ **조작적 정의(Operational Definition)**: 추상적 개념을 관찰 가능한 구체적 속성으로 표현

    ㉡ **개념적 정의(Conceptual Definition)**: 어떠한 개념을 추상적 속성으로 표현

③ **3단계**: 개념의 상호관계와 활용방안의 제시

    수집되는 정보의 상호관계로부터 도출

④ **4단계**: 개념 간 상호관계의 종합화

    수집될 정보의 내용파악, 정보 간 상호관계가 정립되면 이들을 종합적으로 체계화하여 조사정보의 구조를 완성

(3) 자료수집방법의 결정

① **자료수집방법의 결정기준**: 조사목적과 조사의 상황에 따라 적합한 방법을 마케팅조사자가 선택하여야 하는 것이다. 어떤 방법을 선택할 것인지에 대한 판단을 하는 데 기준이 되는 요인들은 다음과 같다.

   ㉠ 조사의 목적
   ㉡ 소요시간 및 비용
   ㉢ 자료수집결과의 유효성
   ㉣ 조사정보의 양과 융통성

② **자료수집절차와 자료의 종류**

   ㉠ **자료수집절차**: 문제가 정의되고 조사설계가 끝나면 자료수집방법을 결정해야 한다. 자료수집은 2차 자료를 먼저 수집하여 분석한 후 1차 자료의 수집으로 이어진다. 현재 당면한 문제에 충분한 해결책을 줄 수 있는 2차 자료가 있다면 1차 자료는 수집할 필요가 없다.

   ㉡ **자료의 종류**: 문제해결을 위한 자료에는 2차 자료와 1차 자료가 있다. 2차 자료는 다른 조사를 목적으로 이미 수집되어 있는 자료를 말하고, 1차 자료는 현재 당면한 문제를 해결하기 위한 조사를 목적으로 별도로 수집해야 하는 자료를 말한다.

Plus UP!   자료와 정보

> ㉠ **자료**(Data): 수집된 사실을 모은 것
> ㉡ **정보**(Information): 수집한 자료들을 분석하고 해석하여 의사결정에 도움이 되도록 정리, 가공과정을 거친 자료

01 다음 〈보기〉의 설명에 해당하는 것은?

> 보기
>
> 기존에 발표 또는 발행된 연구문헌을 통해 당면한 마케팅 문제의 해결을 위한 적절한 연구체제나 계획을 세울 수 있으며, 마케팅 문제에 대한 통찰력과 마케팅 전략을 개발한다.

① 탐색조사   ② 수단적 조사
③ 가설검정   ④ 관계자료의 재검토

> **해설** 관계자료의 재검토는 기존에 발표 또는 발행된 연구문헌의 검토를 통해 당면한 마케팅 문제의 해결을 위한 적절한 연구체제나 계획을 세울 수 있으며, 마케팅 문제에 대한 통찰력과 마케팅 전략을 개발한다.

02 조사문제가 불명확할 때 기본적인 통찰과 아이디어를 얻기 위해 실시하는 조사는?

① 인과관계적 조사   ② 기술조사
③ 델파이조사   ④ 탐색조사

> **해설** 탐색조사는 조사문제가 불명확한 경우 실시되는 조사방법이다. 이에 반해 기술조사, 인과조사는 조사문제가 명확한 경우 시행된다.

03 다음 중 기술조사(Descriptive Research) 방법은?

① 문헌조사   ② 표적집단면접
③ 종단조사   ④ 전문가의견조사

> **해설** 기술조사는 소비자가 신제품에 대해 생각하고 느낀 것 등을 기술하는 조사로 크게 횡단조사, 종단조사, 패널조사 등이 있다.

04 탐색적 조사(Exploratory Research) 방법의 종류가 아닌 것은?

① 횡단조사   ② 문헌조사
③ 관찰조사   ④ 사례조사

> **해설** 횡단조사는 기술조사의 일종으로 조사를 한 번 실시하는 경우이다.

정답 01 ④ 02 ④ 03 ③ 04 ①

05 다음 중 기술조사로 옳지 않은 것은?

① 패널조사 ② 실험설계
③ 횡단조사 ④ 시계열조사

해설 ② 실험설계는 인과조사에 해당한다.
>> **기술조사의 종류**
ⓐ **횡단조사**: 가장 보편적으로 사용되는 조사로 여러 조사대상들을 정해진 한 시점에서 조사·분석하는 방법이다. 횡단조사의 대표적인 것이 서베이조사이다.
ⓑ **시계열조사(종단조사)**: 정해진 조사대상의 특정 변숫값을 여러 시점에 걸쳐 조사하여 이들의 변화와 그 차이의 발생요인을 분석하는 것으로 종단조사라고도 부른다.
ⓒ **패널조사**: 동일한 현상에 대해 특정 패널(panel)을 여러 시점에 걸쳐 지속적으로 반복·측정하여 조사하는 것이다.

06 탐색조사의 유형에 관한 설명 중 옳지 않은 것은?

① 전문가 조사는 문제의 해결책이나 또는 아이디어를 얻기 위해 전문가의 지식을 이끌어 내는 조사방법이다.
② 사례조사는 특정 상황에 대한 심층적이고 광범위한 자료수집을 통해 선택된 해당 상황을 집중적으로 조사하여 그 특정 상황에 대한 일반화된 설명을 도출하는 조사이다.
③ 관찰조사는 조사자가 직접 또는 관찰도구의 활용을 통해 소비자들의 제품구매나 사용과정을 체계적으로 관찰하는 조사이다.
④ 기술조사는 소비자가 생각하고 느끼고 행동하는 것을 기술하는 조사로 엄격한 조사이다.

해설 ④ 기술조사는 탐색조사의 유형이 아닌 조사방법으로 서베이조사가 대표적이다.

07 탐색조사에 대한 설명으로 옳지 않은 것은?

① 예비적인 성격의 조사이다.
② 아이디어나 통찰을 얻기 위한 조사이다.
③ 마케팅 문제의 구체적인 정의가 목적이다.
④ 변수 간의 관계 혹은 현상의 특성에 대한 조사이다.

해설 탐색조사는 특정 가설을 유도하기 이전에 수행되는 조사이다. 즉, 시장에 관한 정보획득을 위해 정식조사 이전에 비공식적으로 행하는 조사로 관련된 내용을 보다 잘 파악하기 위한 예비적인 정보를 수집하기 위한 조사를 말한다.
④는 인과조사에 관한 설명이다.

정답 **05** ② **06** ④ **07** ④

08 동일한 표본을 대상으로 일정한 시간 간격을 두고 계속해서 동일한 내용의 자료를 수집하여 그 변화를 추적하는 조사방법은?

① 사전조사　　　　　　　　　　② 방문조사
③ 패널조사　　　　　　　　　　④ 교차조사

해설　패널조사는 반복적으로 면접하는 여론조사 방법의 하나로 동일한 대상자에 대하여 일정한 시간 간격을 두고 동일한 질문을 반복하여 그간에 의견이 어떻게 변하였는지를 연구함으로써 여론의 형성과 변동을 정확하게 파악하려는 방법이다. 즉, 패널조사는 조사대상을 고정시키고, 동일한 조사대상에 대하여 일정한 시간 간격을 두고 동일한 질문을 반복적으로 실시하여 조사하는 방법으로 기술조사에 해당된다.

09 마케팅 관련 현상의 설명, 변수 간 상호 관계의 규명, 조사대상의 특성 파악 등이 목적인 조사는?

① 탐색조사　　　　　　　　　　② 기술조사
③ 인과조사　　　　　　　　　　④ 종단조사

해설　인과조사는 두 개 이상의 변수들 간의 인과관계를 규명하는 것으로 이를 통해 어떤 마케팅현상이 왜 그렇게 나타났는지를 이해하고 원인변수의 변화에 따라 어떤 결과가 초래될지를 예측할 수 있다.
① 탐색조사는 문제를 찾아내고 정의하는 것을 목적으로 행해지는 조사이다.
② 기술조사는 소비자가 느끼고 생각하고 행동하는 것을 기술하는 조사이다.
④ 종단조사는 기술조사의 한 방법으로 동일한 표본을 대상으로 시간간격을 두고 반복적으로 조사를 실시하는 것이다.

10 탐색조사의 방법으로 옳지 않은 것은?

① 실험　　　　　　　　　　　　② 심층면접법
③ 문헌조사　　　　　　　　　　④ 전문가 의견조사

해설　① **실험**: 인과조사의 대표적인 예로, 탐색조사나 기술조사가 할 수 없는 통제(Control)를 할 수 있기 때문에 인과관계를 밝힐 수 있다.
② **심층면접법**: 면접자가 여러 전문가들 사이에서 의사교환이라는 상호작용을 통하여 종합적인 의견을 수렴하고자 할 때 이용할 수 있는 면접법으로, 핵심적인 전문가들로 구성된 초점집단(Focus Group)에게 심층면접의 질문을 던지는 방식이다.
③ **문헌조사**: 기존에 발간되어 있는 문헌을 이용하여 조사를 수행하는 방법이다.
④ **전문가 의견조사**: 특수한 전문지식을 보유하고 있는 전문가를 대상으로 문제의 해결책이나 또는 아이디어를 얻기 위해 전문가의 지식을 이끌어 내는 조사방법이다.

정답　　08 ③　09 ③　10 ①

11 비계량적 조사(혹은 정성조사)에 속하는 조사방법은?

① 서베이

② Big Data 수집

③ 실험법

④ 표적집단면접법(FGI)

해설 표적집단면접법(FGI)은 정성조사의 대표적인 방법으로 면접진행자(Moderator)가 소수(6명~12명)의 응답자들을 한 장소에 모이게 한 후 비체계적이고 자연스러운 분위기 속에서 조사목적과 관련된 대화를 유도하여 응답자들이 자유롭게 의사를 표시하도록 하는 면접방식이다.
①, ②, ③은 정량조사의 예이다.

12 인과관계를 추론하기 위해 만족해야 하는 3가지 조건에 해당하지 않는 것은?

① 원인변수가 변하면 결과변수도 변해야 한다.

② 원인변수가 결과변수보다 시간적으로 먼저 발생하여야 한다.

③ 원인변수 이외의 다른 변수들이 결과변수에 영향을 미치지 않아야 한다.

④ 원인변수를 결과변수로, 결과변수를 원인변수로 바꾸어도 분석이 가능해야 한다.

해설 인과관계를 추론하는 3가지 기준
　㉠ **시간적 선행성**: 원인(X)은 결과(Y)보다 먼저 일어나야 한다는 시간적 선행성이다. 만일, 결과가 원인보다 먼저 발생한다면 인과관계가 성립할 수 없다.
　㉡ **공행성**: X의 변화는 항상 Y의 변화를 가져와야 한다.
　㉢ **외생변수의 통제**: 인과관계를 엄격히 규명하려면 외생변수는 통제되어야 한다. 만일 X가 Y보다 선행하고 X와 Y가 같이 일어나며 같이 움직인다 할지라도, Y를 초래하는 다른 Z가 존재한다면 X와 Y 간의 인과관계는 설득력을 잃게 된다.

13 인과관계조사에 대한 설명으로 옳지 않은 것은?

① 인과관계조사의 대표적인 방법은 서베이법이다.

② 특정 현상에 대한 원인과 결과를 파악하기 위해 조사한다.

③ 인과관계를 엄격히 규명하려면 외생변수는 통제되어야 한다.

④ 인과관계조사는 새로운 아이디어를 도출하기 위해 실시되기도 한다.

해설 인과관계조사는 변수 간의 인과관계를 밝히기 위함을 목적으로 하는 조사로 자료수집을 위해 주로 실험법을 활용한다.

정답 **11** ④ **12** ④ **13** ①

14 다음 중 외생변수가 아닌 것은?

① 성숙효과

② 우연적 사건

③ 조절효과

④ 시험대상의 소멸

> **해설** ③ 조절효과는 독립변수와 종속변수 사이에서 조절변수가 조절역할을 하는 경우 나타나는 효과
> 이다.
> ① 성숙효과는 시간의 경과에 따라 나타나는 시험단위의 육체적·심리적 변화이다.
> ② 우연적 사건은 실험기간 동안 실험과 관계없이 발생된 사건이다.
> ④ 실험기간 동안 피실험자가 없어지는 현상을 말한다.

15 서베이를 통해 음료시장에서 특정 음료 브랜드를 구매하는 소비자들의 태도를 파악하는 데 적합한 조사 방법은?

① 내부조사

② 기술조사

③ 인과조사

④ 문헌조사

> **해설** 기술조사는 시장의 전반적 상황 파악을 위한 조사로 기업들이 가장 자주 이용하는 마케팅조사
> 이다. 다음의 2가지 유형이 있다.
> • **횡단조사**: 모집단에서 추출된 표본으로부터 1회의 조사를 통해 마케팅정보를 수집하는 방법
> 예 서베이조사, CLT, HUT조사 등
> • **종단조사**: 동일한 표본을 대상으로 시간간격을 두고 반복적인 조사를 실시하여 관심이 되는
> 마케팅변수의 변화추세를 파악하는 조사 예 패널조사

16 마케팅 문제를 발생시키는 직·간접적인 영향요인들을 정확히 파악하여 마케팅 관리자의 전략을 모색하는 활동을 무엇이라 하는가?

① 연구대상의 설명

② 조작적 정의

③ 모델

④ 연구대상의 예측

> **해설** 연구대상의 설명은 마케팅 문제를 발생시키는 직접·간접적인 영향요인들을 정확히 파악하여
> 마케팅 관리자의 전략을 모색하는 활동이다.

정답 | **14** ③ **15** ② **16** ①

17 다음 중 마케팅조사 정보의 기능에 반드시 들어가야 할 것이 아닌 것은?

① 연구대상의 설명　　　　　　② 연구대상의 조작적 정의
③ 연구대상의 통제　　　　　　④ 연구대상의 예측

> **해설** 일반적으로 마케팅조사 정보가 꼭 수행해야 할 기능으로는 연구대상의 설명, 연구대상의 예측, 연구대상의 통제 등을 들 수 있다.

정답 **17** ②

01 측정대상의 결정

1 측정의 의미

(1) 측정의 개념

① 측정(Measurement)은 대상의 특징에 대하여 사전에 특정하게 명시된 규칙을 따라 수치(Number)나 어떤 특별한 상징(Symbol)을 부여하는 체계적인 과정을 의미한다. 마케팅 조사에서는 고객 자체를 측정하기보다는 고객의 소득·연령과 같은 인구통계적 변수, 소비자의 지각·태도, 선호도와 같은 생각과 브랜드 구매 여부·점포 방문 여부와 같은 행동에 관련된 변수를 측정한다.

② 연구하고자 하는 조사대상의 특성이나 성질을 일정한 원칙에 따라 숫자나 기호로 표현하는 체계적 과정을 의미한다. 측정규칙은 일대일 대응관계를 가져야 하며, 대상에 일관성 있게 적용되어야 한다.

(2) 경험세계의 측정

① 측정은 연구하고자 하는 조사대상의 특성이나 성질에 대하여 그 성질을 잘 표현할 수 있도록 일정한 원칙에 입각하여 기호(척도치)를 할당하는 절차이다.

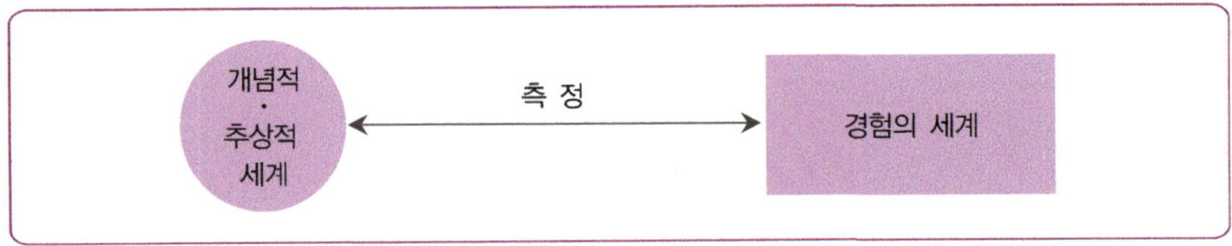

② 여기서 경험의 세계는 숫자를 통하여 객관적으로 표현된 것을 의미하며, 관념의 세계는 개념의 정의 및 개념을 측정 가능하게 만들어주는 조작적 정의라고 할 수 있다.

2 변수와 구성개념

(1) 변수

① 변수는 구체적 변수와 구성개념을 모두 지칭한다.
② 협의의 변수: 구체적인 성격이 강한 변수만을 지칭한다.

(2) 구성개념

① 추상적인 성격이 강한 변수로서 인지도나 선호도, 태도와 같은 변수는 응답자의 주관적 판단이 요구되는 추상적이고 눈으로 직접 관찰할 수 없는 개념이어서 측정하기가 쉽지 않다.

관찰할 수 없는 추상적 개념을 사회과학에서는 구성개념(Construct)이라고 한다.
② **구성개념의 측정**
　㉠ 구성개념의 측정을 위해 측정이 가능하도록 재정의할 필요가 있다.
　㉡ 측정 가능하도록 구체적으로 정의한 것을 조작적 정의라고 한다.

◢ 3 개념적 정의와 조작적 정의

(1) 개념적 정의(Conceptual Definition)

① 개념적 정의란 어떠한 개념을 추상적으로 표현한 것이다.
② 측정대상이 되는 어떤 개념의 의미를 사전적으로 정의를 내린 것이다.
　예 • **상표애호도:** 여러 개의 구매 가능한 상표들 중 어떤 한 상표를 지속적으로 구매하는 성향을 말한다.
　　• **라이프스타일:** 사람들이 살아가는 방식을 말한다.
　　• **사회계층:** 한 사회 내에서 거의 동일한 지위에 있는 사람들로 구성된 집단이다.
③ 개념적 정의만으로 추상적인 개념을 정확히 측정할 수 없다. 응답자들은 개념적 정의를 서로 다르게 이해할 수 있으며, 측정대상에 대한 개념적 정의를 동일하게 이해했다고 하더라도, 측정되는 개념에 대한 응답자의 생각을 어떻게 나타내도록 하느냐에 따라 측정 결과가 다르게 나타날 수 있다. 따라서 조사자는 응답자가 자신의 생각을 쉽게 나타낼 수 있도록 개념적 정의를 보다 구체적인 조작적 정의로 전환하여야 한다.

(2) 조작적 정의(Operational Definition)

① 조작적 정의란 추상적 개념을 관찰 가능한 구체적 속성으로 표현하는 것이다.
② 즉, 어떤 개념에 대해 응답자가 구체적인 수치(number)를 부여할 수 있는 상태로 상세한 정의를 내린 것을 말한다.
③ 개념적이고 추상적인 조사대상의 특성들을 실제 세계에서 구체적으로 측정하기 위해서 측정이 가능한 형태로 재정의하는 작업을 조작적 정의라 한다. 어떤 개념에 대한 조작적 정의와 이를 토대로 개발되는 측정문항은 기존의 조사를 통하여 신뢰성과 타당성이 검증된 것을 이용하거나 전문가나 해당 실무자들에 의해 적절한 것으로 인정받을 수 있는 것이어야 한다.
　예 • **상표애호도:** 어떤 상표를 5번 이상 연속해서 반복 구매할 경우를 7점, 동일상표를 3회 이상 반복 구매하거나 5회 구매 중 4번 구매한 경우를 6점으로 하는 등의 정의를 내리는 것이다.
　　• **라이프스타일:** 사람들이 자신의 시간을 어떻게 소비하는가, 주위환경에서 특별히 중요하게 고려한 것은 무엇인가, 자신과 주변세계들에 대한 생각은 무엇인가 등을 반영하는 구체적 측정항목들로 구성하여 측정 가능한 항목들로 구성된 정의로 전환시키는 것이다.

- **사회계층**: 지난 12개월 동안 당신의 총 가계소득은 얼마였습니까?, 당신의 최종 졸업 학교는 어디입니까?, 당신의 직위는 무엇입니까? 등 측정 가능한 항목들로 구성된 정의로 전환시키는 것이다.
- **근면성**: 부지런한 정도라고 개념적으로 정의할 수 있다. 부지런한 정도를 측정하기 위해서는 '출결사항', '기상시간' 등으로 조작적 정의를 내려 측정할 수 있을 것이다.

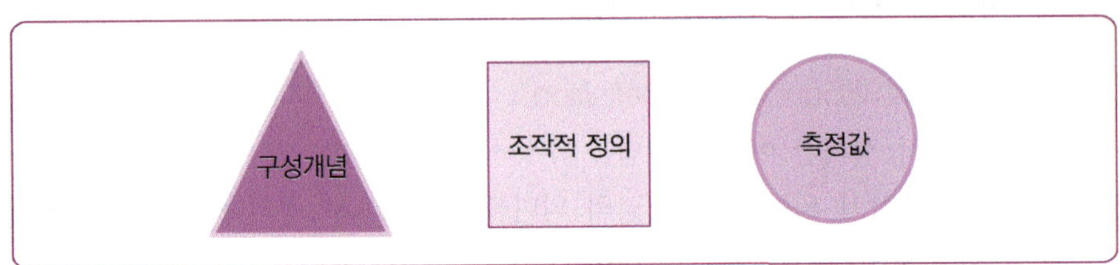

4 측정의 과정

측정은 일반적으로 그 목적에 따라 구체적으로 측정대상으로부터 수집하려는 정보가 무엇인지를 명확히 규정해야 한다. 수집하려는 정보의 형태와 종류에 따라 측정의 다음 과정들이 영향을 받기 때문에 수집하려는 정보에 대한 명확한 규정은 매우 중요하다.

측정의 일반적 과정은 다음과 같다.
- **측정의 대상**: 측정의 목적에 따라 조사대상자로부터 측정할 구체적 대상이 무엇인가?
- **척도의 종류**: 어떤 척도를 사용할 것인가?
- **측정의 방법**: 어떤 방식으로 측정을 할 것인가?
- **측정의 평가**: 측정을 위해 사용한 척도와 측정방식이 적절한가?

(1) 측정의 대상

측정의 첫 번째 과정은 조사의 목적에 맞는 명확한 측정대상에 대한 정의이다. 따라서 조사자는 정의된 개념에 대응되는 통일된 그리고 체계적인 의미를 지닌 명확한 측정범위와 기준을 제시하여야 한다.

(2) 측정대상과 측정척도의 대응

측정해야 할 대상에 대한 특성이나 성질을 숫자 등으로 대응시키는 것이다.

(3) 척도의 선택

연구대상의 성질을 나타낼 수 있는 척도를 선택한다.
> 예 명목척도, 서열척도, 등간척도, 비율척도 등

02　척도

◢ 1　척도의 의미

(1) 척도의 개념

① 사물 혹은 사건의 속성이 어떠한 특성을 지니는지에 따라서 측정할 수 있는 수준이 달라진다. 즉, 성별과 같이 부여받는 숫자가 단순히 속성을 분류하는 수준에서만 측정이 가능한 속성이 있는가 하면, 무게나 길이처럼 속성에 부여한 숫자가 차이나 비율을 의미할 수도 있다. 이러한 측정의 수준(Level of Measurement)은 이후 연구자들이 자료분석을 실시할 때 영향을 미치게 된다.

② 일반적으로 척도는 수치나 기호의 연속적인 체계, 즉 측정하는 도구를 의미한다. 이러한 척도는 숫자로 이루어져 있으므로, 숫자가 가지고 있는 기본특성을 그대로 가지고 있다. 그러므로 척도를 정할 때에는 숫자의 이러한 특성과 측정하고자 하는 사물이나 사건의 특성에 맞게 구성하여야 한다.

(2) 척도화

측정대상 현상의 고유한 속성을 잴 수 있는 눈금을 가진 자, 즉 측정대상 현상에 맞는 척도를 만들어내는 것을 말한다.

(3) 범주형 데이터와 연속형 데이터

일반적으로 데이터는 측정의 척도에 따라 범주형 데이터와 연속형 데이터로 구분한다.

① **범주형 데이터**: 명목척도나 서열척도(순서척도, 순위척도)에 의해 측정된 자료로 질적 데이터라고 한다.

② **연속형 데이터**: 등간척도(구간척도)나 비율척도에 의해 측정된 자료로 양적 데이터라고 한다.

◢ 2　척도의 종류

(1) 명목척도

① **명목척도의 개념**

㉠ 명목척도(Nominal Scale)는 관찰대상이 갖는 속성에 따라 관찰대상을 상호 배타적인 범주로 구분하는 것으로, 관찰대상을 단순히 범주로 분류하기 위한 목적으로 숫자를 사용하는 척도를 말한다.

㉡ 명목척도의 수는 범주 혹은 부류의 역할을 수행한다. 상하관계는 없고 일종의 구분만 존재하는 척도이다.

ⓒ 명목척도는 소속 여부나 대상의 분류를 위해 사용된 숫자로서 조사대상에 할당된 수
는 대상들 간의 구분 이외의 의미는 전혀 없으므로 네 가지 척도(명목척도, 서열척도,
등간척도, 비율척도) 중 내재된 정보량이 가장 적은 척도라 할 수 있다. 명목척도가
숫자들의 배정을 반드시 포함할 필요는 없으며 알파벳 또는 다른 형태의 상징들을 배
정할 수 있다.

② **명목척도의 특징**

ㄱ 수치 간의 거리는 의미가 없다.

ㄴ 서열의 의미가 없다. 즉, 명목척도로 측정한 자료는 크기, 순서, 비율 등을 나타낼 수
없다.

ㄷ 원점의 개념이 없다.

ㄹ 평균 및 표준편차의 의미가 없다.

ㅁ **가능한 통계분석방법**: 최빈값, 비율이나 퍼센트, 사인테스트, 카이스퀘어 검정 등

③ **명목척도의 정리**

ㄱ 단순히 어떤 대상이나 인간 또는 특성을 구분·분류하기 위한 목적으로 사용되는 기호

ㄴ **전체 집단에 대한 대표치**: 최빈값

ㄷ **집단별 빈도에 대한 분석만 가능**: 전화번호, 주민등록번호, 성별, 직업, 구매 여부(구
매자, 비구매자), 지역, 구매상표 등

④ **명목척도의 예**

귀하의 성별은?

1. 남자 (　　　)
2. 여자 (　　　)

(2) 서열척도

① **서열척도의 개념**

ㄱ 서열척도(Ordinal Scale)는 측정대상 간의 순서관계를 밝혀주는 것으로서, 측정대상
을 측정하고자 하는 속성으로 판단하여 측정대상 간에 크고 작음이나 높고 낮음 등의
순위를 부여해 준다. 즉, 조사대상이 어떤 속성을 가진 정도를 상대적 순서만을 나타
내도록 숫자가 부여된 경우이다.

ㄴ 측정대상들의 해당 속성 간 양적인 비교를 할 수 있는 정보는 제공해 주지 못한다.
예를 들어, 세 개의 라면에 대해서 가장 선호하는 순서대로 1, 2, 3의 숫자를 부여하
였다고 하자. 이때 1이 2보다 그리고, 2가 3보다 더 선호됨을 의미하고 또한 1이 3보
다 더 선호되는 것을 의미하지만 얼마나 더 선호하는지는 알 수 없고, 단지 순위만을
나타낼 뿐이다.

ⓒ 수치 간의 차이는 의미가 없다. 그래서 주로 정확하게 정량화하기 어려운 응답자의 태도, 선호도, 사회계층 등의 분석에 이용된다.

ⓔ 범주, 서열에 대한 정보를 가지고 있다. 즉, 순서의 의미가 있다.

ⓜ 자료들의 단순한 순서를 의미할 뿐이기 때문에 산술적 연산이 불가능하며, 따라서 조화평균과 분산과 같은 계산을 이용할 수 없다.

② 서열척도의 특징

ⓐ 동일한 수를 부여받을 수 있다. 즉, 상호 배반적이지 않다.

ⓑ 순위만 유지되면 수치를 변환시켜도 문제가 되지 않는다.

ⓒ 평균 및 표준편차의 의미가 없다.

ⓔ 빈도의 의미가 있다.

ⓜ **사용할 수 있는 통계량**: 최빈값, 중앙값, 백분위 수, 스피어만 상관계수

ⓗ **자료의 집중화 경향**: 중앙값(산술적 연산 불가능)

③ 서열척도의 유형

ⓐ 순위법(Ranking): 응답자들로 하여금 어떤 속성에 대한 조사대상들의 순위를 기록하게 하는 방법이다.

ⓑ **범주별 순위할당법**(Ordered-category Sorting): 비교대상이 많을 때 이용하는 방법으로, 모든 조사대상들에 대하여 순위를 기입하게 하는 대신 속성소유의 정도에 따라 대상들을 몇 개의 집단(범주)으로만 분류하는 방법이다.

④ 서열척도의 예

> 귀하가 좋아하는 순서대로 번호를 매기시오. 가장 좋아하면 1, 다음은 2의 순입니다.
>
> 1. 신라면 (　　　)
> 2. 너구리 (　　　)
> 3. 삼양라면 (　　　)
> 4. 진라면 (　　　)
> 5. 스낵면 (　　　)

(3) 등간척도(구간척도)

① 등간척도의 개념

ⓐ 등간척도(Interval Scale)는 관찰대상이 갖는 속성의 크기에 따른 서열뿐만 아니라, 상대적인 차이도 고려할 수 있는 척도를 말한다.

ⓑ 다시 말해 측정대상의 속성에 숫자를 부여하되 숫자 사이의 간격을 동일하게 측정하는 것을 말한다. 즉, 등간척도는 측정대상이 갖는 속성의 양적인 정도의 차이를 나타내주며 해당 속성이 전혀 없는 상태인 '절대영점'은 없지만 임의적인 영점은 존재한다. 그러나 임의적인 영점만으로는 측정치 간의 비율계산은 무의미하다.

ⓒ 예를 들어, 섭씨 100도와 50도의 차이는 섭씨 50도와 0도의 차이와 동일하지만 섭씨 100도가 50도보다 2배만큼 더 뜨겁다는 의미를 갖지는 못한다. 왜냐하면 섭씨를 화씨로 전환하면 섭씨 100도는 화씨 212도이며, 섭씨 50도는 화씨 122도이기 때문이다.

② **등간척도의 특징**
  ㉠ 등간척도는 서열, 범주, 거리에 대한 정보를 가진다.
  ㉡ 측정된 값들은 동일한 간격을 가진다.
  ㉢ 절대 '0'의 개념이 없으며 측정간격이 절대적으로 정해져 있지 않고 자의적으로 설정된다.
  ㉣ 거리에 대한 정보를 가지고 측정된 값들의 차이를 비교할 수 있다.
  ㉤ **사용할 수 있는 통계량**: 명목척도, 서열척도에서 사용이 가능한 통계분석을 포함하여 평균, 분산, 상관분석, 회귀분석 등은 가능하지만 기하평균, 조화평균, 변동계수와 같은 통계량은 계산이 불가능하다.

③ **등간척도의 유형**
  ㉠ **등급법**(Rating): 응답자로 하여금 어떤 측정대상이 갖고 있는 속성의 정도를 글(Verbal), 그림(Graphic), 숫자(Numeric)를 이용하여 평가하도록 하는 방법이다.
  ㉡ **어의차이척도법**(Semantic Differential Scale): 척도의 양 끝에 속성의 정도를 나타내는 서로 상반되는 수식어를 제시하고 조사대상의 속성보유 정도에 대한 소비자의 생각을 측정하는 방법이다.
  ㉢ **스타펠척도법**(Stapel Scale): 어의차이척도법의 한 변형으로 양극단의 수식어 대신 하나의 수식어만을 평가기준으로 제시하고 조사대상의 속성보유 정도에 대한 소비자의 생각을 측정하는 방법이다.
  ㉣ **리커트형 척도법**(Likert Type Scale): 응답자들에게 서술형으로 작성된 질문항목에 대한 동의 또는 반대의 정도를 표시하도록 하는 방법이다.

④ **등간척도의 정리**
  ㉠ 자료의 숫자는 연구대상의 특성의 순서를 나타내며, 숫자 간의 간격은 특성의 간격과 동일한 비율이다.
  ㉡ 순서간격이 일정하고 구간의 간격이 같은 등간척도가 된다.
  ㉢ 산술평균, 표준편차, 범위, 상관계수 등을 가장 많이 사용한다.
  ㉣ **사용범위**: 온도, 광고인지도, 학점, 지능지수, 물가지수, 주가지수, 만족도 등과 같은 측정에 쓰인다.

⑤ 등간척도의 예

> 귀하가 최근에 구입한 TV 가격의 만족도는 어느 정도입니까?
>
> 1. 매우 불만족
> 2. 대체로 불만족
> 3. 보통
> 4. 대체로 만족
> 5. 매우 만족

(4) 비율척도

① 비율척도의 개념

    ㉠ 비율척도(Ratio Scale)는 등간척도가 갖는 특성에 추가적으로 측정값 사이의 비율계산이 가능하다. 비율계산이 가능한 이유는 측정하고자 하는 속성이 전혀 존재하지 않는 상태인 절대 '0'이 존재하기 때문이다.

    ㉡ 누구나가 공통적으로 동의하는 위치에 원점(절대 '0')을 가지고 있으므로 절대적인 크기가 비교될 수 있다.

    ㉢ 비율척도로 얻어진 자료는 모든 형태의 통계분석에 사용할 수 있으며, 절대 '0'을 갖는 것으로 조화평균과 기하평균에 이용할 수 있다.

② 비율척도의 특징

    ㉠ 등간척도가 갖는 특성 이외에 절대 '0'을 가지며, 한 측정치와 차이뿐만 아니라 차이에 대한 수치적 의미를 부여하여 몇 배인가도 측정한다.

    ㉡ 범주, 서열, 거리, 비율에 대한 정보를 가지고 있다.

    ㉢ 척도상의 위치를 모든 사람이 동일하게 인식하고 해석한다.

    ㉣ **사용범위**: 매출액, 소득, 구매확률, 키, 무게, 길이, 나이, 가격, 시장점유율 등이 있다.

③ 비율척도의 유형

    ㉠ **총합고정척도법**(Constant Sum Scale): 응답자들에게 일정한 수(대개 10점 또는 100점)를 주고 이 점수를 속성의 상대적 다과에 따라 여러 측정대상들에게 나누어 주게 하는 방법이다.

    ㉡ **비율분할법**(Fractionation Method): 대상들의 속성보유 정도를 평가할 때 한 속성의 보유 정도를 기준으로 다른 속성들을 상대적으로 평가하도록 하는 방법이다.

④ 비율척도의 예

당신의 한 달 평균소득은 얼마나 됩니까?

1. 100만 원 이하
2. 100~200만 원
3. 200~300만 원
4. 300~500만 원
5. 500만 원 이상

Plus UP!   척도와 정보의 양

명목척도에서 비율척도로 갈수록 얻게 되는 정보의 양은 많아진다.
명목척도 < 서열척도 < 등간척도 < 비율척도

(5) 척도의 선정

비율측정을 통해 얻어진 자료는 거의 모든 분석방법을 사용할 수 있어 비율측정을 사용하는 것이 자료의 분석상 유리하지만, 측정하고자 하는 속성에 따라 사용 가능한 수준이 제한되어 있는 경우가 있다. 예를 들어, 성별과 같은 속성은 명목척도만이 가능하며, 국회의원 후보자들에 대한 선호도의 측정은 사실상 서열척도만이 가능할 것이다. 서열척도보다 등간척도가, 등간척도보다는 비율척도의 경우가 보다 정교한 분석방법을 적용할 수 있으며, 특히 서열척도와 등간척도 사이에는 적용 가능한 분석방법에 상당히 큰 차이를 나타낸다. 그러므로 조사자는 전체적으로 수집되는 정보의 양과 난이도를 고려하여 척도를 선정하여야 한다.

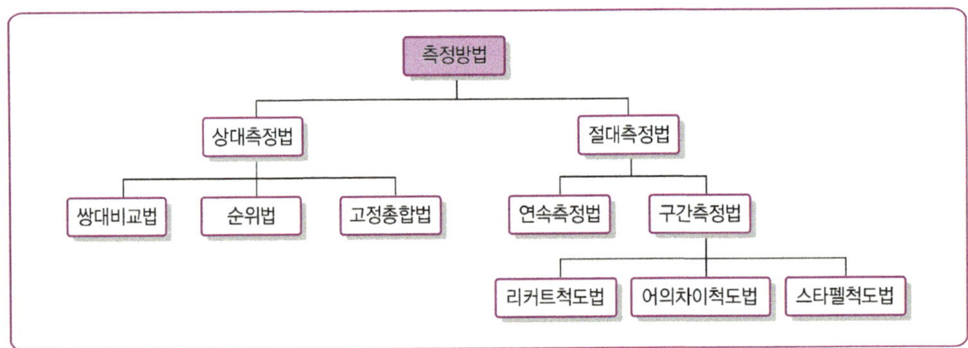

❙ 측정방법의 구분 ❙

┃ 척도의 특성과 용도 ┃

척도	특징	예	가능한 통계자료
명목척도	측정대상의 특성을 분류하거나 확인할 목적으로 숫자를 부여하는 척도	선수번호, 상표, 성별, 이름, 주민등록번호	퍼센트(빈도), 사인테스트, 이항검정, 카이스퀘어 검정
서열척도	조사대상이 어떤 속성을 가진 정도를 상대적 순서만을 나타내도록 숫자가 부여된 척도	학급석차, 선호, 좋아하는 브랜드의 순서, 사회계층	퍼센트, 최빈값, 중앙값, 백분위 수, 스피어만 상관계수
등간척도	측정대상의 속성에 숫자를 부여하되 숫자 사이의 간격을 동일하게 측정, 절대 '0'의 개념이 없다.	온도, 지능지수, 물가지수, 소비자 만족지수	범위, 평균, 분산, 상관분석, 분산분석, 회귀분석, 표준편차, 상관계수
비율척도	절대 '0'을 가지고 있으며, 범주, 서열, 거리, 비율에 대한 정보를 가진다.	소득, 체중, 무게, 길이, 나이, 시간, 가격, 매출액, 시장점유율	조화평균, 기하평균, 변동계수

◢ 3 척도의 개발과 평가

(1) 척도의 개발 시 고려사항

① **척도점의 수**

  ㉠ 척도점의 수가 많을수록 가능한 답을 할 가능성이 높아지지만 응답자들은 답하기가 어려워진다. 5점 또는 7점이 가장 많이 사용된다. 5점척도는 응답자가 응답하기가 용이하다는 장점이 있으나 많은 응답자들이 1점과 5점과 같은 극단 값을 회피함에 따라 2점부터 4점 사이에 응답이 집중되는 경우가 많아 모수통계기법을 이용한 모수추정이 어려운 경우가 흔히 발생된다. 이러한 문제를 해결하기 위해 7점척도가 흔히 사용되기도 하는데, 이 경우 각 항목을 설명할 적절한 용어를 찾는데 어려움이 따르는 한계가 있다.

  ㉡ 척도점의 수에 영향을 미치는 요인: 응답자, 자료수집방법, 통계분석의 종류 등

② **홀수척도점과 짝수척도점**

  ㉠ 5점 또는 7점척도: 홀수 개의 응답범주를 갖는 경우에는 대개 응답의 중심화 경향이 발생하게 된다.

  ㉡ 6점척도: 응답자로 하여금 반드시 부정적 또는 긍정적 의사를 표현하도록 함으로써 중심화 경향을 방지할 수 있다.

③ **수의 표현방법**: 일반적으로 등급법의 각 척도점은 1부터 시작하여 양의 수로 표현하게 되나 가운데 척도점을 0으로 하고 좌우항목을 음과 양의 수로 나타내는 것도 가능하다.

④ **강제적 응답의 유도:** 절대측정법에서는 응답자들이 의견이 없다고 해서 '응답 없음'으로 표현할만한 척도가 없다. 다만, 이러한 경우 응답자들이 중앙의 척도점에 표시하는 경우는 있을 수 있다. 만약 응답자들의 일정 비율이 질문사항에 대하여 적절한 응답이 없는데도 척도법상 중앙에 표시하였다면 이는 심각한 사실의 왜곡이 일어날 수 있음을 고려하여야 한다.

⑤ **기준점(Anchor Point)의 결정:** 조사자는 속성의 정도를 표시함에 있어 속성이 적은 정도를 왼쪽에 표시할지, 아니면 속성이 많은 정도를 왼쪽에 표시할지를 결정해야 한다.

⑥ **의미 표현의 본질과 정도:** 척도점의 의미를 묘사하거나 혹은 표현하는 정도에 따라 응답자들에게 영향을 주게 된다. 보다 정확한 척도점의 묘사를 위해 단순히 숫자의 나열이 아닌 그림이나 어휘 등을 동원하여 척도점의 의미를 응답자들에게 정확하게 전달하고자 노력하여야 한다. 그러나 응답자들에게 정확하게 의미를 전달한다고 해서 신뢰성이 확보되는 것은 아니다. 신뢰성 확보는 조사현장에서 혹은 조사자들의 태도에 의존하는 경우가 많다.

(2) 척도의 선택 시 고려사항

연구자가 자료수집 척도법을 선택할 때에 고려해야 할 사항들은 다음과 같다.

① 연구목적의 달성을 위하여 적용해야 할 분석기법과 자료획득의 용이성 정도를 고려하여, 측정결과 얻어진 자료가 이산형(Non-Metric; 명목·순위측정)이어야 할 것인가 아니면, 연속형(Metric; 등간·비율측정)이어야 할 것인가를 판단해야 한다. 척도는 가지고 있는 독특한 형식에 따라 분류된 것이므로, 해당 척도에 의해 어떠한 자료가 얻어질 것인가를 고려하여 선정하여야 할 것이다.

② 척도의 형태를 선택한 다음에는 척도구성을 하여야 한다. 이때 고려해야 할 사항은 척도점의 수와 척도점의 기준점이다. 기준점은 각 척도점에 해당하는 평가속성에 대한 수준을 말로 기술해 놓은 것으로, 이 기준에 따라 응답 결과에 상당한 영향을 미칠 수 있다.

③ 척도점의 수를 정하고 나면 각 척도점에 응답의 편의를 위해 설명을 붙이게 되는데, 이때 기준점을 정하는 방식에 따라 응답에 영향을 미칠 수가 있다.

　㉠ 중립점을 두는 경우와 중립점을 두지 않는 경우가 가장 좋은 예인데, 중립점을 두게 되면 별다른 생각 없이 강제로 어느 한쪽으로 평가해야 된다는 문제점을 가지게 된다.

　㉡ 중립점의 영향은 질문항목의 특성에 따라 달라진다. 특히, 그 질문항목에 대해 잘 모르거나 응답자의 견해가 명백히 있더라도 그 견해를 밝히는 것을 원하지 않는 경우에는 문제가 된다.

　㉢ 측정 척도점에 설명을 붙일 경우, 척도점의 양극단에만 설명을 붙이는 경우와 중간중간 건너서 붙이는 경우에 따라 응답에 영향을 미칠 수 있다. 양극에만 붙이는 경우에는, 응답자마다 척도점의 간격에 대한 인식이 달라서 서로 상이한 속성의 수준일 경우에도 동일한 척도점에 표시를 할 수 있어서 측정값이 일관성 있는 속성의 수준을 나타내지 못한다.

④ 이상과 같은 점들을 고려하여 척도의 종류와 척도점을 결정하여 정확한 측정값을 구할 수 있도록 하여야 할 것이다.

(3) 자료수집적 측면의 구분

척도를 구분하는 방법은 무척 다양하고 복잡하다. 이러한 이유 중의 하나는 척도가 필요한 사람들이 자의적으로 만들기도 하고, 다른 사람들이 만든 척도를 원래의 목적과는 다르게 사용하기도 하기 때문이라고 할 수 있다. 그러나 일반적으로 척도를 구분하는 방법은 자료수집적인 측면과 분석적인 측면의 두 가지 방법으로 분류할 수 있다. 이 분류는 척도 하나하나의 특성을 독립적으로 구분하기보다는 특정 척도의 성격이 두 개의 차원으로 구성되어 있다는 것을 나타낸다고도 할 수 있다. 또한 어떤 척도는 두 개의 분류에 모두 해당이 되지만 어떤 척도는 하나의 척도 분류에만 해당되는 것도 있을 수 있다. 자료수집적 측면의 구분은 연구자가 여러 이론적인 측면에서 척도의 특성을 조합한 후, 이 특성을 모두 포함하면서 효과적으로 자료를 수집할 수 있는 방법들을 나눈 것이다.

(4) 자료분석적 측면의 구분

자료분석적 측면의 구분은 자료들을 평균, 최소자승법, 그래픽 방법을 통하여 최종 측정값을 구해내는 방법이다. 즉, 이들 측정치를 분석에 사용하기 위해서는 서열측정을 가정하고 있는 차이발생 방법은 물론이고 등간측정, 비율측정으로 가정하고 있는 양적판단법도 척도모형에 의한 변환을 필요로 한다. 양적판단법의 경우에는 간단한 처리를 하면 되지만, 차이발생법은 서열측정을 등간측정으로 바꾸는 변환이 필요하다.

① 자극을 분석하는 기법: 자극을 분석하는 기법으로는 '서스톤 V 척도모델'과 '어의차이척도법'이 있다.
  ㉠ 서스톤 V 척도모델: 주로 차이발생법에서 얻은 서열측정을 등간측정으로 바꾸어 주는 모델이다.
  ㉡ 어의차이척도법: 양적판단법에서 측정치를 분석하는 방법이다.
② 응답자를 분석하는 기법: 응답자를 측정하는 기법은 응답자가 가진 태도 등을 측정하여 응답자에게 점수를 부여하는 기법이다. 이 기법으로는 '리커트 합산척도법'과 'Q-소트(Sort)기법'이 있다.
  ㉠ 리커트 합산척도법: 여러 개의 항목으로 응답자의 태도를 측정하고 해당 항목에 대한 응답을 종합하여 평가대상 응답자에 대한 전체적인 태도를 측정하는 방법이다.
  ㉡ Q-소트기법: 응답자 집단을 특정 대상(자극)에 대해 비슷한 태도를 가진(유사성을 중심으로) 사람들을 분류하기 위한 기법이다. 많은 대상들을 비교적 짧은 시간 내에 상대적으로 평가하는 방법으로, 대상들을 보다 쉽게 분류하기 위해 흔히 카드를 이용한다.

◢ 4 척도법의 분류

(1) 비교척도법

① 비교척도(Comparative Scale)는 비메트릭척도라고도 한다. 여러 연구대상을 비교하여 더 우월한 것을 선택하는 척도법으로 동일한 기준점이 적용된다. 비교척도법의 종류에는 '쌍대비교척도법, 순위법, 범주별 순위할당법, 총합고정척도법' 등이 있다.

② 비교척도법의 장점

  ㉠ 같은 기준으로 측정되어 비교가 가능하다.

  ㉡ 응답자가 쉽게 이해할 수 있고 적용이 간편하다.

  ㉢ 서열척도로서 두 측정값의 차이를 나타내는 거리의 개념이 없어 조사결과를 일반화하기 어려운 점 등 분석에 한계가 있다.

> **🖐 Plus UP!　척도법의 분류**
>
> ㉠ 단일항목척도법
>   ⓐ 비교척도법
>   ㉮ 서열척도: 쌍대비교척도법, 순위법, 범주별 순위할당법
>   ㉯ 비율척도: 비율분할법, 총합고정척도법
>   ⓑ 비비교척도법(등간척도): 등급법, 어의차이척도법, 스타펠 척도법, 리커트형 척도법
> ㉡ 다항목척도법
>   ⓐ 비교척도법: Q-소드기법(Q-Sort Technique)
>   ⓑ 비비교척도법: 리커트 합산척도법(Likert Summated Scale)

③ 쌍대비교척도법

  ㉠ 어떤 기준에 따라 두 연구대상 중 하나를 선택하도록 하는 측정방법이다.

  ㉡ 측정값은 서열척도의 형태가 된다.

  ㉢ 두 개의 자극(Stimulus)을 한 쌍으로 만들어 그 두 개의 자극 중에서 어느 한쪽이 다른 것보다 더 좋다든가, 어떤 특성을 더 많이 가지고 있다든가를 비교하여 판단하게 하는 것이다.

  ㉣ 다차원척도법 등 다양한 분석기법을 위하여 사용된다.

  ㉤ 대안의 수가 많아지면 비교되는 짝의 수가 많아져 응답하기가 어려워진다.

④ 순서서열척도법(순위법)

  ㉠ 여러 개의 측정대상들이 가지고 있는 특정속성의 정도에 따라 측정대상의 순위를 정하는 방법이다.

  ㉡ 비교의 의미를 가지므로 서열척도의 형태가 된다.

  ㉢ 현실에 가까운 선택방법이다.

  ㉣ 이해하기 쉽고 시간과 노력이 적게 소요된다.

❄ Plus UP!　차이발생법

> 차이발생법(Variability Method)은 기본적으로 서열측정에 의한 방법으로서 양적판단법과 구별된다. 차이발생법의 종류에는 '쌍대비교척도법(Paired Comparison Scaling), 순위법(Ranking), 범주별 순위할당법(Ordered Category Sorting)' 등이 있다.

⑤ 범주별 순위할당법

　㉠ 범주별 순위할당법은 조사 대상자에게 일정한 평가 항목(대상)을 제시하고, 이를 미리 정해진 여러 개의 범주(category)에 나누어 각 범주별로 순위를 할당하게 하는 방법이다.

　㉡ 즉, 응답자가 항목들을 각각의 범주에 배분하고, 각 범주 내에서의 순위를 정하거나 중요도를 평가하게 된다.

⑥ 총합고정척도법

　㉠ 응답자에게 고정된 수치를 주고 이를 평가대상의 기준에 따라 할당하도록 하는 방법이다. 평가대상에 할당된 수치의 합은 제시된 고정된 수치이어야 한다.

　㉡ 총합고정척도법은 다음의 예에서 제시된 수치인 100을 각 속성에 할당하도록 하며, 할당값의 합은 반드시 100이 되어야 한다.

　㉢ 상대적 비교를 통하여 수치가 부여되므로 서열척도의 성격이 강하다.

　㉣ 절대 '0'의 개념이 존재하므로 비율척도로 간주하는 것이 일반적이다.

　㉤ 총합고정척도법의 예

> 자동차를 구입할 때 고려하는 속성을 중요도에 따라 100점 분할하여 할당해 주세요.
>
> 연비　　（　　　）
> 디자인　（　　　）
> 브랜드　（　　　）
> 가격　　（　　　）
> 합계　　（　100　）

양적판단법(Quantitative Judgement Method)은 조사자가 등간수준에서 측정을 원할 경우에 사용하는 방법으로 '직접판단법(Direct Judgment Method), 비율분할법(Fractionation Method), 총합고정척도법(Constant Sum Method)' 등이 있다.

- ㉠ **직접판단법**: 등급법과 거의 동일한 방법으로 그 측정치를 등간측정이나 비율측정으로 간주하는 것에서 차이가 난다. 직접판단법은 가능한 반응을 항목으로 정하는 반응제한법과 자유로이 반응할 수 있는 반응자유법으로 크게 나눌 수 있다.
- ㉡ **비율분할법**: 응답자에게 기준이 되는 자극과 조사하고자 하는 자극 두 개를 주고, 특정속성에 대하여 그들 간의 비율을 숫자로 표시하게 하는 방법이다.
- ㉢ **총합고정척도법**: 응답자에게 정해진 총합 수치를 평가 기준에 따라 항목별로 나눠 할당하게 하는 방법

(2) 비비교척도법(등간척도)

① 등급법(Rating Method)

- ㉠ 등급척도는 가장 흔히 사용되고 또한 사용하기 쉬운 척도법의 하나이다. 등급법의 표현방법은 숫자를 이용한 방법(Numeric Method), 그래프를 이용한 방법(Graphical Method), 언어를 이용한 방법(Verbal Method) 등이 있는데, 보통은 숫자와 언어를 이용한 방법이 많이 쓰인다.
- ㉡ 등급법은 항목순위법이나 양적판단법과 매우 유사한 기법이며, 등급법으로 측정한 항목들을 서열측정으로 간주하는가, 등간측정으로 간주하는가에 따라 어느 척도와 비슷한가가 결정된다.

- ㉠ 메트릭척도법(Metric Scaling)은 연구대상을 평가하는 과정에서 다른 연구대상과 비교가 이루어지지 않는 측정법으로, 측정값은 비율척도 또는 등간척도의 형태를 가진다.
- ㉡ 메트릭척도법의 종류에는 '연속형 평가척도법, 리커트척도법, 어의차이척도법, 스타펠척도법' 등이 있다.

② 연속형 평가척도법

- ㉠ 2개의 반대가 되는 개념 사이에 응답자가 느끼는 위치를 표시하게 하여 측정하는 방법이다.
- ㉡ 만들기 쉬운 장점이 있으나 표시한 위치를 파악하기가 어렵다.
- ㉢ 특별한 장점이 없기 때문에 실제로 널리 사용되지는 않는다.

㉣ 연속형 평가척도법의 예

> A자동차를 어떻게 생각하십니까? A자동차에 대한 평가를 아래 선상에 표시하여 주시기 바랍니다.
>
> 매우 나쁘다 ――――――――――――― ✓ ――――――――――――― 매우 좋다

③ **리커트척도법**(Likert Scale)

　㉠ 리커트척도의 응답을 위한 잣대는 우선 두 극단으로 나누고(긍정 – 부정 혹은 높음 – 낮음), 그 사이의 간격을 보통 2~7부분으로 나누는데 각 부분 간의 거리간격은 동일한 것으로 간주한다. 이때 각 문항에 동일한 가치를 부여해서 각 문항별로 얻은 점수를 합산해 결과를 도출하는 방식이다.

　㉡ 각 속성별 중요도는 5점, 7점 등의 리커트척도로 측정하며, 5점척도가 많이 사용된다. 척도점이 7개를 초과하면 응답자가 자신의 생각을 정확히 표현하기가 어려워지므로 수집된 정보의 신뢰성에 문제가 있을 수 있게 된다.

　㉢ 분석내용의 문장에 대하여 응답자가 적극 동의하면 +2, 동의하면 +1, 무관심이면 0, 반대하면 –1, 적극 반대하면 –2 등으로 표시하게 하는 척도이다.

　㉣ 주어진 문장을 읽고 동의하는 정도를 응답하게 하는 방법으로 마케팅조사에서 널리 사용되는 방법이다. 만드는 것뿐만 아니라 관리하기도 쉬우며, 응답자가 쉽게 이해할 수 있어 전화조사, 우편조사 등 응답자가 주도적으로 이해하며 답해야 하는 경우에 널리 이용된다. 즉, 응답자가 스스로 이해하며 답하는 경우 널리 사용된다.

　㉤ 리커트척도법의 예

> | | 전혀 동의하지 않음 | | | | 매우 동의함 |
> |---|---|---|---|---|---|
> | 1. 당신은 학교를 좋아합니까? | 1-----2-----3-----4-----5 | | | | |
> | 2. 브랜드 A의 품질이 우수하다. | 1-----2-----3-----4-----5 | | | | |

④ **어의차이척도법**(Semantic Differential Scale)

　㉠ 어의차이척도법은 척도의 서로 상반되는 형용사적 표현(친절하다 – 불친절하다)을 양쪽 끝점에 표시하고 응답자가 적절한 위치에 표시하도록 하는 방법이다.

　㉡ 측정값이 서열척도적 성격이 있으나 수치 간의 간격이 동일하다고 가정하고 등간척도로 간주한다.

　㉢ 다차원적인 구성체를 측정하는 데 유용하게 사용되는 척도이다. 그리고 3가지 차원이 있는데 'E–P–A'라고 하여, 평가적 차원(Evaluation: E), 역동적 차원(Potency: P), 행동적 차원(Activity: A)으로 구성되는 의미공간 중에 한 점으로 표시할 수 있다고 간주한다.

ⓔ 응답자들이 이해하기 쉽고 답하기도 쉬우나 반대가 되는 형용사적 표현을 만들기 어렵다.

ⓜ 어의차이척도법의 예

> **A제품의 디자인에 대해서 어떻게 생각하십니까?**
>
> | | | |
> |---|---|---|
> | 너무 보기 싫다 | ① ― ② ― ③ ― ④ ― ⑤ | 너무 매력적이다 |
> | 색깔이 매우 어색하다 | ① ― ② ― ③ ― ④ ― ⑤ | 색깔이 어울린다 |
> | 재질이 나쁘다 | ① ― ② ― ③ ― ④ ― ⑤ | 재질이 좋다 |

⑤ 스타펠척도법

ⓐ 한 가지 개념에 대하여 '0'점이 없이 −5부터 +5까지의 10점 척도로 측정하는 방법이다.

ⓑ 양끝에 수식어가 있는 것이 아니라 하나의 수식어에 정도를 표시한다.

ⓒ 어의차이척도와 유사하나 반대가 되는 형용사적 표현을 만들 필요가 없다.

ⓓ 응답자가 혼란을 일으키기 쉽다.

✂ Plus UP! 서스톤척도법과 거트만척도법

ⓐ 서스톤척도법(Thurstone Scale): 어떠한 대상에 대한 가능한 많은 설명을 문장으로 만들어 놓고서 각 문항이 척도상의 어디에 위치할 것인가를 평가자들로 하여금 판단하게 한 다음, 이것을 바탕으로 연구자가 대표적인 문항들을 신정하여서 척도를 구성하는 방법이다.

ⓑ 거트만척도법(Guttman Scale): 응답자의 반응을 측정하기 위해 사용하는 척도로 응답자의 반응을 예측할 수 있는 좋은 방법이다. 어떤 하나의 주제에 대해 여러 개의 질문문항이 주어질 때, 한 응답자가 긍정적인 대답이 많다면 다른 문항이 주어졌을 때 그 사람은 긍정적인 방향으로 응답할 가능성이 높다고 예측할 수 있다.

03 측정방법

◢ 1 측정방법의 이해

(1) 의의

마케팅조사는 제품이나 서비스를 성공적으로 판매하기 위한 정보를 수집하는 과정으로, 이를 위해 조사설계가 필요하다. 이 과정에서는 수집하고자 하는 자료가 1차 자료인지, 2차 자료인지에 따라 측정방법이 달라진다. 따라서, 마케팅조사를 수행할 때에는 1차 자료와 2차 자료의 장단점을 고려하여 측정 방법을 결정하고, 조사의 목적에 맞게 적절한 자료를 선택하여 활용해야 한다.

(2) 대표적인 측정방법

① 관찰법은 조사대상을 관찰하여 자료를 수집하는 방법으로 조사자가 직접 관찰하거나 기계를 이용하여 측정한다.

② 표적집단면접법(FGI)은 소수의 응답자를 한 장소에 모아 자유로운 분위기에서 대화를 통해 측정하는 방법이다.

③ 서베이조사는 설문지를 이용하여 표본으로 선정된 조사대상자들을 대상으로 측정하는 방법이다. 기업은 소비자들에게 자사 제품에 대한 신념, 태도, 선호도, 구매행동 등을 설문지를 이용해 직접 물어봄으로써 마케팅의사결정에 필요한 자료를 수집할 수 있다.

④ 실험조사는 인과관계를 조사하는 데 적절한 방법으로 실험대상자들을 몇 개의 집단으로 나누고 집단별로 원인변수를 다르게 조작한 다음 각 집단들 간에 반응에서 어떠한 차이가 나는지를 측정한다.

2 자료의 종류

(1) 1차 자료(Primary Data)

① 1차 자료의 정의 및 특징

　㉠ 1차 자료는 특정한 목적에 따라 처음으로 관찰·수집한 자료를 말한다.

　㉡ 1차 자료란 당면하고 있는 조사를 위해 수집된 자료로, 조사자가 조사를 시행하는 가운데 직접 수집한 자료이다.

　㉢ 1차 자료는 2차 자료에 비해 조사목적과 직결된 자료를 제공해 준다.

　㉣ 1차 자료는 2차 자료에 비해 자료 수집 과정에서 상대적으로 시간과 비용이 많이 든다.

② 1차 자료의 수집방법

　㉠ 조사를 위한 적절한 2차 자료가 없을 때에는 직접 자료를 수집하여야 하는데 이때 수집된 자료를 1차 자료라고 한다.

　㉡ 1차 자료의 수집은 일반적으로 '직접적인 방법과 간접적인 방법'으로 구분된다. 어느 방법이든 조사대상자로부터 협조와 승낙이 선행되어야만 한다.

　　ⓐ 직접적인 방법: 조사대상자에게 직접 질문을 하여 얻어내는 방법으로 면접, 전화, 우편, 인터넷 등을 이용하는 방법이 있다.

　　ⓑ 간접적인 방법: 관찰에 의한 방법을 포함하여 흔적조사법, 내용분석법 등의 방법이 있다.

　㉢ 1차 자료의 수집방법으로는 '관찰법(Observation Method), 서베이법(Survey Method), 실험법(Experiment Method), 심층면접법, 표적집단면접법(FGI: Focus Group Interview)' 등이 있고, 최근 들어 인터넷 사용이 보편화됨에 따라 인터넷을 통한 자료수집도 많이 활용되고 있다.

> ㉠ 1차 자료는 당면하고 있는 조사를 위해 수집된 자료이다.
> ㉡ 1차 자료의 수집방법
>   ⓐ **탐색조사의 경우**: 문헌조사, 관찰조사, 전문가조사, 심층면접법, 표적집단면접법
>   ⓑ **기술조사의 경우**: 관찰법, 서베이법(설문지), CLT조사, HUT조사
>   ⓒ **인과조사의 경우**: 실험법

(2) 2차 자료(Secondary Data)

① 2차 자료의 정의 및 특징

㉠ 2차 자료란 조사를 수행하고 있는 조사자가 아닌 다른 사람에 의해 이미 수집되어 있는 자료를 의미한다.

㉡ 2차 자료는 1차 자료에 비하여 손쉽고 저렴하게 획득할 수 있기 때문에 2차 자료를 얼마나 효과적으로 획득하여 이용하는가 하는 것이 조사의 성공 여부에 중요한 변수로 작용하기도 한다. 비록 2차 자료가 조사자가 다루고자 하는 문제의 해결에 직접적으로 관련되어 있지 않다고 하더라도 조사를 평가하고 분석하는 데 지침을 제공해 주는 경우가 많다.

㉢ 일반적으로 2차 자료는 연구기관이나 공공기관 등 여러 원천으로부터 구할 수 있다. 그러나 2차 자료만으로는 문제의 해결이 불가능한 경우가 많다.

㉣ 2차 자료는 '자료의 불편성(Impartiality), 타당성(Validity), 관련성(Relevancy), 신뢰성(Reliability)' 등을 신중히 검토해서 조사에 활용해야 한다.

② 2차 자료의 유용성

㉠ 2차 자료는 당면한 조사의 목적이 아닌 다른 목적을 위해 수집되고 정리되어 있는 자료로서 직·간접적으로 조사의 목적에 도움을 줄 수 있는 기존의 모든 자료들을 말하며, 기존의 정부자료나 각종 통계자료 또는 조사기관의 정기·비정기 간행물이나 기업에서 수집한 자료, 학술지에 발표된 논문 및 다른 조사를 목적으로 수집된 모든 자료를 포함한다.

㉡ 이러한 2차 자료가 충분할 경우 1차 자료를 수집하지 않아도 되며, 일반적으로 1차 자료에 비해 수집이 용이하고, 비용도 저렴하며, 정기적인 업그레이드가 이루어지고 있어 신뢰성이 높아 점차 많이 활용되고 있는 자료이다.

㉢ 그러나 2차 자료는 다른 조사목적을 수행하기 위해 수집된 자료이므로 자료수집목적, 측정단위, 조작적 정의 등이 현재 수행하는 조사와 일치하지 않는 경우가 많으므로 사용에 주의를 필요로 하며, 관련된 정보라고 하더라도 시간이 상당히 경과하여 효용이 없는 경우나 자료의 신뢰도와 타당성 여부를 알 수 없는 경우에는 사용이 불가능하다.

③ 2차 자료 수집 시 고려사항
2차 자료를 수집하기 위해서는 자료의 원천을 찾고, 조사목적에 적합한 자료를 추출하여 기록하는 과정을 거치게 된다. 여기서 2차 자료를 사용하

기 위한 여러 가지 측면의 자료평가가 실시되어야 하는데 일반적으로 아래의 5가지 사항을 고려해야 한다.

㉠ **적합성**(Fitness): 2차 자료는 당면한 조사목적을 위하여 직접 수집한 자료가 아니기 때문에 진행 중인 조사목적에 부합하지 않을 수 있다.

㉡ **정확성**(Accuracy): 자료의 수집, 코딩, 분석, 결론 제시 등의 과정을 거치면서 담당자의 능력이나 실수에 의해서 오류가 발생할 수 있기 때문에, 2차 자료를 이용하는 조사자는 그 자료의 정확성에 대해서 반드시 확인해야 한다. 자료의 정확성은 신뢰성, 조사방법, 편견 등의 항목으로 나누어 살펴볼 수 있다.

ⓐ **신뢰성**(Credibility): 해당 자료를 발간한 기관의 능력, 전문성 등을 의미하는 것으로 누구나 인정하는 공신력 있는 전문기관에서 발간한 자료를 사용하는 것이 신뢰성을 높이는 방법이다.

ⓑ **조사방법**(Methods): 표본추출방법, 표본의 크기, 자료수집방법, 분석방법 등의 적절성에 대해서 평가하는 것이다.

ⓒ **편견**(Bias): 조사목적이나 조사기관 또는 조사원에 따라 자료에 편견이 개입될 가능성이 있다.

㉢ **일관성**(Consistency): 두 개 이상의 자료원에서 동일한 자료를 수집하여 제시된 자료가 거의 일치한다면 신뢰성이 높다고 할 수 있다.

㉣ 분류나 정의가 조사자의 요구에 맞는지 여부

㉤ 시기성을 고려할 때 정보의 유용성이 보장되는지의 여부

④ **2차 자료의 구분**: 2차 자료를 분류할 수 있는 방법에는 여러 가지가 있으나, 일반적으로 자료의 원천에 따라 조사자가 종사하는 조직 내부에서 자체적으로 수집·보관하는 자료인 내부 자료와 타기관에서 작성된 모든 자료를 의미하는 외부 자료로 나눌 수 있다.

㉠ **내부 자료**(Internal Data)

ⓐ 조사자가 종사하는 조직 내부의 필요에 의해서 지속적으로 수집·축적된 자료를 의미하며, 한 기업의 고객 및 영업 관련 자료, 판매원 관련 자료, 재무적 자료, 회계 관련 자료, 기존의 시장조사 자료 등을 의미한다.

ⓑ 대부분의 조직은 내부 정보를 축적하고 있으며 언제든지 그 정보를 이용할 수 있기 때문에, 2차 자료 탐색을 실시할 때 가장 먼저 확인해 봐야 한다. 또한 이러한 내부 자료는 어떠한 조사정보보다 쉽게 이용이 가능하고 비용은 거의 들지 않는다는 장점이 있다.

ⓒ 그러나 이러한 내부 자료는 조직원 간의 공유문제나 전임자와 후임자 간의 정보전달체계가 원활하지 못할 경우 제대로 활용되기가 힘들다. 따라서 내부 자료의 효율적인 이용을 위해서는 조직의 과거 및 현재의 내부 자료뿐만 아니라, 외부의 가치 있는 정보를 체계적으로 수집·분석·정리·활용할 수 있는 정보시스템을 구축하여 의사결정 담당자에게 시의적절한 자료를 제공하여야 한다.

ⓛ **외부 자료(External Data)**: 타기관에서 발행한 자료 중 입수 가능한 자료로서 외부 발행물, 인터넷 자료, 상업용 자료 등으로 분류할 수 있다.

  ⓐ **외부 발행물**: 정부기관, 국책연구소, 민간연구소, 대학연구소, 경제신문사, 상공회의소, 산업별 협회, 기타 기업 외부의 기관으로부터 간행된 자료들이 해당한다.

  ⓑ **인터넷 자료**: 인터넷은 서베이를 통한 1차 자료의 수집에서도 이용할 수 있지만, 폭발적으로 늘어나고 있는 인터넷상의 정보들 덕분에 2차 자료의 수집에서도 유용하게 이용할 수 있다.

  ⓒ **상업용 자료(Commercial Data)**

    ㉮ 기업의 고객들에게 판매하기 위해 조사기관이 주기적으로 수집하는 자료로서, 기업 고객들의 입장에서는 저렴한 비용과 빠른 시간 내에 필요한 자료를 입수할 수 있다는 점 때문에 수요가 늘어나고 있다. 또한 대부분의 상업용 자료는 패널에 의해서 수집되며, 소비자들의 구매의도가 아닌 실제 구매에 관한 정보를 담고 있다는 점에서 유용하다.

    ㉯ 패널조사는 크게 소비자 패널조사와 점포조사로 나눌 수 있다.

      • **소비자 패널조사**: 특정기간 동안 특정자료를 다시 조사하기로 계약을 체결한 비교적 큰 규모의 가구표본을 말한다.

      • **점포조사**: 소매점을 대상으로 POS 시스템을 이용해서 정확하고 적시에 조사기 기능히다는 장점을 가지고 있다.

⑤ **2차 자료의 장 · 단점**

  ㉠ **2차 자료의 장점**

    ⓐ 1차 자료에 비해 자료의 수집이 용이하고 비용이 저렴하다.

    ⓑ 자료의 다양성으로 인해 시간과 인력을 절약할 수 있다.

    ⓒ 개인적으로는 수집이 불가능한 자료의 구입도 가능하다. 실제 수집하기 힘든 자료도 통계집이나 업계자료 등에서 쉽게 얻을 수 있다.

    ⓓ 2차 자료를 활용할 때 비관여성, 편의성, 경제성, 신속성 등을 들 수 있다.

    ⓔ 조사자에게 문제의 정의를 명확히 해주며, 입수된 1차 자료에 대해서도 그 분석과 이용에 도움을 줄 수 있다.

  ㉡ **2차 자료의 단점**

    ⓐ 용어에 대한 정의가 다를 수 있다.

    ⓑ 자료의 분류방법이 다를 수 있다.

    ⓒ 자료가 오래되어 유용성이 떨어질 수 있다.

    ⓓ 자료의 신뢰성이 문제가 된다.

    ⓔ 자료의 정확성이 문제되는 경우가 많다.

    ⓕ 현재의 상황 파악이나 미래의 추세 예측에는 어려움이 있다.

▌ 1차 자료 vs 2차 자료 ▌

구분	1차 자료	2차 자료
수집 목적	현안문제의 직접적인 해결	현안문제와 관계없는 목적
수집 과정	매우 복잡함	빠르고 쉬움
수집 비용	높음	상대적으로 낮음
수집 시간	길다	짧다

04 측정의 평가

1 오차

(1) 마케팅 현상에 대한 측정의 어려움

어떤 현상을 설명하거나 가설을 검정하기 위해서 개념을 측정하여 사용하게 되는데, 이러한 개념을 측정할 때 이 측정 결과가 정확하고 믿을 만한 것인가를 알아보아야 한다. 즉, 신뢰성과 타당성을 알아보아야 한다. 신뢰성이란 유사한 측정도구 혹은 동일한 측정도구를 사용하여 동일한 개념을 반복하여 측정하였을 때 일관성 있는 결과를 얻는 것을 말하며, 타당성은 측정하고자 하는 개념을 정확히 측정하였는가를 의미한다.

① 추상적인 개념을 구체화(조작적 정의)시켜야 하기 때문에 이를 측정하기 위한 척도를 개발함에 있어 곤란함 ⇒ 개념적 정의 → 조작적 정의로 변환

② 척도를 구성할 때 사용하는 표현방법이나 응답자의 이해력에 차이가 나기 때문에 측정값이 상황에 따라 다를 경우가 발생한다.

(2) 오차의 원천

① 측정하고자 하는 사회현상과 측정의 숫자체계가 직접적으로 연결가능한 경우라면, 측정상의 오차는 거의 발생하지 않을 것이다. 그리고 측정하고자 하는 속성을 정확히 반영할 수 있는 특정도구가 있다면, 측정은 정확하고도 쉽게 이루어질 수 있을 것이다. 그러나 이는 이상일 뿐 실제에 있어서는 그렇지 못한 경우가 더 많다. 이러한 측정에서 사용되는 변수의 속성을 측정하는 경우는 측정하고자 하는 속성의 규명도 어려울 뿐만 아니라, 측정도구가 완벽하게 개발되기가 어렵기 때문에 측정상의 오차가 거의 모든 경우에 발생하게 된다.

② 이러한 측정 시 발생하는 오차의 원천들로는 여러 가지가 있을 수 있으나 대표적인 오차의 원천으로서 다음의 몇 가지를 들 수 있다.

　㉠ 측정시점에 따라 측정대상자의 상태가 변화하여 측정의 결과를 왜곡시키는 것으로, 측정대상자의 기분, 피로도, 건강상태 등이 측정에 영향을 미칠 수 있을 것이다.

ⓛ 측정이 이루어지는 환경적 요인의 변화에 영향을 받는 것으로, 시험을 보는 경우 개인의 특성에 따라 달라지겠지만, 같은 사람이라도 일반적으로는 시끄럽고 산만한 환경보다는 조용하여 집중이 용이한 환경에서 보다 시험성적이 좋을 가능성이 높을 것이다.

ⓒ 측정방법 자체가 가지고 있는 문제로서, 자료수집방법이나 설문지의 내용 등 측정도구가 불완전하여 조사자의 의도가 명확히 전달되지 않고 측정대상자마다 다르게 해석을 하여 결과가 왜곡되는 경우가 있을 수 있다.

ⓔ 측정도구와 측정대상자들의 상호작용으로서, 측정도구에 대한 익숙 정도, 반응형태 등에 따라 결과가 달라질 수 있다.

ⓜ 측정자와 측정대상자 간의 상호작용으로, 측정하는 사람의 신분, 태도 등에 따라 측정대상자가 영향을 받는다.

(3) 오차의 종류

원천으로부터 발생하는 측정오차(Measurement Error)는 체계적 오차(Systematic Error)와 비체계적 오차(Random Error)로 나누어진다.

관찰된 측정값(Om) = 실제값(Ts) + 체계적 오차(Se) + 비체계적 오차(Re)
- Om(Observed measurement) : 측정자료(관찰된 측정값)
- Ts(True score) : 측정대상의 진정한 값
- Se(Systematic error) : 체계적 오차(제도적 오차)
- Re(Random error) : 비체계적 오차(우연적 오차)

① 측정오차
　㉠ 측정오차 = 실제값 - 측정값
　㉡ 측정오차는 특정한 패턴이 있는 체계적 오차와 특정한 패턴이 없는 비체계적 오차의 합이다.
　㉢ 측정오차의 발생원천
　　ⓐ 측정도구의 요인
　　ⓑ 자료모집 요인
　　ⓒ 자료분석 요인
　　ⓓ 상황적 요인
　　ⓔ 응답자의 단기적 특성 요인(응답자의 기분, 건강, 피로 등에 의한 오류)

② 체계적 오차(제도적 오차)
　㉠ 체계적 오차(Se)는 특정한 패턴이 있는 오차를 말하며, 측정과정에 근본적인 오류가 개입되어 측정결과가 문제 자체를 잘못 설명해 버리게 되는 구조적 오차를 말한다.
　㉡ 체계적 오차는 측정도구를 잘못 선택하거나 도구에 오류가 있어 발생하는 오차이므로, 측정시마다 항상 일정한 방향으로 나타나는 오차이다.

    ⓒ 체계적 오차는 타당성과 관련되는데 체계적 오차가 크면 타당도는 낮고, 체계적 오차가 작으면 타당도는 높다.

③ **비체계적 오차**(우연적 오차)

    ㉠ 비체계적 오차(Re)는 특정한 패턴이 없는 오차를 말하며, 오차의 근본적인 원인을 규명할 수 없는 우연적 요인에 의한 오차를 말한다.

    ㉡ 비체계적 오차는 크기와 방향이 무작위적으로 변화하며 나타나는 오차이다.

    ⓒ 비체계적 오차를 줄인 수 있다면 조사의 신뢰성을 높일 수 있다.

(4) 측정항목의 신뢰성과 타당성

① 신뢰성(Reliability)은 비체계적 또는 일시적 오류의 발생을 의미한다. 즉, 응답자가 피로하여 또는 항목을 잘못 이해하여 잘못된 응답을 하였다면 다음번에 같은 조사를 실시할 경우에는 올바른 응답을 할 수 있을 것이다. 이와 같이 응답자, 조사원, 조사장소의 주변환경 등 측정당시의 일시적 상황변화에 기인하여 측정상의 오류가 발생된다면 이는 측정의 신뢰성에 문제가 있는 것이다.

② 타당성(Validity)은 측정항목에서 체계적 또는 지속적인 오류의 발생 정도를 의미한다. 타당성이 결여된 측정은 다시 조사하여도 계속해서 오류가 발생한다. 설문지의 문항 자체가 잘못된 경우 아무리 측정을 반복하여도 동일한 오류가 반복적으로 발생하게 되며, 이러한 오류가 발생할 경우 그 측정과정에는 타당성이 결여되어 있는 것이다. 즉, 타당성이란 주로 설문항목을 작성할 때 조사자가 분석하려는 개념을 정확히 반영하고 있는가와 같이 측정항목 또는 설문문항의 개발과 관련된 문제이다.

◢2 측정의 타당성

(1) 타당성의 개념

① 타당성(Validity)은 조사자가 측정하고자 하는 개념이나 속성을 측정하기 위해 개발된 측정도구가 그 개념과 속성을 얼마나 정확히 반영하고 있는지의 문제로 설문지 개발단계에서 평가되어야 한다. 아무리 측정값들의 신뢰도가 높게 나타났다 하더라도 측정된 값 자체가 다른 속성이나 다른 개념을 측정한 것이라면 아무런 쓸모가 없을 것이다.

② 타당성은 측정하려고 하는 개념을 어떻게 정의하였으며, 이 개념적 정의를 어떻게 조작적 정의를 내렸는가에 상당한 영향을 받는다. 어떠한 개념이나 정의를 하나의 조작적 정의에만 의한 측정결과로 해당 개념을 정확히 측정하였는지를 판단하기 어렵다. 따라서 여러 가지의 조작적 정의를 이용하여 측정을 하고 각 측정값 사이의 상관관계를 조사하여 측정의 타당성을 평가하는 방법을 취해야 한다.

③ 타당성을 평가하기 위해서는 서로 다른 여러 개의 조작적 정의(항목)를 이용하여 동일한 개념을 측정하고 이때 각 측정값들의 상관계수가 높을수록 타당성은 높다. 즉, 서로 다른 조작적 정의 간의 공통변량(중복되는 정도)이 클수록 동일한 개념을 측정했다고 볼 수

있으므로 타당성이 높다고 할 수 있다. 이는 연구의 일반화 가능성을 의미하며 측정과정
에서 발생하는 체계적 오차와 우연적 오차가 없을 때 그 측정치는 타당성이 있다고 한다.

(2) 타당성의 유형

타당성은 경험적 측정이 연구 중에 있는 개념의 실제 의미를 적절하게 반영하고 있는 정도를
나타내는 것이다. 그러므로 측정된 자료의 정확성이 커질수록 타당성도 커진다.

> 예 사람의 몸무게를 측정한다고 할 때, 몸무게를 측정하려는 저울이 몸무게를 재는 사람들의 기분을
> 좋게 하기 위해 5kg 덜 나가게 조정해 놓았던 저울이라고 한다면, 반복 측정을 할 때마다 동일한
> 몸무게를 나타낸다(신뢰성이 있다)고 할지라도 정확한 측정이 아니므로 타당성이 떨어지게 된다.

① 내용 타당성(Content Validity)

  ㉠ 내용 타당성은 구성개념을 측정하려고 할 때 그 측정항목이 구성개념의 내용을 어느
  정도 반영하는가에 관한 것이다. 측정항목의 내용 타당성은 조사영역에 대한 전문지식
  을 갖고 있는 연구자의 주관적 판단에 의하여 결정되며 명목 타당성(Face Validity)이
  라고도 한다.

  ㉡ 내용 타당성은 어떤 개념을 측정하기 위해 개발된 지표나 측정항목이 그 개념을 구성
  하고 있는 모든 측면을 포괄적으로 반영하고 있는 정도를 나타낸다.

  ㉢ **내용 타당성의 예**: 제품의 선호도를 질문할 경우 "귀하가 다음에 구매하려는 상표는
  무엇입니까?"라는 질문은 구매의도를 묻는 질문이 되어 내용 타당성이 없는 측정도구
  로 판단된디. 이 경우 "귀하가 좋아하는 상표는 무엇입니까?"라는 질문을 해야 선호
  도에 대한 내용 타당성이 있는 질문이 된다. 만일 다른 개념을 측정하는 문항들을 이
  용한다면 이는 내용 타당성이 결여되어 결과의 해석이 잘못될 수 있다.

② 기준 타당성

  ㉠ 측정결과를 평가할 수 있는 외적 기준을 개발하여 타당성을 평가하는 방법이다.

  ㉡ **예측 타당성**: 연구자가 관심 있는 측정 A를 현재시점에서 관측하고, 기준이 되는 측
  정 B는 미래시점에서 측정하는 경우이다. 측정 A를 이용해 측정 B를 예측하는 의미
  가 있기 때문에 예측 타당성이라고 한다.

  > 예 입사시험에서 A신입사원이 B신입사원보다 성적이 더 높았으나, 같은 부서에 입사한 후 오
  > 히려 B사원의 근무성적이 더 좋다면 입사시험은 측정도구인 입사시험과 측정의 목적인 근
  > 무성적 사이의 상관관계가 낮게 나타났기 때문이다.

  ㉢ **동시 타당성**: 측정 A와 기준이 되는 측정 B가 같은 시점에서 측정되는 경우이다.

③ 개념(구성) 타당성(Construct Validity)

  ㉠ 개념(구성) 타당성은 측정문항들이 조사하려는 추상적인 개념들 간의 이론적 관계와
  측정값 사이의 일치하는 정도를 의미한다.

  ㉡ 개념(구성) 타당성이 높다는 것은 측정값들이 구성개념을 정확히 측정하고 있다는 것
  을 의미한다.

  ㉢ 개념(구성) 타당성은 집중(수렴)타당성, 판별 타당성, 법칙(이해)타당성으로 구분하기
  도 한다.

  ② 개념(구성) 타당성의 예: "사회경제적 지위가 높을수록 소외감이 커질 것이다."라는 가설을 검정하기 위해 '사회경제적 지위'는 직업, 소득수준, 교육수준으로 측정을 하고, '소외감'은 무기력감, 고립성, 자아소외 등으로 측정을 한다.

④ **수렴(집중) 타당성**(Convergent Validity)

  ㉠ 수렴(집중) 타당성은 하나의 구성개념에 대해 복수의 측정지표를 사용하여 동일한 개념을 측정했을 때 나타나는 두 지표의 상관관계를 의미한다.

  ㉡ 수렴(집중) 타당성이 높다면 하나의 구성개념을 서로 다른 측정방법을 사용하더라도 결과치 간에 높은 상관관계가 나오게 된다.

  ㉢ **수렴(집중) 타당성의 예**: '사회경제적 지위'를 측정하기 위해 사용된 직업, 소득수준, 교육수준 간에는 높은 상관관계가 있어야만 동일한 개념에 대한 상이한 측정방법들이 수렴 타당성을 갖는다. 즉, 직업, 소득, 교육수준은 사회경제적 지위를 설명하는데 상관관계가 높다면 내부 동질적인 개념으로 수렴 타당성을 확보한다고 할 수 있다.

⑤ **판별 타당성**(Discriminant Validity)

  ㉠ 하나의 측정항목으로 서로 상이한 구성개념을 측정하는 경우 상관관계가 낮아야 한다.

  ㉡ 서로 다른 개념을 측정했을 때 얻어진 측정치들 간에 상관관계가 낮을 경우 판별 타당성은 높다.

  ㉢ **판별 타당성의 예**: '소외감'을 측정하기 위해 사용된 무기력감, 고립성, 자아소외로 '사회경제적 지위'를 측정하는 경우 상관관계가 낮게 나와야 측정항목들이 판별 타당성을 갖는 것이다. 즉, 소외감과 사회경제적 지위는 서로 다른 개념으로 변수 간 상관관계가 낮아야 판별 타당성을 확보할 수 있다.

⑥ **법칙 타당성**(이해 타당성): 특정한 구성개념을 어떻게 이해하고 있는가에 관한 것으로 구성개념이 다른 구성개념들과 법칙적 관련성을 가져야 한다. 즉, 서로 다른 구성개념들 사이에 이론적인 관계가 있을 경우 이를 측정한 값들 간에도 이론적인 관계가 상응하는 관계가 확인되는 경우를 의미한다.

(3) 타당성을 높이는 방법

타당성은 측정상의 체계적 오류로 주로 잘못된 연구가설의 설정, 개념에 대한 부정확한 정의, 설문지 작성과정에서의 오류 등에서 발생하게 된다. 일반적으로 타당성을 높이기 위해서는 다음 사항에 유의해서 연구를 준비해야 한다.

① 이론적 근거가 확실한 가설을 설정한다.

② 충분한 탐색조사를 통해 측정대상의 구성개념이나 변수를 정확히 이해해야 한다.

③ 관련 용어를 명확히 정의하여 다르게 이해하는 일이 없어야 한다.

④ 다른 연구에서 사용되어 타당성을 검정받은 측정법을 사용한다.

⑤ 사전조사를 통한 상관관계분석 및 요인분석을 적용하여 상관관계가 낮은 항목들을 제거한 후 관계가 높은 변수들만 개념측정에 이용한다.

◢ 3 측정의 신뢰성

(1) 신뢰성의 개념

① 신뢰성의 정의

㉠ 신뢰성(Reliability)이란 유사한 측정도구 혹은 동일한 측정도구를 사용하여 동일한 개념을 반복적으로 측정했을 때 일관성 있는 결과를 얻는 것을 말한다.

㉡ 신뢰성은 동일한 대상에 대해 어떤 특정한 기법을 반복하여 적용했을 때, 그때마다 동일한 결과가 나오는지의 여부에 관한 문제이다. 즉, 반복측정을 해도 동일한 결과를 얻었을 때 신뢰성이 있다고 한다.

> 예 사람의 몸무게를 측정할 때, 눈짐작으로 몸무게를 측정하게 되면 신뢰성이 떨어지게 된다. 그러나 저울을 사용하여 몸무게를 잰다면 여러 번 반복측정을 한다 해도 동일하거나, 동일한 수준의 몸무게를 나타낼 것이므로 신뢰성이 높아지게 된다.

② 신뢰성의 특징

㉠ 신뢰성은 어떤 조사결과에 대해서 이 조사결과가 부정확한 측정자료에서 우연히 발견된 것이 아니라는 결과에 대한 확신을 줄 수 있으나, 연구결과와 그 해석을 위한 필요조건일 뿐 충분조건은 아니다.

㉡ 신뢰성은 측정된 결과치의 안정성, 일관성, 예측가능성, 정확성, 의존가능성 등으로 표현될 수 있는 개념이다.

(2) 신뢰성의 측정방법

신뢰성을 측정하는 방법으로는 '반복측정법(재검사법), 내적 일관성을 이용하는 방법(반분법, 크론바흐의 알파), 복수양식법' 등이 있다.

① **반복측정법**(Test-retest Method)

㉠ 유사한 상황하에서 동일표본을 대상으로 동일한 측정도구를 이용하여 반복적으로 측정을 실시한 후 그 결과를 비교하는 방법이다. 이 경우 두 측정점수 간의 상관관계가 높거나 일치되는 비율이 높은 경우에 측정의 신뢰성이 높다고 본다.

㉡ 이 방법은 이해하기 쉽고 적용이 쉬우나 적용상에 있어 두 측정 사이의 간격을 잘 조정하여야 한다. 간격이 짧은 경우 시험효과(Test Effect)가 나타날 수 있고 간격이 너무 긴 경우에는 우발적 사건(History Effect)이 발생할 여지가 있어 측정의 신뢰성을 낮출 수 있다. 일반적으로 반복측정의 신뢰도는 보통 2주 정도의 간격을 두고 실시한다.

② **내적 일관성에 의한 신뢰성**(Internal Consistency Reliability) : 이는 동일한 개념을 여러 문항으로 질문하여 이러한 항목들이 유사한 값들을 갖는지를 측정하는 방법이다.

㉠ **크론바흐의 알파**(Cronbach's Alpha)

ⓐ 이는 개별 측정항목과 다른 항목들 간의 상관관계를 말하는데, 크론바흐의 알파를 이용하여 2개의 항목 간 상관관계를 모두 계산하여 상관계수의 평균을 구한 값을 적절히 변형한 것이다.

ⓑ 동일한 개념을 측정하기 위해 여러 개의 항목을 이용할 경우 신뢰도를 저해하는 항목을 측정도구에서 제외시킴으로써 각 항목들의 내적 일관성을 높이는 방법이다.

ⓒ 크론바흐의 알파는 0에서 1 사이의 값을 가지는데, 값이 클수록 신뢰성이 높은 것으로 보통 0.8 이상이면 바람직하며, 0.6 이상이면 받아들일 수 있는 것으로 여겨진다.

$$\text{크론바흐의 알파} = \frac{\text{문항의 수} \times \text{상관계수들의 평균값}}{1 + (\text{문항의 수} - 1) \times \text{상관계수들의 평균값}}$$

ⓓ 측정항목의 수, 척도점의 수를 늘리면 크론바흐의 알파값은 커진다.

ⓛ 분할신뢰성(Spilit-Half Reliability)

ⓐ 크론바흐 알파와 비슷한 개념으로 전체항목을 반으로 나누어 두 부분 간의 상관관계를 검토하는 방법이다. 즉, 조사항목의 반을 가지고 조사결과를 획득한 뒤, 항목의 다른 반쪽을 동일한 대상에 적용하여 얻은 결과와 비교하는 방법이다.

ⓑ 측정항목의 구분에 따라 상관관계가 달라질 수 있다. 즉, 반으로 나누는 것에 대한 기준이 모호하기 때문에 마케팅조사에서는 거의 사용되지 않는다.

③ **두 가지 측정도구를 이용한 신뢰성**(Alternative Form Reliability): 이는 두 개의 유사한 측정도구(설문지)를 사용하여 측정을 실시한 후 두 자료 간의 상관관계를 검토하는 것이다. 그러나 이 방법은 유사한 측정도구를 개발해야 한다는 문제점으로 인하여 마케팅조사에서는 거의 적용되지 않고 있다.

(3) 신뢰성을 높이는 방법

신뢰성은 비체계적 오차와 관련된 것이므로 최대한 비체계적 오차가 발생할 가능성을 줄이는 것이 신뢰도를 높이는 방법이 된다. 비체계적 오차는 측정도구, 측정대상, 측정상황 등 3가지 측면에서 모두 발생할 수 있으므로 이러한 오차가 발생하지 않도록 예방하는 것이 가장 중요하다. 하지만 실제로 상업적 목적의 마케팅조사에 있어서는 시간과 예산상의 제약으로 인하여 동일한 설문지를 갖고 동일한 표본에 대한 반복조사를 하는 경우나 두 개의 서로 다른 설문지를 작성하는 경우는 거의 없다. 그러나 신뢰도를 높이는 노력은 이루어져야 한다.

이러한 신뢰도를 향상시키는 방안은 다음과 같다.

① 설문지의 문항별 설명을 명확히 하여 응답자별로 해석상의 차이가 발생하지 않도록 한다.

② 조사원들에 대한 교육을 강화하여 설문을 명확히 이해하도록 하고 질문방식 등을 표준화시킨다.

③ 답례품을 증정하여 성실한 응답을 구하거나, 최대한 기후, 소음 등의 환경적 요인의 영향을 제거한다.

④ 성의가 없거나 일관성이 없게 응답한 경우 설문지 자체를 폐기시킨다.

⑤ 중요한 질문의 경우 유사한 질문을 이용하여 반복하여 질문을 하고 대답을 구한다.

⑥ 기존의 조사를 통해 신뢰성이 높은 것으로 판명된 설문지 또는 측정항목을 이용한다.

⑦ 코딩, 편칭과 같은 자료처리과정의 검증을 강화하여 자료처리상의 오류를 줄인다.

(4) 신뢰성이 낮아지는 경우

① 측정도구(항목)요인: 측정항목이 모호할 때 신뢰성이 낮아진다.

　　㉠ 측정항목에 대해 각 응답자들이 다르게 해석을 하는 경우

　　㉡ 동일한 개념을 측정하는 측정항목을 높여 다항목으로 측정하고자 할 때 상이한 해석이 가능한 항목은 내적 일관성이 낮아지므로 제외(크론바흐의 알파를 이용, 반복측정, 동등한 지표 등을 이용하여 측정의 일관성 유지)한다.

② 측정대상요인

　　㉠ 측정대상에 따라 신뢰성이 낮아질 수 있다.

　　㉡ 면접조사의 경우 면접원의 교육을 통해 면접방식의 일관성을 유지한다.

③ 측정과정에서 통제가 불가능한 요인: 날씨, 기분, 분위기 등 → 표본 수를 늘려 신뢰성을 높이도록 한다.

✋ Plus UP!　신뢰도와 타당도의 관계

신뢰도는 타당도의 필요조건이다. 일반적으로 타당도가 높으면 신뢰도도 높으나, 신뢰도가 타당도를 보장하지는 않는다. 즉, 신뢰도 없는 측정은 타당도가 보장되지 않는다. 신뢰도가 높다고 해서 반드시 타당도가 높은 것을 의미하지는 않는다. 또한 타당도가 낮다고 해서 반드시 신뢰도가 낮은 것도 아니다. 즉, 타당도는 측정하고자 하는 측정도구의 적합성이고, 신뢰도는 측정하고자 하는 내용의 정확성을 말한다.

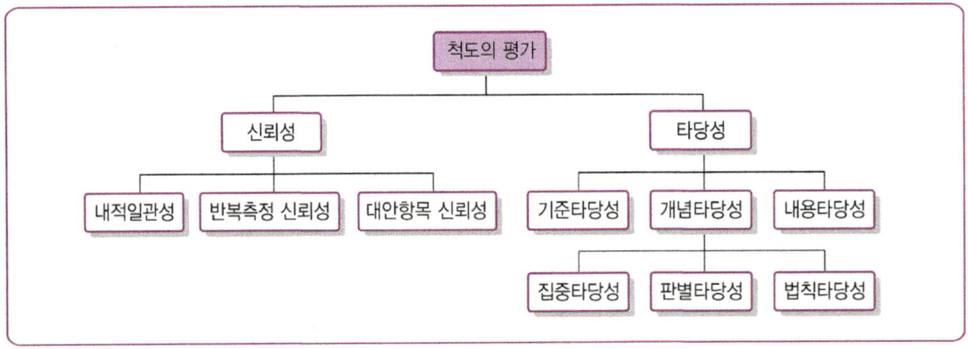

▎ 척도의 평가 ▎

기출유형 다잡기

01 다음 중 어떤 사건이나 대상의 속성에 숫자를 부여하는 체계적인 과정은?

① 측정
② 척도
③ 코딩
④ 조작화

> **해설** 측정이란 연구하고자 하는 조사대상의 특성이나 성질에 대하여 그 성질을 잘 표현할 수 있도록 일정한 원칙에 입각하여 기호를 할당하는 것, 즉 대상의 속성에 숫자를 부여하는 체계적인 과정을 말한다.

02 다음 중 개념적 정의와 조작적 정의에 대한 설명으로 틀린 것은?

① 개념적 정의만으로 추상적 개념을 정확히 측정할 수 있다.
② 개념적 정의는 어떤 개념을 사전적 정의 속성으로 표현한 것이다.
③ 조작적 장의는 추상적 개념을 관찰 가능한 구체적 속성으로 표현하는 것이다.
④ 조작적 정의는 측정이 가능하도록 구체적인 수치로 표현할 수 있는 상태라고 정의한다.

> **해설** 개념적 정의만으로는 추상적인 개념을 정확히 측정할 수 없으므로 조작적 정의가 필요하다. 예컨대, 특정 브랜드에 대해 반복적 구매성향을 지닌 자를 상표애호자라고 개념적 정의를 할 때, 반복적 구매의 정도를 5회 이상, 10회 이상 등으로 정의하는 것을 조작적 정의라 한다.

03 다음 〈보기〉에서 설명하는 척도를 바르게 짝지은 것은?

> **보기**
> ㉠: 관찰대상이 갖는 속성에 따라 관찰대상을 상호 배타적인 범주로 구분하는 척도
> ㉡: 관찰대상이 갖는 속성의 크기에 따른 서열뿐만 아니라, 상대적인 차이도 고려할 수 있는 척도

	㉠	㉡		㉠	㉡
①	명목척도	등간척도	②	등간척도	비율척도
③	서열척도	명목척도	④	비율척도	서열척도

> **해설** ㉠ 명목척도(Nominal Scale)는 관찰대상이 갖는 속성에 따라 관찰대상을 상호 배타적인 범주로 구분하는 것으로서, 관찰대상을 단순히 범주로 분류하기 위한 목적으로 숫자를 사용하는 척도를 말한다.
> ㉡ 등간척도(Interval Scale)는 관찰대상이 갖는 속성의 크기에 따른 서열뿐만 아니라, 상대적인 차이도 고려할 수 있는 척도를 말한다.

정답 01 ① 02 ① 03 ①

04 다음 〈보기〉의 설문 문항에서 사용한 척도는?

보기

귀하께서는 하루 평균 몇 시간 정도 인터넷을 이용하십니까?

하루 평균 (　　　　)시간

① 명목척도　　　　　　　　　② 서열척도
③ 등간척도　　　　　　　　　④ 비율척도

해설　④ 비율척도는 소득, 체중, 신장, 시간 등의 경우에 사용한다.

05 다음 〈보기〉의 설문에 해당하는 측정방법은?

보기

귀하가 최근에 구입한 TV 가격의 만족도는 어느 정도입니까?

1) 매우 불만족　　2) 대체로 불만족　　3) 보통　　4) 대체로 만족　　5) 매우 만족

① 명목척도　　　　　　　　　② 등간척도
③ 서열척도　　　　　　　　　④ 비율척도

해설　등간척도는 측정대상의 속성에 숫자를 부여하되 숫자 사이의 간격을 동일하게 측정하는 것을 말한다. 즉, 등간척도는 측정대상이 갖는 속성의 양적인 정도의 차이를 나타내며 온도, 지능지수, 물가지수, 주가지수, 만족도 등과 같은 측정에 쓰인다.

06 다음 〈보기〉의 설문문항에서 사용된 척도는?

보기

귀하께서는 지난 3개월 동안 월 평균 몇 번이나 커피 전문점을 이용하였습니까?

① 명목척도　　　　　　　　　② 비율척도
③ 등간척도　　　　　　　　　④ 서열척도

정답　04 ④　05 ②　06 ②

해설 ② **비율척도**: 등간척도가 갖는 특성에 추가적으로 측정값 사이의 비율계산이 가능하다. 비율계산이 가능한 이유는 측정하고자 하는 속성이 전혀 존재하지 않는 상태인 절대 '0'이 존재하기 때문이다. 사용범위는 매출액, 소득, 구매확률, 키, 무게, 길이, 나이, 가격, 시장점유율 등이 있다.

① **명목척도**: 관찰대상이 갖는 속성에 따라 관찰대상을 상호 배타적인 범주로 구분하는 것으로, 관찰대상을 단순히 범주로 분류하기 위한 목적으로 숫자를 사용하는 척도를 말한다.

③ **등간척도**: 관찰대상이 갖는 속성의 크기에 따른 서열뿐만 아니라, 상대적인 차이도 고려할 수 있는 척도를 말한다.

④ **서열척도**: 조사대상이 어떤 속성을 가진 정도를 상대적 순서만을 나타내도록 숫자가 부여된 경우이다. 즉, 측정대상들의 해당 속성 간 양적인 비교를 할 수 있는 정보는 제공해 주지 못한다.

07 다음 〈보기〉에 대한 설명으로 옳은 것은?

> 보기
>
> 축구선수 손흥민의 등번호는 7번이다.

① 등번호가 클수록 축구를 잘한다.
② 등번호는 입단한 순서를 나타낸다.
③ 손흥민임을 확인하는 것 이외의 의미는 없다.
④ 등번호 14번은 7번보다 축구팀에 소속된 기간이 2배 더 길다.

해설 명목척도는 단순히 어떤 대상이나 인간 또는 특성을 구분·분류하기 위한 목적으로 사용되는 기호이다. 대표적인 예로 전화번호, 주민등록번호, 성별, 직업, 구매 여부(구매자, 비구매자), 지역, 구매상표 등이다.

08 다음 설문조사 방법과 같이 잠재고객의 연령대를 파악할 때 사용되는 척도의 유형은?

> ▶ 다음 중 당신의 연령이 해당하는 곳에 표시해 주세요.
> ☐ 20세 이하 　　　　☐ 41~50세
> ☐ 21~30세 　　　　☐ 51세 이상
> ☐ 31~40세

① 비율척도　　　　② 서열척도
③ 명목척도　　　　④ 등간척도

해설 명목척도는 측정대상의 속성을 분류할 목적으로 숫자를 부여한 척도를 말하며, 성별(남여), 연령, 학력, 종교 등의 인구통계학적 조사에 많이 활용된다.

정답 **07** ③ **08** ③

09 다음 〈보기〉에서 제시하는 척도법은?

보기

	전혀 동의하지 않음	매우 동의함
당신은 학교를 좋아합니까?	1-----2-----3-----4-----5	

① 스타펠척도법   ② 의미차별화척도법
③ 리커트척도법   ④ 쌍대비교척도법

해설 리커트척도는 응답을 위한 잣대를 우선 두 극단으로 나누고(긍정 – 부정 혹은 높음 – 낮음), 그 사이의 간격을 보통 2~7부분으로 나누는데 각 부분 간의 거리간격은 동일한 것으로 간주한다.

10 총합고정척도법에 대한 설명으로 옳은 것은?

① 어떤 대상에 대한 척도를 다양한 그림을 통하여 측정한다.
② 어떤 대상의 주요 속성에 대해 응답자가 그 순위를 매긴다.
③ 응답자가 각 속성에 대해 상대적인 선호도나 중요도를 일정한 비율로 할당하여 비율의 합이 10 혹은 100이 되도록 한다.
④ 척도 양 끝에 특정 대상의 속성을 나타내는 상반되는 수식어를 제시하고 대상의 특성에 대해 응답자가 가지고 있는 생각을 측정한다.

해설 ③ 총합고정척도법은 비율척도 유형의 하나로, 비율척도는 측정치의 사칙연산이 가능한 척도이다. ①은 만화완성법, ②는 순위법, ④는 어의차이척도법에 대한 설명이다.

11 다음 〈보기〉에 해당하는 설문의 척도는?

보기

A 음식점의 종업원은
친절하다. ―― ―― ―― ―― ―― ―― ―― 불친절하다.

① Q-소트기법   ② 서스톤척도
③ 리커트척도   ④ 어의차이척도(의미차별화척도)

정답 09 ③   10 ③   11 ④

해설 ④ **어의차이척도법**: 척도의 양 끝에 속성의 정도를 나타내는 서로 상반되는 수식어를 제시하고 조사대상의 속성보유 정도에 대한 소비자의 생각을 측정하는 방법이다.
① **Q-소트기법**: 응답자 집단을 특정 대상(자극)에 대해 비슷한 태도를 가진(유사성을 중심으로) 사람들을 분류하기 위한 기법이다.
② **서스톤척도**: 주로 차이발생법에서 얻은 서열측정을 등간측정으로 바꾸어 주는 모델이다.
③ **리커트척도법**(Likert Type Scale): 응답자들에게 서술형으로 작성된 질문항목에 대한 동의 또는 반대의 정도를 표시하도록 하는 방법이다.

12 1차 자료의 특징으로 옳지 않은 것은?

① 조사목적에 적합한 자료를 제공할 수 있다.
② 자료수집과정에서 상대적으로 시간이 많이 든다.
③ 자료수집과정에서 상대적으로 비용이 많이 든다.
④ 인터넷 검색서비스를 이용하여 자료를 수집할 수 있다.

해설 인터넷 검색으로 자료를 수집하는 경우는 문헌조사로서 2차 자료이다.

13 다음 중 2차 자료의 장점으로 틀린 것은?

① 자료의 수집이 용이하고 비용이 저렴한 특징을 갖는다.
② 자료의 다양성으로 인해 시간과 인력을 절약할 수 있다.
③ 실제 수집하기 힘든 자료도 통계집이나 업계자료 등에서 쉽게 얻을 수 있다.
④ 현재의 상황 파악이나 미래의 추세 예측에 적합하다.

해설 2차 자료는 자료의 수집비용이나 시간, 인력 등을 절약하고, 실제 수집하기 힘든 자료도 통계집이나 업계자료 등에서 쉽게 얻을 수 있으나, 현재의 상황 파악이나 미래의 추세 예측에는 어려움이 있다.

14 다음 중 1차 자료와 2차 자료를 분류하는 기준이 되는 것은?

① 조사자 ② 자료수집의 목적
③ 자료의 종류 ④ 자료의 성질

해설 1차 자료는 조사자가 조사를 시행하는 가운데 직접 수집하여야 할 자료이며, 2차 자료는 조사를 수행하고 있는 조사자가 아닌 다른 사람에 의해 이미 정리되어 있는 자료를 의미한다. 그러므로 1차 자료와 2차 자료의 구분은 자료수집의 목적에 따라 구분된다.

정답 **12** ④ **13** ④ **14** ②

15 1차 자료 수집방법에 해당하지 않는 것은?

① 심층면접조사   ② 연구소발간물조사

③ 서베이조사   ④ 설문지조사

해설 1차 자료는 직접 자료를 수집하여 얻어진 데이터로 서베이조사, 설문지조사, 심층면접조사, 표적집단면접조사 등의 자료 수집방법이 있다.
2차 자료는 기존에 존재하던 문헌 및 공공 통계자료, 기업자료, 신문·잡지·인터넷자료 등을 의미한다.

16 2차 자료에 대한 설명으로 옳은 것은?

① 의사소통법과 관찰법은 대표적인 2차 자료 수집방법이다.

② 1차 자료에 비하여 수집과정에서 많은 시간과 비용을 필요로 한다.

③ 의사결정과 직접적으로 연관되기 때문에 그 분석결과를 직접 활용할 수 있다.

④ 2차 자료를 먼저 확인한 후에 부족한 부분에 대해서만 1차 자료를 수집하는 것이 바람직하다.

해설 2차 자료란 조사를 수행하고 있는 조사자가 아닌 다른 사람에 의해 이미 수집되어 있는 자료를 의미하며, 자료수집은 2차 자료를 먼저 수집하여 분석한 후 1차 자료의 수집으로 이어진다. 현재 당면한 문제에 충분한 해결책을 줄 수 있는 2차 자료가 있다면 1차 자료는 수집할 필요가 없다. 1차 자료와 2차 자료의 차이는 연구 및 조사 목적에 부합하는지에 관한 것이다. 1차 자료는 2차 자료에 비해 시간과 비용이 많이 소요된다.

17 2차 자료 수집방법에 해당하는 것은?

① 전화조사   ② 주문결제정보

③ 단어연상법   ④ 심층면접조사

해설 2차 자료는 정부 또는 조사기관의 간행물이나 기업에서 수집한 자료, 학술지, 논문 등 다른 조사를 목적으로 수집된 모든 자료를 포함한다. 주문결제정보는 기업의 내부자료로써 2차 자료이다.
①, ③, ④는 1차 자료의 수집방법으로 조사자가 원하는 자료의 특성 및 조사설계 등에 의해 달라지며, 조사비용 및 조사기간, 수집원들의 능력에 의하여도 달라진다.

정답   **15** ②   **16** ④   **17** ②

18 체계적 오차와 비체계적 오차를 신뢰도와 타당도의 개념과 연관지어 볼 때, 타당도는 낮
으나 신뢰도가 높은 경우는?

① 체계적 오차가 크고 비체계적 오차도 큰 경우
② 체계적 오차가 크고 비체계적 오차가 작은 경우
③ 체계적 오차가 작고 비체계적 오차가 큰 경우
④ 체계적 오차가 작고 비체계적 오차도 작은 경우

해설 체계적 오차는 측정도구가 잘못 만들어짐으로써 측정시마다 항상 일정한 방향으로 나타나는 오
차로 타당도와 관련되며, 체계적 오차가 작으면 타당도가 높고, 체계적 오차가 크면 타당도가
낮다. 한편, 비체계적 오차는 크기와 방향이 무작위적으로 변화하며 나타나는 오차로 신뢰도와
관련되며, 비체계적 오차가 작으면 신뢰도가 높고, 비체계적 오차가 크면 신뢰도가 낮다.

19 다음 중 측정오차와 신뢰성과의 관계로 옳은 것은?

① 체계적 오차가 낮으면 신뢰도도 낮다.
② 체계적 오차가 높으면 신뢰도도 높다.
③ 비체계적 오차가 낮으면 신뢰도가 높다.
④ 비체계적 오차가 높으면 신뢰도도 높다.

해설 신뢰성은 비체계적 오차와 관련된 것이므로 최대한 비체계적 오차가 발생할 가능성을 줄이는
것이 신뢰도를 높이는 방법이 될 것이다. 비체계적 오차는 측정도구, 측정대상, 측정상황 등 3가
지 측면에서 모두 발생할 수 있으므로 이러한 오차가 발생하지 않도록 예방하는 것이 가장 중요
하다.

20 측정오차의 발생원인에 해당하는 것을 〈보기〉에서 모두 고른 것은?

보기

㉠ 측정도구의 요인　　　　　㉡ 자료모집 요인
㉢ 자료분석 요인　　　　　　㉣ 상황적 요인

① ㉠, ㉡
② ㉠, ㉡, ㉢
③ ㉠, ㉢, ㉣
④ ㉠, ㉡, ㉢, ㉣

해설 **측정오차의 발생원인**: ㉠ 측정도구의 요인, ㉡ 자료모집 요인, ㉢ 자료분석 요인, ㉣ 상황적 요인,
㉤ 응답자의 단기적 특성 요인(응답자의 기분, 건강, 피로 등에 의한 오류)

정답　**18** ②　**19** ③　**20** ④

21 다음 〈보기〉의 (   ) 안에 공통으로 들어갈 말로 알맞은 것은?

(   )은 측정하고자 하는 대상을 측정도구가 얼마나 정확히 측정하는가에 관한 것을 의미한다. 그러므로 체계적 오류의 크기가 작을수록 (   )이 높다.

① 신뢰성 　　　　　　　　　　② 체계성
③ 타당성 　　　　　　　　　　④ 예측성

해설　타당성은 체계적, 지속적인 오류의 발생 정도를 의미한다. 즉, 설문문항에 관련된 내용이다. 신뢰성은 비체계적, 일시적인 오류의 발생 정도를 의미한다. 즉, 신뢰성은 응답자와 조사자와의 관계가 중요한 요인으로 작용한다.

22 측정문항들이 조사하려는 추상적인 개념들 간의 이론적 관계와 측정값 사이의 일치하는 정도를 나타내는 것은?

① 내용 타당성 　　　　　　　　② 기준 타당성
③ 구성 타당성 　　　　　　　　④ 수렴 타당성

해설　① **내용 타당성**: 측정항목이 연구자가 의도한 내용을 실제로 측정하고 있는가에 관한 것으로, 개념의 구조를 잘 파악하여 구조의 모든 요소가 살 반영된 타당성을 의미한다.
② **기준 타당성**: 측정결과를 평가할 수 있는 외적 기준을 개발하여 타당성을 평가하는 방법이다.
④ **수렴 타당성**: 하나의 구성개념에 대해 복수의 측정지표를 사용하여 동일한 개념을 측정했을 때 나타나는 두 지표의 상관관계를 의미한다.

23 다음 〈보기〉의 예시에 해당하는 타당성은?

㈜ ○○회사에서 리커트척도의 5점척도와 어의차이척도를 이용하여 자사 고객의 상표 충성도를 측정한 결과, 두 측정치 간의 상관관계가 높게 나타난다.

① 수렴 타당성(Convergent Validity) 　　② 판별 타당성(Discriminant Validity)
③ 내용 타당성(Content Validity) 　　　　④ 예측 타당성(Predictive Validity)

해설　수렴 타당성은 동일한 개념을 측정하기 위해서 아주 다른 두 가지 측정방식을 개발하고, 이에 의해 얻어진 측정치 간에 높은 상관관계가 존재한다는 것을 의미한다. 반면 상관관계가 낮아야 하는 것을 판별 타당성이라 한다.

정답　21 ③　22 ③　23 ①

24 다음 중 개념 타당성(Construct Validity)의 종류에 속하지 않는 것은?

① 이해 타당성(Nomological Validity) 　② 판별 타당성(Discriminant Validity)
③ 내용 타당성(Content Validity) 　④ 수렴 타당성(Convergent Validity)

해설　타당성의 분류는 내용 타당성, 기준에 의한 타당성, 개념 타당성으로 구분가능하고, 개념 타당성은 수렴 타당성, 판별 타당성, 이해 타당성으로 나누어진다.

25 한 개념을 반복해서 측정했을 때 동일한 측정값을 얻을 가능성을 무엇이라 하는가?

① 타당성 　② 배타성
③ 신뢰성 　④ 동질성

해설　신뢰성이란 유사한 측정도구 혹은 동일한 측정도구를 사용하여 동일한 개념을 반복하여 측정하였을 때 일관성 있는 결과를 얻는 것을 말한다.

26 다음 〈보기〉의 (　　　) 안에 들어갈 말로 알맞은 것은?

보기

(　　　)은 타당성의 한 종류로, 측정을 위해 개발한 도구가 측정하고자 하는 대상의 정확한 속성값을 얼마나 포괄적으로 포함하고 있는가의 정도를 나타낸다.

① 내용 타당성(Content Validity)
② 예측 타당성(Predictive Validity)
③ 수렴 타당성(Convergent Validity)
④ 판별 타당성(Discriminant Validity)

해설　〈보기〉는 내용 타당성에 대한 내용으로 명목 타당성이라고도 한다.
　② **예측 타당성**: 측정방법이 미래의 결과를 예측하는 데 얼마나 정확한가를 나타내는 것으로 기준 타당성이라고도 한다.
　③ **수렴 타당성**: 동일한 개념을 서로 상이한 측정방법으로 측정한 결과값들 사이에는 높은 상관관계가 있어야 한다는 것을 의미한다.
　④ **판별 타당성**: 서로 상이한 개념을 동일한 측정방법으로 측정하는 경우 결과값들 간에 상관관계가 낮아야 하는 것을 의미한다.

정답　**24** ③　**25** ③　**26** ①

27 다음 중 신뢰성을 측정하는 방법으로 옳지 않은 것은?

① 반분법
② 서열순위법
③ 재검사법
④ 내적 일관성법

> **해설** 신뢰성을 측정하는 방법으로는 반복측정법(재검사법), 내적 일관성을 이용하는 방법(반분법, 크론바흐의 알파), 복수양식법 등이 있다.
> ② 서열순위법은 척도법의 한 유형이다.

28 다음 중 신뢰도를 측정하는 데 널리 사용되는 지표는?

① 평균값
② 크론바흐(Cronbach) 알파
③ 아이겐 값
④ 신뢰계수(Confidence Coefficient)

> **해설** 신뢰도를 측정하는 데 널리 사용되는 지표는 크론바흐(Cronbach)의 알파계수로 일반적으로 0.5 이상일 때 신뢰도가 있다고 한다.

29 신뢰성을 향상시킬 수 있는 방법과 거리가 먼 것은?

① 측정항목의 수를 늘린다.
② 측정항목의 모호성을 제거한다.
③ 응답자가 모르는 내용은 측정하지 않는다.
④ 기존 논문에서 자주 사용된 척도보다는 새롭게 개발된 척도를 사용한다.

> **해설** 신뢰성을 높이기 위해서는 일반적으로 신뢰성이 인정된 측정방법을 통해 측정이 이루어져야 한다.

30 다음 중 신뢰도와 타당도에 대한 설명으로 옳은 것은?

① 타당도가 높으면 신뢰도도 높다.

② 신뢰도는 타당도를 보장하지 않는다.

③ 타당도에 우선해서 신뢰도가 유지되어야 한다.

④ 타당도의 문제는 주로 자료의 수집과정에서 발생하고, 신뢰도의 문제는 주로 측정도구의 작성과정에서 발생한다.

> **해설** 신뢰도와 타당도의 관계: 신뢰도는 타당도의 필요조건이다. 일반적으로 타당도가 높으면 신뢰도도 높으나, 신뢰도가 타당도를 보장하지는 않는다. 즉, 신뢰도가 높다고 해서 반드시 타당도가 높은 것을 의미하지는 않는다. 또한 타당도가 낮다고 해서 반드시 신뢰도가 낮은 것도 아니다. 타당도는 측정하고자 하는 측정도구의 적합성이고, 신뢰도는 측정하고자 하는 내용의 정확성을 말한다.

31 다음 중 측정의 신뢰성에 오류가 발생하는 경우는?

① 잘못된 설문 문항을 사용했을 때

② 적합한 척도를 사용하지 않았을 때

③ 응답자가 성실히 응답하지 않았을 때

④ 측정을 위한 조작적 정의가 잘못되었을 때

> **해설** 측정의 신뢰성(Reliability)은 비체계적 또는 일시적인 오류의 발생을 의미한다. 예를 들어 응답자가 피곤하여 또는 항목을 잘못 이해하여 발생하는 경우이다. ① 잘못된 설문 문항을 사용하는 경우는 타당성(Validity)에 오류가 발생할 수 있다. 이 경우에는 다시 조사해도 계속해서 오류가 발생한다.

정답 **30** ② **31** ③

설문지의 작성

01 설문지 작성을 위한 사전준비단계

1 설문지의 개념

(1) 의의

① 설문지 또는 질문지는 연구자가 조사하고자 하는 일련의 질문들을 체계적으로 담고 있는 것으로, 조사대상자로부터 정보를 얻기 위한 질문과 방식을 명확화, 구체화한 것을 의미하며 응답자에게 배포하여 스스로 기입하게 하는 것이다. 설문지는 응답자 자신이 직접 기입하는 것이기 때문에 간결하고 쉬워야 하며, 질문의 내용이 분명해야 한다.

② 마케팅조사 과정에서 설문지는 자료수집도구의 한 요소로서 응답자 선정, 응답자 접촉, 질문도구를 포함한 설문조사를 위한 통합적 도구를 의미하고, 상황에 따라 응답에 대한 보상이나 정보획득을 위한 추가적인 보조도구들을 포함하기도 한다.

③ 설문지 작성시에는 필요한 정보의 종류와 측정방법, 분석의 내용과 분석방법까지를 모두 고려하여야 한다. 따라서 설문지의 완성시점에서는 이미 조사설계와 분석방법이 결정된 상태이어야 하며, 조사결과에 대한 개괄적인 방향도 추정되어 있어야 한다.

④ 일단 설문지가 작성되어 실사가 시작된 후에는 잘못된 부분을 발견하였다 하더라도 그 부분의 교정이 어려우며, 만약에 그 잘못이 조사결과에 치명적인 영향을 미친다고 판단되어 교정을 하여야 할 경우에는, 조사를 처음부터 다시 시작할 수밖에 없다. 이처럼 설문지는 1차 자료를 이용한 실증조사의 핵심이 되는 만큼 많은 시간과 노력이 설문서 작성에 투입되어야 한다.

(2) 질문의 원칙

① **가치중립성**: 조사자의 가치판단을 배제하고 중립적인 질문이 되도록 한다.

② **균형성**: 균형을 잃은 질문은 응답을 왜곡할 수 있으므로 질문은 균형을 이루어야 한다.

③ **응답범주**: 응답범주가 너무 단순해도 곤란하고, 너무 세분화되면 응답에 혼란을 주게 된다.

④ **간결성**: 질문은 간결해야 한다. 가능한 짧은 시간에 많은 정보를 얻을 수 있어야 한다.

⑤ **명료성**: 묻는 내용이 분명해야 한다. 뜻이 모호하거나 상이한 해석의 여지가 있는 단어의 사용은 피해야 한다.

⑥ **쉬운 단어**: 응답자의 교육수준에 적합한 단어를 사용하며, 쉬운 단어를 사용해야 한다.

⑦ **단순화**: 한 질문에 한 가지 내용만 묻도록 하고 복합적인 질문은 피해야 한다.

⑧ **정중한 질문**: 응답자의 자존심을 상하지 않도록 하며, 가정적 질문, 규범적 질문, 반복적인 질문 등은 피한다.

(3) 설문지의 작성

① 설문지를 작성하기 위해서는 먼저 필요한 정보를 결정해야 한다. 이는 현재 해결하고자 하는 문제점과 접근방법의 관련 요소인 조사문제, 가설 그리고 필요한 정보를 재검토하는데 도움이 될 수 있다.

② 필요한 정보를 결정하고 나면 의사결정에 도움이 되는 정보를 획득하기 위해 자료수집방법을 선정한다. 자료수집방법은 수집될 정보의 내용이나 양을 고려하여, 즉 면접조사, 전화조사, 우편조사, 인터넷 이메일 등의 조사방법 중에서 시간과 비용, 설문내용 등을 고려하여 가장 효과적인 방법을 선정하는 것을 말한다. 이와 같이 조사대상자의 접촉방법의 결정에 따라 설문지의 구성과 형태에는 큰 차이가 존재하며 동시에 측정문항에도 영향을 줄 수 있다.

③ 자료수집방법이 결정되고 나면 개별항목의 내용결정, 질문형태의 결정, 개별문항의 완성, 질문의 수와 순서결정 등을 통하여 설문지를 작성하게 된다. 설문지의 작성은 조사대상자와 자료수집방법을 고려하여 그 분량과 질문방법을 달리하여야 하며, 최대한 측정오차를 줄일 수 있도록 작성되어야 한다. 설문지 작성의 마지막 단계는 본조사에 들어가기에 앞서 설문지 초안을 이용한 사전조사를 실시하는 것이다. 사전조사는 표본으로서의 자격을 갖춘 소수의 응답자들에게 설문지를 이용한 조사를 직접 실시함으로써 문제점을 찾는 과정이다.

④ 설문지가 완성되고 조사목적에 맞는 표본이 추출된 후에는 실제의 자료를 얻는 과정인 자료수집이 실시된다. 2차 자료만을 활용할 경우에는 이 과정이 생략될 수도 있으나 대부분의 조사는 1차 자료를 수집하는 것이기 때문에 이 과정을 거치게 된다. 자료수집은 의미 있는 분석결과를 얻을 수 있는 자료를 수집하는 과정이므로 전체 조사과정에서 차지하는 비중이 높다.

> **⚓ Plus UP!** **설문지의 작성절차**
>
> 일반적인 설문지의 작성절차는 '필요한 정보 결정 → 자료수집방법 선정 → 개별질문문항의 내용 결정 → 질문형태 결정 → 질문순서의 결정 → 설문지 초안의 완성 → 설문지에 대한 사전조사 및 설문지의 완성' 등의 순서로 진행된다.

◢ 2 설문지 작성의 원칙과 이용

(1) 설문지의 작성원칙

설문지를 작성할 때에는 '대화체, 간결·명확, 객관성, 상호 배타적, 포괄성, 편견과 왜곡 배제, 중복성 배제' 등의 작성원칙을 준수하도록 한다.

① 설문지를 대화체로 작성한다.

② 설문지를 간결·명확하고 쉽게 작성한다.

③ 객관적으로 파악할 수 있도록 한다.

④ 상호 배타적이며 포괄적인 파악을 필요로 한다.

⑤ 편견과 왜곡을 배제해야 한다.

⑥ 중복성을 배제해야 한다.

(2) 설문지 작성의 중요성

① 설문지의 작성은 표준화된 질문서를 이용함으로써 결과의 비교가능성을 높일 수 있다는 것이 가장 중요한 이유이다. 즉, 모든 응답자에게 동일한 내용을 동일한 방식으로 질문하게 되므로 측정도구의 변화에 따른 측정오차를 최소화할 수 있기 때문에, 측정결과의 신뢰성이 높아지고 비교가능성도 높아지게 되는 것이다.

② 적합하게 작성된 표준화된 설문지를 이용하면 빠른 시간에 핵심적인 정보만을 선별하여 비교적 객관적이고 솔직하며 정확한 정보를 입수할 수 있다. 불필요한 내용은 설문지에서 삭제할 수 있고 응답자가 무기명으로 직접 응답을 기록하는 경우에는, 매우 솔직한 응답이 가능하며 응답의 용이성과 정확성을 높일 수 있도록 응답형태를 사전에 제시할 수 있다는 점이 설문지를 이용하는 주된 이유라고 할 수 있다.

◢ 3 설문 항목의 사전구조화

(1) 의의

① 설문조사는 기업과 응답자 사이의 의사소통의 과성이며, 의사소통의 도구는 설문시가 된다. 그러므로 설문지를 어떻게 설계하느냐에 따라 좋은 의사소통을 할 수 있는지가 결정되고, 그에 따라 양질의 정보를 얻을 수 있는지가 결정된다.

② 설문 설계를 구성하기 전에 마케팅조사 목적을 달성하기 위해 두 가지를 고려하여야 한다. 하나는 조사목적에 맞는 내용의 질문을 설계하는 것이고, 나머지 하나는 연구목적을 소주제별로 묶는 방법과 설문지에 어떤 순서로 제시하여야 응답자가 응답하는 데 도움이 되고 거부감이 없는지를 고려해야 한다.

(2) 조사항목 나열하기

① 설문지를 작성하기 전에 조사목적 범위와 관련된 알고 싶은 모든 내용을 조사항목으로 나열한다. 이때 정보의 목록을 먼저 작성한 후 정보목록별로 구체적으로 알고 싶은 것을 나열하는 방식으로 하는 것이 좋다.

② 설문 조사에 필요하다고 생각되는 모든 항목을 나열한 후, 분석모형까지 고려하면 각 질문에 대한 응답은 어떤 척도로 할지, 모든 응답자에게 질문을 할지 조건에 맞는 조사대상자들만 응답을 받을지, 질문별로 조건이 있다면 조건 등을 표시해주어야 한다.

(3) 설문지 구조화

① 조사항목들이 나열되면, 비슷한 내용 또는 같은 소주제별로 하나의 그룹으로 묶어준다. 그리고 나서 유사한 질문들을 하나의 질문으로 통합할 것인지, 소주제별로 하나의 질문으로 묶어 질문을 할지, 소주제별로 여러 그룹의 질문으로 구성할지 등을 결정하게 된다.

② 조사항목들을 그룹으로 묶다보면 상위주제와 하위주제로 구분이 되며, 중복질문, 유사질문의 통합, 하나의 질문을 분리 하는 등의 의사 결정을 할 수 있다.

③ 무엇보다 조사항목들을 그룹화하는 이유는 유사한 질문이 여기저기 섞여 있으면 응답자들이 설문지에 집중하기가 어렵기 때문이다. 조사대상자들의 관심과 사고의 흐름을 순조롭게 하기 위해서는 의미 중심으로 집단화할 필요가 있다.

✋ Plus UP! 　사전조사와 사후검사

> ㉠ **사전조사**: 실험연구에 있어서 실험변인을 작용시키기 전에 실시하는 조사이다. 질문의 내용을 검토·보완한 후 사전조사를 실시한 후 설문지를 재수정한다. 사전조사를 통하여 설문지의 내용의 타당성, 조사상의 문제점 등을 알아 볼 수 있다.
> ㉡ **전수조사**: 모집단에 속하는 모든 구성원 전체를 대상으로 직접 조사하여 정보를 입수하는 조사법이다.
> ㉢ **사후검사**: 실험연구에 있어서 그 효과를 알기 위하여 실험변인을 적용시킨 후에 실시하는 검사이다.

02　개별질문항목의 완성

(1) 의의

① 개별 질문항목을 작성할 때 조사원이 질문을 읽어주고 응답자의 응답을 받는 경우 구어체로 만들어 조사의 진행을 원활히 할 수 있도록 고려하여야 한다.

② 그러나 응답자가 스스로 기입해야 하는 경우라면 질문을 읽고 응답하는 데 무리가 없도록 특히 질문항목 작성에 신경을 써야 한다.

(2) 질문항목 작성 시 고려사항

① **조사목적에 맞는 질문항목만 작성**: 조사목적과 맞는 정보를 얻을 수 있는 질문만을 제시한다. 특히, 응답자의 신상과 관련된 인구통계학적 문항은 조사목적 또는 관련된 분석에 사용할 이유가 없으면 질문을 만들지 않도록 한다.

② **질문은 쉽고 간단명료하게 작성**
　㉠ 모든 사람들이 조사대상자가 될 수 있는 조사에서 보통 사람들이 이해할 수 있는 쉬운 용어로 질문을 작성해야 한다.

ⓛ 애매모호한 개념으로 다양하게 해석할 수 있는 용어는 피하고, 응답자가 이해하지 못하는 전문적인 용어는 가능한 피해야 한다.

ⓒ 또한 질문은 길어지면 응답자가 읽지 않을 가능성이 크고 질문의 핵심이 흐려져 잘못된 응답을 받을 수 있다. 그러므로 질문은 단문의 형태로 간결하고 짧게 작성하면서도 의미전달이 확실하도록 작성하여야 한다.

③ 질문은 명시적이면서 직접적으로 작성: 질문은 가능한 명시적이면서도 직접적이어야 한다. 질문이 복잡하고 추상적이면 여러 가지 의미로 응답자에게 받아들여질 수 있다. 또한 직접적이지 않으면 암시적일 수 있어 의미를 파악하지 못하게 되는 경우가 발생한다.

④ 이중질문 작성 배제: 하나의 질문에 두 개 이상의 질문이 내포한 것을 이중질문이라고 한다. 이러한 이중질문을 할 경우 응답자가 하나의 질문에는 동의하고 다른 하나에는 동의하지 않으면 응답자가 어떻게 답해야 할지 혼란을 겪을 수 있다. 그러므로 하나의 질문은 하나의 내용으로 구성하도록 한다.

⑤ 민감한 사항은 간접적으로 질문

ㄱ 사회적으로 민감한 정치, 종교, 윤리 등의 질문이나 개인적으로 민감한 도박, 학대, 구타, 세금 등에 대한 질문은 일반적으로 응답하기를 꺼려한다.

ⓛ 이러한 사항의 질문은 직접적으로 질문할 경우 응답자가 회피하거나 정확한 응답을 하는 것을 기대하기 어렵다. 그러므로 민감한 사항의 질문은 응답자 본인이 아닌 제 3자의 입장에서 응답할 수 있도록 질문을 하여 응답자의 생각을 받을 수 있도록 구성한다.

⑥ 특정한 답변을 유도하는 형식의 질문 배제

ㄱ 특정 답변을 유도하는 질문을 하면 응답자에게 정확한 답을 얻기가 어렵다. 보통 유도하는 문장으로 질문을 할 경우 유도하는 쪽으로 응답이 쏠려 나타나게 된다.

ⓛ 그러므로 질문항목을 작성할 때 연구자 또는 설문 설계자의 입장에서 가정을 할 경우 유도되는 질문으로 작성하게 된다.

ⓒ 따라서 반드시 필요하지 않다면 가정을 하는 질문은 넣지 않아야 하고, 꼭 필요하다면 객관적으로 받아들여질 수 있도록 질문이 작성되었는지 살펴보아야 한다.

⑦ 질문 내용은 구체적이어야 하지만 너무 자세한 응답요구는 배제

ㄱ 질문 내용은 구체적이어야 하지만 응답자에게 너무 자세한 응답을 요구하는 질문은 하지 말아야 한다.

ⓛ 자세한 응답을 요구할 경우 응답을 회피하는 경향을 보이기 때문에 특정한 이유가 없다면 너무 자세한 응답을 요구하는 질문은 피하도록 한다.

ⓒ 그러나 자세한 질문을 너무 피하다보면 조사를 통해 반드시 알아야 하는 정보를 구하지 못하는 경우가 발생하므로 상식적인 선에서 적절한 균형이 필요하다.

03 질문순서의 결정

1 의의

설문지에 질문을 배치할 때 응답자가 응답을 할 수 있도록 하기 위해서 질문의 배치를 일반적인 내용에서 구체적인 내용으로 배열하는 것이 좋을지, 구체적인 내용에서 일반적인 내용으로 배열하는 것이 좋을지 결정하여야 한다.

2 질문순서 결정의 원칙

(1) 깔대기식 배열(Funnel Sequence)

① 질문들이 앞의 질문과 관련되어 있는 경우에, 일반적이고 범위가 큰 질문을 먼저 하고, 특정적이고 구체적인 질문을 뒤쪽으로 배열하는 방식이다.

② 일반적으로 동일한 조건이라면 질문의 배열은, 가능한 한 일반적인 내용에서 구체적인 내용으로 가는 것이 좋다.

③ 응답자들이 처음 설문에 응할 때 쉽고 일반적인 내용의 질문에서 점차 정교하고 구체적인 내용으로 방향을 구성하는 것이 응답자로 하여금 끝까지 응답하도록 동기를 유발하게 되는 경우가 많다.

④ 조사목적이 자세한 정보를 얻고자 하는 경우나, 예상하지 않은 질문을 얻고자 하는 경우에 적절한 방법이다.

(2) 역깔대기식 배열(Inverted Funnel Sequence)

① 세부적인 문항부터 먼저 질문하고 일반적이고 광범위한 질문을 뒤로 배열하는 방법이다.

② 이 방법은 응답자가 질문하려는 주제에 대하여 큰 관심이 없거나 경험이 없는 경우 우선 세부적인 질문을 통해 동기를 유발시켜 응답하도록 하는 방법이다.

③ 역깔대기식 방법을 사용하는 것이 적당한 경우

  ㉠ 응답자가 질문의 주제에 큰 관심이 없는 경우

  ㉡ 응답자가 경험이 없어 구체적인 사항을 먼저 인지해야 답을 할 수 있는 경우

  ㉢ 오래되어 잘 기억이 나지 않는 경우

  ㉣ 전체적인 답을 할 경우 구체적인 답에 영향을 끼치는 경우(예 만족도 조사)

(3) 쉽고 흥미 있는 질문은 도입부에 배열

① 도입부 질문은 응답자의 부담감을 덜어주기 위해서 가능하면 쉽고 흥미 있는 질문을 선정하는 것이 좋다.

② 도입부 질문이 필요한 이유
  ㉠ 응답자가 일반적인 질문을 통해 설문의 의도를 파악하게 되고 면접자와 대화를 나누면서 친밀감과 신뢰를 쌓게 되는 단초 역할을 한다.
  ㉡ 일반적인 몇 개의 설문을 통해 설문의 주제와 관련된 지식을 활성화시켜 이어지는 설문에 보다 편하게 응답을 하게 된다.
  ㉢ 어려운 질문이 처음에 나오면 어려운 조사로 인지하여 거절하는 경우도 발생할 것이며, 응답을 하더라도 거부감이 발생하여 무응답이 많이 발생하게 된다.

(4) 민감한 질문은 후반부에 배열
① 면접을 시작하기 전에 조사원과 응답자는 우호적인 관계를 맺어 응답자가 조사원에 대한 신뢰감이 형성되어야 민감한 설문에 자발적으로 응답을 해줄 수 있다.
② 그러므로 가능하다면 민감한 질문은 신뢰가 쌓인 후에 응답할 수 있도록 설문지 후반부에 배열하는 것이 좋다.

(5) 인구통계학적 배경의 질문은 끝에 배열
① 자료 분류를 위한 질문인 인구통계학적 질문은 성별, 연령, 교육수준, 소득수준, 직업 등 개인적이고 민감한 질문을 포함하는 경우가 많기 때문에 응답자가 민감하게 반응하여 응답을 회피하는 경우가 발생한다.
② 그렇다고 인구통계학적 배경을 묻는 질문을 중간에 배열할 경우 질문의 흐름이 끊기는 문제가 생긴다. 그러므로 인구통계학적 배경관련 질문은 설문지 후반부에 배열하는 것이 가장 타당하다.

(6) 질문항목 간의 관계를 고려하여 배열
① 가능한 한 상호관련이 있는 질문은 모아서 배열하는 것이 좋다. 동일 주제의 질문을 모아서 배열할 경우 응답자의 집중도 높은 응답을 받을 수 있다.
② 그러나 앞의 질문이 연상 작용을 일으켜 다음 질문에 영향을 끼치는 경우에는 질문간의 간격을 두어 배열하여야 한다.

(7) 설문지의 길이 조절
① 설문을 설계할 때 '적당한 설문지의 길이는 몇 페이지여야 한다.'라는 규정은 없다. 그러나 설문지의 길이가 길면 응답자의 응답 피로도가 높아져 응답을 받기 어렵거나 받는다 하더라도 잘못된 응답을 받는 경우가 많다.
② 일반적인 설문지의 길이에 대한 일반적인 경험치는 다음과 같다(통계청).
  ㉠ 일대일 면접의 경우 30분 전후
  ㉡ 전화조사의 경우 5~10분
  ㉢ 자기기입식 설문의 경우 15분 전후

04 설문지 초안의 완성

1 설문지의 구성

일반적으로 설문지를 작성할 때는 가능한 한 표준화된 설문지를 작성하는 것을 원칙으로 한다. 따라서 응답상의 오류를 방지하고 필요한 정보를 포괄적으로 획득하기 위해서 설문지는 일반적으로 다음과 같은 5가지 요소로 구성된다.

(1) 응답자의 협조요구(Request for Cooperation)

① 설문지 앞장에는 설문지 작성의 동기와 용도를 밝힘으로써 응답자의 참여의식을 높이는 기능을 수행하는 인사말이 들어간다. 또한 응답사항의 비밀보장을 통해서 응답자의 협조를 얻을 수도 있다.

② 이는 조사자나 조사기관의 소개, 조사의 취지 설명을 통해 응답자로 하여금 보다 높은 신뢰를 얻을 수 있도록 하는 것이다. 조사자가 직접 면담을 실시할 경우에는 이 내용을 직접 구두로 전달하기도 하며, 우편으로 조사를 실시할 경우에는 문장으로 조사의 취지와 협조를 부탁하게 된다.

(2) 응답자의 파악자료(Identification Data)

응답자의 소득, 학력, 직업, 성별, 연령 등에 관한 자료를 말한다. 이러한 인구통계학적인 질문에 대해 응답을 회피하므로 설문지의 마지막 부분에 배치하는 것이 바람직하다.

(3) 지시사항(Instruction)

① 조사의 목적, 조사자료의 이용 정도와 방법, 응답자나 면접원이 지켜야 할 사항 등이 포함된다. 이 부문은 조사자가 직접 조사를 실시할 경우에는 설명을 해 줄 수 있는 부분이지만, 우편으로 할 경우에는 응답자 혼자서 전체 설문지를 완성시킬 수 있도록 상세한 작성법이 기록되어야 한다.

② 이러한 지시사항은 다음 3가지의 세부적인 지시문에 의하여 질문에 삽입하게 된다.

  ㉠ **전반적 지시문**: 응답에 관련된 일반적 사항으로서 설문 전반에 걸쳐 준수해야 할 사항이다. 설문의 맨 앞에 기술하며, 다지선다형일 경우에는 선택표시기호와 방법, 자유응답형일 때는 단어 수 등을 제한하는 것과 같은 응답요령과 주의사항에 대해 간단히 설명한다.

  ㉡ **구체적 지시문**: 문항별로 응답요령을 제시한 지시문이다. 다수의 응답, 최적 응답, 순위응답, 매트리스식 응답 등에 대한 구체적인 지시사항을 간단히 설명한다.

  ㉢ **면접자 지시사항**: 면접방식을 이용하는 경우에 면접자들 간의 행위와 태도들의 표준화(일관성)를 위해서 각 설문문항에 구체적인 행동지시사항을 설명한다.

(4) 필요정보의 유형(Information Structure)

필요정보의 유형은 설문지 작성의 가장 중요한 부분으로 연구목적에 필요한 대부분의 자료가 수집되는 부분이다.

(5) 응답자의 분류에 관한 자료(Classification Data)

① 설문지의 내용에 따라서 또는 응답자의 특성에 따라서 응답자를 여러 가지로 분류할 필요가 있을 때는 분류자료를 수집해야 할 것이다.
② 분류자료는 설문지 마지막 부분에 기입되는 것이 보통이다. 그러나 응답자의 선택, 표본 추출 등의 과정에 따라서 분류자료를 설문지의 제일 앞에 위치하기도 한다.

2 질문 – 응답형태의 선택

질문과 응답의 형태는 크게 개방형과 고정형 질문으로 구분된다. 선택형 질문에는 선다형, 양자택일형, 다점척도 등이 있는데 이들의 선택은 질문의 내용과 목적에 달려 있다. 자료수집의 방법에 따라서 어느 정도로 구성할 것인가를 정해야 하며, 다음과 같이 질문형태를 개방형 질문과 선택형 질문으로 나누어 구분한다.

(1) 개방형 질문(주관식 질문)

① 개방형 질문의 특징

  ㉠ 개방형 질문(Open-ended Questions)은 주관식 질문으로 질문에 응답자기 생각하고 있는 답변을 자유롭게 답하는 형식이다. 체계적인 설문조사뿐만 아니라 심층 면접에서 응답자가 원하는 어떤 방식으로든 대답할 수 있도록 하는 질문의 유형이다.
  ㉡ 개방형 질문은 질문의 내용에 따라 정도의 차이는 있겠지만 다른 방법에 비해 다양하고 광범위한 응답을 얻을 수 있다. 또 조사자가 기대한 것이나 다른 조사의 결과에서 나타난 것 이외의 자료를 얻을 수 있는 것이 개방형 질문이라 할 수 있다. 그래서 탐색조사나 문제입증을 위한 조사에 적당하다.
  ㉢ 개방형 질문은 여러 가지 면으로 사용되고 있는데 우선 주제의 첫머리에 사용되어 응답자로 하여금 주제에 대한 충분한 의견을 표현하게 하고, 또한 주제에 익숙하게 하여 응답내용의 타당성, 신뢰성을 높여준다.

② 개방형 질문의 장·단점

  ㉠ 개방형 질문의 장점

    ⓐ 면접원이 물어보기 쉽다.
    ⓑ 다양하고 창의적인 응답을 얻을 수 있다.
    ⓒ 보고서 작성시 직접 인용할 수도 있다.
    ⓓ 연구자로 하여금 예상치 않은 새로운 응답을 얻을 수 있다.
    ⓔ 명확하고 자세한 응답을 얻을 수 있으며, 소규모 조사에 유용하다.
    ⓕ 어떤 상황에 대한 기본적 쟁점이 무엇인지 탐색하려고 할 때 유용하다.

ⓖ 응답자가 답하기 간단하여 시간이 적게 들기 때문에 질문의 수가 다소 많아도 괜찮다는 점도 장점이다.

ⓛ 개방형 질문의 단점

　ⓐ 대부분의 응답자들이 성의 있게 대답하지 않는다.

　ⓑ 응답 분류·코딩하는 데 많은 시간이 소요된다.

　ⓒ 지나치게 다양한 응답으로 혼란이 가중될 가능성이 있다.

　ⓓ 응답의 질이 떨어지는 경우가 많이 발생될 수 있다.

　ⓔ 응답자들의 응답을 비교·분석하기가 어렵다.

　ⓕ 매우 어려운 질문이나 헷갈리는 질문의 경우 오히려 응답이 어려울 수 있다.

　ⓖ 표현능력이 부족한 응답자들은 응답을 기피하는 문제점을 가지고 있고, 조사자의 편견이 강하게 작용할 가능성이 있다.

(2) 선택형 질문(객관식 질문)

① 선택형 질문의 특징

　㉠ 선택형 질문(Fixed-alternative Questions)은 폐쇄형 질문이라고도 하며, 이미 조사자에 의해 마련되어 있는 항목들을 응답자로 하여금 주어진 응답지에 선택하도록 하는 방법이다.

　㉡ 선택형 질문은 응답대안을 제시하고 응답자가 예-아니오 또는 4지선택형과 같이 주어진 선택지 중에서 고르는 것을 허용하는 질문으로, 다수의 답안이 제시되는 선다형 질문과 응답답안이 2개 제시되는 양자택일형(이분형) 질문, 척도점을 이용한 질문 등으로 나눌 수 있다.

② 선택형 질문의 유형

　㉠ 선다형(Multiple Choice) 질문은 미리 응답 가능한 다양한 답을 제공함으로써 응답자가 주어진 답들 중에서 선택하게 하는 방법이다. 선다형 질문은 면접원의 편견과 오도, 응답자의 표현기피, 응답자료의 분석과 처리상의 문제 등 선택형 질문의 단점을 보완하기 위한 질문으로 '리커트척도, 의미차별화척도, 스타펠척도' 등에 널리 활용된다.

　㉡ 양자택일형(Binary Choice) 질문은 2가지의 선택만을 제시해 주고 하나를 선택하게 하는 질문이다. 예컨대, '예-아니오', '동의한다-반대한다' 등과 같이 두 가지 항목 중 한 가지를 선택하게 한다.

　㉢ 척도점을 이용한 질문은 어떤 특성을 나타내는 여러 개의 척도점으로 구성되는 것으로 선다형 질문의 변형된 형태라고 할 수 있다.

③ 선택형 질문의 장·단점
　　㉠ 선택형 질문의 장점
　　　　ⓐ 강제성이 없어 응답이 쉽다.
　　　　ⓑ 응답자의 부담과 무응답을 줄일 수 있다.
　　　　ⓒ 자료처리과정에서 응답내용을 부호화(자료의 입력)하기 쉽다.
　　　　ⓓ 분석하거나 결과를 비교하기 용이하다.
　　　　ⓔ 응답이 기계적으로 이루어지므로 면접시간을 줄일 수 있고, 전체적으로 경비도 절약된다.
　　　　ⓕ 관련되는 주제의 범위가 다소 넓어도 괜찮다.
　　　　ⓖ 응답유형이 제시되어 있어 선택이 용이하고 신속히 수행할 수 있다.
　　㉡ 선택형 질문의 단점
　　　　ⓐ 응답자가 질문을 진지하게 생각하지 않고 적당히 아무것에나 응답할 수 있다.
　　　　ⓑ 조사자가 응답자들의 가능한 응답을 모두 파악하여야 한다는 단점이 있다. 조사자가 생각하지 못한 응답이 나오는 경우를 대비해 개방형의 기타란을 추가함으로써 단점을 보완할 수 있다.
　　　　ⓒ 보기 자체가 조사자의 사고와 경험을 벗어나기 어렵기 때문에, 응답자의 생각을 모두 반영하기 어렵다.
　　　　ⓓ 개방형과 같은 광범위한 범위의 정보를 얻을 수 없다.

3 질문용어의 선택

질문은 특정한 목적에 따라 질문내용을 글로써 표현한 형식으로서 조사자와 응답자가 질문이나 대답하기에 쉽고, 분명하게 이해할 수 있는 어구로 바꾸어 놓아야 하는데, 설문조사를 위하여 단어와 어구를 선택한다는 것은 조사자들이 하는 업무 중에서 가장 어려운 일이다.

① 응답자가 전문용어를 이해할 것으로 가정해서는 안 된다. 응답자가 쉽게 이해할 수 있는 용어를 사용하거나 사전설명을 해줌으로써 응답자가 질문내용을 충분히 이해할 수 있도록 해야 한다.
② 선택형 질문에 대해서는 모든 가능한 응답을 제시해 주어야 한다. 개방형 질문인 기타란을 포함시켜 가능한 모든 응답항목을 제시해 주어야 한다.
③ 선택형 질문의 경우 응답항목들 간에 내용상 중복이 있어서는 안 된다.
④ 한 질문에 두 가지 내용을 포함하지 않아야 한다. 예를 들면, '새로운 아이스티 용기의 재질과 색상이 얼마나 좋다고 생각하십니까?'라는 질문은 재질에는 만족하고 색상에는 불만족하다면 정확한 응답을 하기 어려울 수 있다.
⑤ 유도하는 질문을 하지 않아야 한다.
⑥ 너무 자세한 질문은 하지 않아야 한다.
⑦ 대답하기 어려운 질문은 간접적으로 물어본다.

> **✋ Plus UP!** 질문 시 유의사항
>
> ㉠ 질문은 가능한 한 직선적이고 간단한 것이 좋다.
> ㉡ 응답자들의 교육 정도를 감안하여 의미를 정확하게 나타낸다.
> ㉢ 보기를 통하여 의미를 명확히 할 수도 있으므로 보기의 선택과 용어도 대단히 중요하다.
> ㉣ 유도적인 질문과 용어는 없어야 한다.

◢ 4 설문 시안 작성

(1) 의의

① 설문지의 구성은 크게 5가지로 구분할 수 있다. 설문에 대한 소개와 응답자의 협조요청을 하는 서문, 지시문, 필요한 자료의 획득을 위한 설문문항, 응답자의 분류를 위한 인구통계학적 설문, 면접수행 기록과 조사표 검토 및 검증 관련 기록란으로 구성되어 있다.

② 설문지의 내용과 순서가 결정되면 조사연구자는 설문지의 형태를 결정하여 설문지 시안을 작성한다.

③ 설문지의 형태를 결정하는 전반적인 외관과 모양 등을 꾸미는 것이다. 실제로 설문지의 전반적 구성이 어수선하고 짜임새가 없으면 조사자는 물론 응답자에게도 좋지 않은 영향을 줄 수 있다. 설문지의 모양을 어떻게 꾸미는지에 따라 설문응답에 대한 몰입이나 성실성에 큰 영향을 줄 수 있다.

(2) 서문 작성

① 응답자의 설문 조사에 대한 신뢰를 높이기 위해서 설문지에 서문을 두는 것이 좋다. 서문으로 인하여 응답자가 조사와 조사기관에 대한 신뢰를 갖게 되어 응답률을 높일 수 있게 된다.

② **서문의 기술 사항**: 서문을 작성할 때 지나치게 세세한 연구목적을 알려줄 필요가 없는 경우가 많다. 특히 조사 의뢰자가 누구인지를 알려줄 경우 조사결과에 영향을 미칠 수 있다면 조사 의뢰자를 제시하지 않도록 한다.

(3) 시안 작성

설문지 시안 작성에서는 설문지를 어떻게 꾸밀 것인지 고려하게 된다. 즉, 설문지의 길이, 글씨체, 글씨크기, 여백, 설문 항목들의 배열, 표지 등에 대한 디자인 등을 결정하고 작성한다.

① **설문지 길이**: 설문지의 길이는 응답시간을 고려하여 조절하여야 한다. 만약 문항의 수를 줄일 수 없어 길어진다면 페이지를 줄이는 방향으로 편집하는 것도 하나의 방법이다.

② **설문 문항 및 항목 구성**

㉠ 설문지의 구성은 다단으로 하는 것은 가능한 한 피하는 것이 좋다. 다단으로 편집할 경우 설문지의 글씨가 작아질 수밖에 없어 응답자의 가독성이 떨어지고 피로감이 증가하게 된다.

ⓛ 설문 항목의 보기도 다단편집의 느낌이 아닌 아래로 하나씩 나열하는 것이 좋다. 항목 하나하나가 짧고 설문지가 너무 길어지면 다단으로 편집할 수밖에 없는데, 이러한 경우 보기 문항은 가능하면 한 줄로 쓰는 것이 좋고, 한 줄에 쓸 수 없는 경우라면 문항을 다단으로 하되 배열을 맞추도록 한다.

ⓒ 글씨체는 일반적으로 많이 사용하는 글씨체를 이용하는 것이 좋다. 독특함을 위해 디자인이 있는 글씨체를 사용한다면 가독성이 떨어지게 된다.

ⓡ 중요한 문구나 주의해야 할 사항은 글씨체를 진하게 하거나 밑줄을 그어 이해하기 편하도록 편집한다. 그러나 너무 지나치다면 응답자의 집중도가 떨어질 수 있으므로 조심해야 한다.

(4) 기타

① 설문지의 글씨체, 글씨 크기, 문장의 어휘는 일관되게 사용하는 것이 좋다. 같은 내용의 단어를 다르게 사용한다면 응답자의 혼란을 가져올 수 있고, 글씨체나 글씨 크기가 다르다면 응답자의 시각적 피로를 높이는 문제가 야기될 것이다.

② 자료 입력을 고려하여 설문항목 번호를 부여하는 것이 좋다. 가) 나) 다) 라)로 할지 1) 2) 3) 4)로 번호를 부여할지 목적과 대상에 따라 결정한다.

③ 설문지 디자인은 설문문항을 명확하게 구분하고 시각적으로 보기 좋다는 느낌을 가지도록 하는 것이 좋다. 예쁘게 만들어 설문지 문항보다 설문지 이미지에 더 많은 관심을 갖게 하는 것은 바람직하진 않다. 그러므로 설문지는 전체적으로 깔끔하게 만드는 것이 중요하다.

05 설문지 사전조사 및 설문지의 완성

1 사전조사

(1) 의의

① 설문지가 완성되면 사전조사를 반드시 해야 한다. 설문지 설계에 아무리 많은 시간과 노력을 들인다 하더라도 설문지에 오류가 있거나, 응답자가 잘못 이해할 수 있는 질문이 존재할 수 있기 때문에 응답하기 어려운 문항이 존재하게 된다.

② 또한 설문조사 과정에서 매끄럽지 못한 진행 상항이 발생하는 문제가 있을 수 있다. 이러한 문제점을 개선하기 위해 사전조사를 실시하여 설문지의 수정요인을 발견하도록 한다.

(2) 사전조사 방안

① 사전조사는 소규모의 표본을 추출하여 조사를 실시한다. 사전조사의 대상은 실제 조사대상과 유사한 집단으로 구성하는 것이 중요하다.

② 조사방법은 가능한 한 실제 조사하는 방법과 동일하게 하는 것이 좋다. 그렇게 해야 사전조사에서 실제 조사과정에서 생길 수 있는 다양한 문제를 파악할 수 있기 때문이다.

③ 단, 응답자들이 설문 문항에 대해 질문하거나 자신의 의견을 제시할 수 있는 다양한 방법을 통하여 설문지에 대해 제대로 이해하고 있는지를 파악할 수 있어야 한다.

④ 사전조사에 투입되는 조사자는 가능한 한 숙련된 조사자이나 설문지 작성자들로 구성하도록 한다. 응답자와 조사를 실제로 진행하면서 응답자가 이해하기 곤란한 점이나 명료하지 않은 부분들을 찾아내도록 한다.

(3) 사전조사에서 점검할 사항

① 설문조사에 걸린 시간을 점검한다. 시간이 너무 오래 걸린다면 응답자들의 피로도가 높아져 응답을 회피하거나 거짓응답을 하는 문제가 생길 수 있다.

② 응답자가 설문을 충분히 읽고 응답하였는지 살펴야 한다. 사전조사 목적 중 하나가 설문지의 오류를 잡기 위한 것인 만큼 설문지를 충분히 읽고 이해했는지 파악하여야 한다.

③ 문항이 너무 전문적이거나 이해하기 어려운 것은 없었는지 점검해야 한다. 응답대상자들의 수준에 적합한 질문인지 파악하여야 한다.

④ 응답을 꺼려하는 문항이나 응답을 할 때 눈치를 보는 등의 반응을 하는 문항이 있는지 살펴본다. 문항을 답하기 꺼려할 경우 정확한 응답을 기대하기 어렵다.

⑤ 질문을 잘못 이해하거나 응답항목이 생각하지 못했던 것이 있는지를 살펴본다. 응답자가 질문을 충분히 이해하고 있는지, 응답항목의 보기가 모든 경우를 포함하지 못하는 경우는 없는지 살펴본다. 있다면 설문조사의 결과가 정확하기를 기대하기 어렵다.

⑥ 문장이 부자연스럽거나 오타가 있는지 살펴본다.

Plus UP!　사전조사를 하는 이유

> 사전조사를 하는 이유는 좋은 제품을 만들어 유통하고 판매하는 과정에서 고객이 필요로 하는 제품이 무엇인지, 어떤 가격에 판매되기를 원하는지, 어떤 방식으로 구매할 수 있는지, 고객이 주로 선호하는 제품전달방식은 무엇인지 등 전반적인 내용을 조사하여 시간과 비용을 절감하기 위함이다.

2　설문지의 개선과 완성

(1) 설문지 개선

① 사전조사에서 일차적으로 설문의 수정사항을 검토하여 개선방안을 마련한다. 애매한 질문이 있는 문항, 이해하기 어려운 용어나 문구가 있는 문항, 연구자의 의도와 다르게 응답자가 이해하는 문항 등이 있는지 검토하고 개선하도록 한다.

② 질문문항이나 응답항목만이 아닌 설문지의 구성이 응답하기에 매끄러운 순서가 아니라면 문항의 배열도 개선하도록 한다.

③ 또한 설문지의 형태, 글씨 등의 디자인에 대한 개선사항이 발견되면 이를 개선하도록 한다.

④ 설문문항, 항목, 설문지 구성, 설문지 형태는 앞에서 제시한 방법에 따라 다시 한 번 면밀히 검토하여 수정한다.

⑤ 설문시간이 과도하게 걸렸다면 설문문항을 줄이던지 응답자에게 인센티브를 제공하여야 한다.

(2) 설문지의 완성

사전조사를 통해 설문지의 수정사항이 많이 발견되어 개선이 많이 이뤄졌거나 중요한 부분의 문항이 수정되었다면 사전조사를 몇차례 추가적으로 시행한 후 설문지를 완성한다.

3 설문지에 대한 예비설문조사와 설문지의 완성

① 예비설문조사는 점검을 통해 잠재적인 설문지 자체의 문제를 발견하고 이 오류들을 제거하기 위해 적은 수의 조사대상자 표본에 설문지를 시험적으로 적용하여 조사하는 것을 말한다. 최선의 설문지라 할지라도 예비설문조사를 통해 오류를 점검하고 확인하여야 실제 설문조사에서 나타날 수 있는 피해를 예방할 수 있다.

② 예비설문조사는 질문항목의 내용, 질문항목의 표현과 배열, 질문의 난이도 및 순서, 설문지의 양식과 배치 등 모든 측면에서 검토가 이루어져야 한다. 그리고 실제 조사를 할 때 참고할 수 있도록 조사대상자들의 배경 특성, 주제에 대한 친숙도, 조사대상에 대한 태도와 행동 등도 역시 검토할 필요가 있다.

③ 예비설문조사를 통해 설문지의 오류들을 발견한 후에 조사자는 이를 해결하기 위해 설문지를 수정, 보완한다. 이러한 예비설문조사를 여러 번 거쳐 더 이상 오류가 발견되지 않으면 최종 설문지가 완성된다.

> **✍ Plus UP! 설문지 작성 절차**
>
> ㉠ 필요한 정보 결정 ㉡ 자료수집방법 선정
> ㉢ 개별항목의 내용 결정 ㉣ 질문형태 결정
> ㉤ 질문의 순서 결정 ㉥ 설문지 초안 작성
> ㉦ 예비조사 및 보완 ㉧ 설문지 사전조사
> ㉨ 설문지 완성

기출유형 다잡기

01 설문지 작성절차로 옳은 것은?

① 필요한 정보 결정 → 자료수집방법 선정 → 질문형태 결정 → 개별항목 내용결정 → 질문의 순서결정 → 설문지 초안작성

② 필요한 정보 결정 → 자료수집방법 선정 → 개별항목 내용결정 → 질문형태 결정 → 질문의 순서결정 → 설문지 초안작성

③ 필요한 정보 결정 → 자료수집방법 선정 → 개별항목 내용결정 → 질문의 순서결정 → 질문형태 결정 → 설문지 초안작성

④ 필요한 정보 결정 → 개별항목 내용결정 → 질문형태 결정 → 질문의 순서결정 → 설문지 초안작성 → 자료수집방법 선정

> **해설** 일반적인 설문지의 작성절차는 '필요한 정보결정 → 자료수집방법 선정 → 개별질문문항의 내용결정 → 질문형태 결정 → 질문순서의 결정 → 설문지 초안의 완성 → 설문지에 대한 사전조사 및 설문지의 완성'의 순서로 진행된다.

02 설문지의 질문 항목을 작성할 때 고려해야 할 사항으로 옳지 않은 것은?

① 이 질문이 꼭 필요한 것인가?

② 응답자가 필요한 정보를 알고 있는가?

③ 응답자가 그 정보를 제공하여 줄 것인가?

④ 조사자가 빠른 시간 내에 조사할 수 있는가?

> **해설** 조사는 시간의 제약을 받기는 하지만 '조사자가 빠른 시간 내에 조사할 수 있는가?'라는 것은 조사의 신뢰성을 저해하는 요인으로 작용할 것이다.

03 질문 시 유의할 사항으로 옳지 않은 것은?

① 측정이 애매모호한 표현은 삼간다.

② 대안을 표현할 때 명시적으로 한다.

③ 여러 의미를 내포하는 용어는 피한다.

④ 설문지 수준을 낮게 평가할 수 있으므로 쉬운 용어는 피한다.

> **해설** 설문지 작성에 있어서 설문대상자가 쉽게 이해하여야 올바른 측정이 가능하므로 설문지에 쓰는 용어는 가급적 쉽고 간결하며 명확하게 작성하여야 한다.

정답 01 ② 02 ④ 03 ④

04 설문지 작성 시 고려해야 할 사항에 해당하지 않는 것은?

① 적합한 척도를 사용한다.
② 간결하고 명료한 문장을 사용한다.
③ 정확하고 많은 양의 정보를 획득한다.
④ 설문지 작성 과정에서 발생하는 오류에 대한 사후 처리 방안을 모색한다.

> **해설** 설문지 작성에서 발생하는 오류를 최소화하기 위해서 설문지 사전조사를 시행한다. 예비설문조사는 잠재적인 문제를 점검하여 발견된 오류들을 제거하기 위해 적은 수의 조사대상자 표본에 설문지를 시험적으로 적용하여 조사하는 것을 말한다. 최선의 설문지라 할지라도 예비설문조사를 통해 오류를 점검하고 확인하여야 실제 설문조사에서 나타날 수 있는 피해를 예방할 수 있다.

05 다음 〈보기〉의 설문문항에 대한 설명으로 옳은 것은?

보기

> 당신이 지난 일 년 동안 마신 생수(500ml 기준)는 몇 병입니까?

① 대답을 꺼려하는 민감한 질문이다.
② 기억하기 어려워 답을 할 수 없는 질문이다.
③ 응답자가 이해할 수 없는 전문용어가 사용되었다.
④ 하나의 항목으로 두 가지 내용을 동시에 질문하고 있다.

> **해설** 제시된 설문문항은 응답자의 기억의 한계를 넘는 질문일 수 있다. 설문문항은 응답자가 기억해 내기 쉽고, 간단하며 명료한 질문이어야 한다.

06 다음 설문지 질문의 문제점은?

> ▶ 최근 과다한 당분의 섭취로 충치의 발생빈도가 매우 높다는 치과의사협회의 발표가 있었습니다. 여러분은 치과 검진을 얼마나 자주 해야 한다고 생각합니까?
>
> 1) 1년에 3회 이상   2) 1년에 2회 정도
> 3) 1년에 1회 정도   4) 2년에 1회 정도

① 유도성 질문이다.   ② 애매모호한 표현을 사용하고 있다.
③ 너무 자세한 내용이 포함되어 있다.   ④ 한 질문에 두 가지 내용이 포함되어 있다.

> **해설** 제시문에서 충치 발생빈도와 관련된 정보를 제공함으로써 응답자가 더 빈번한 치과 검진을 선택하도록 유도하는 경향이 있으므로 유도성 질문이라는 문제점이 있다.

정답   04 ④   05 ②   06 ①

07 다음 중 설문지를 작성하는 경우 질문순서에 대해 잘못 설명한 것은?

① 큰 범위의 질문에서 작은 범위의 질문순서로 배열하는 것이 좋다.

② 질문의 앞쪽에는 응답자와 관련이 있고 흥미로운 질문을 하는 것이 좋다.

③ 질문의 앞부분에는 자세한 내용을, 뒷부분에서는 일반적인 내용을 묻는 것이 타당하다.

④ 질문의 앞쪽에는 쉬운 질문을 배열하고 차차 답변하기 어려운 질문을 배열하는 것이 좋다.

> **해설** 올바른 설문지 질문작성법은 통상적으로 질문의 앞부분에는 일반적이고 단편적인 쉬운 질문 내용을 배열하고, 뒷부분에는 심도있고 자세한 내용을 배열하는 것이 좋다.

08 다음 중 질문의 배열순서에 대한 설명으로 옳지 않은 것은?

① 개인의 인적사항이나 민감한 내용은 먼저 묻는다.

② 쉬운 질문에서 어려운 질문의 순서로 배열한다.

③ 비슷한 형태로 질문하여 응답에 정형이 생기게 한다.

④ 큰 범위의 질문에서 작은 범위의 질문의 순서로 배열한다.

> **해설** 질문의 배열순서
> ㉠ 첫 번째 질문은 가능한 쉽게 응답할 수 있고 흥미를 유발할 수 있는 것이어야 한다.
> ㉡ 응답자의 인적사항이나 민감한 내용에 대한 질문은 가능한 한 나중에 하여야 한다.
> ㉢ 질문항목 간의 관계를 고려하여야 한다.
> ㉣ 응답자가 심각하게 고려하여 응답하여야 하는 성질의 질문은 위치선정에 주의해야 한다.
> ㉤ 문항이 담고 있는 내용의 범위가 넓은 것에서부터 점차 좁아지도록 문항을 배열하는 것이 좋다.

09 설문지 작성 시, 질문의 순서에 대한 설명으로 옳은 것은?

① 인적사항에 대한 질문은 뒤에 하는 것이 좋다.

② 어렵거나 민감한 질문은 가장 먼저 하는 것이 좋다.

③ 설문지가 긴 경우 중요한 질문은 가급적 뒤에 놓는 것이 좋다.

④ 비슷한 질문이 이어지는 경우 구체적인 질문을 먼저 한 후 포괄적 질문을 한다.

> **해설** 응답자의 흥미를 유발하거나 쉽게 대답할 수 있는 질문을 앞부분에 배열하는 것이 바람직하고, 인구통계적 문항이나 개인의 사생활에 대한 질문들은 가급적 설문지의 끝으로 보내는 것이 좋다. 응답자의 집중도가 반감되기 때문에 중요한 질문은 앞에 놓는 것이 좋고, 전반적(포괄적)인 질문에서 구체적이거나 특수한 질문으로 옮기는 것이 바람직하다.

정답 07 ③ 08 ① 09 ①

10 **개방형 질문에 대한 설명으로 옳지 않은 것은?**

① 질문에 응답자가 생각하고 있는 답변을 자유롭게 답하는 형식이다.
② 보고서 작성시 직접적인 인용이 가능하다.
③ 다양하고 광범위한 응답을 얻을 수 있다.
④ 응답자들의 응답을 비교·분석하기가 쉽다.

> **해설** 개방형 질문은 응답자들의 응답을 비교·분석하기가 어렵다. 왜냐하면 탤리(Tally)과정을 거치기 때문이다.

11 **다음 중 질문서의 가장 핵심적인 사항은 무엇인가?**

① 필요정보 유형   ② 응답자의 파악자료
③ 응답자의 협조요구   ④ 지시사항

> **해설** 필요정보 유형은 질문서의 가장 핵심적인 사항으로, 조사자가 연구하고 싶거나 알고 싶어하는 내용에 관한 것을 담고 있다.

12 **다음 중 개방형 질문에 해당하는 질문법은?**

① 고정형 질문   ② 주관식 질문
③ 선다형 질문   ④ 이분형 질문

> **해설** 개방형 질문은 주관식 질문을 의미하는 것으로 질문에 자유롭게 답하는 형식으로, 다양하고 광범위한 응답을 얻을 수 있다.

정답 **10** ④ **11** ① **12** ②

13 다음 〈보기〉의 설문문항에서 사용된 질문형태는?

보기

호텔 레스토랑을 이용하실 때 가장 중요하게 생각하는 요인 한 가지만 말씀해 주십시오.

① 개방형 질문   ② 다지선다형 질문
③ 선택형 질문   ④ 양자택일형 질문

해설 개방형 질문은 주관식 질문을 말하는 것으로 질문에 응답자가 생각하고 있는 답변을 자유롭게 답하는 형식이다. 체계적인 설문조사뿐만 아니라 면접에서 응답자가 그가 원하는 어떤 방식으로든 대답할 수 있도록 하는 질문의 유형이다. 선택형 질문은 폐쇄형 질문이라고도 하며, 이미 조사자에 의해 마련되어 있는 항목들을 응답자로 하여금 주어진 응답지를 선택하도록 하는 방법이다. 다지선다형과 양자택일형 질문은 선택형 질문의 예이다.

14 다음 중 설문지 작성을 위해 사전조사를 실시하는 이유는?

① 조사의 표본수를 예측하기 위해
② 조사의 표본수를 확정하기 위해
③ 연구자가 예상했던 문제를 해결하기 위해
④ 연구자가 예상하지 못했던 문제를 해결하기 위해

해설 사전조사는 본 조사전에 실시하는 소규모의 시험조사로 질문의 내용을 검토·보완한 후 사전조사를 실시한 다음 설문지를 재수정한다. 사전조사를 통하여 설문지 내용의 타당성, 조사상의 문제점 등을 알아볼 수 있다. 즉, 본조사에 들어가기 전에 사전조사를 통하여 조사 설계와 실행과정에서 발생할 수 있는 문제를 미리 발견하여 수정하고자 하는 것이다.

15 설문지 작성의 마지막 단계에서 설문지의 문제점을 찾아내기 위해 하는 조사는?

① 전수조사   ② 표본조사
③ 사전조사   ④ 사후검사

해설 ③ **사전조사**: 실험연구에 있어서 실험변인을 작용시키기 전에 실시하는 조사로 질문의 내용을 검토·보완한 후 사전조사를 실시한 다음 설문지를 재수정한다. 사전조사를 통하여 설문지의 내용의 타당성, 조사상의 문제점 등을 알아 볼 수 있다.
① **전수조사**: 모집단에 속하는 모든 구성원 전체를 대상으로 직접 조사하여 정보를 입수하는 조사법이다.
② **표본조사**: 표본의 특성을 기반으로 모집단의 특성을 추정해 내는 방식이다.
④ **사후검사**: 실험연구에 있어서 그 효과를 알기 위하여 실험변인을 작용시킨 후에 실시하는 검사이다.

정답   **13** ①   **14** ④   **15** ③

01 표본추출의 의미 및 단계

1 표본추출의 개념

(1) 표본의 개념

① 표본(Sample): 모집단으로부터 선택된 모집단 구성단위의 일부를 뜻한다. 즉, 표본추출 프레임으로부터 추출된 표본추출단위들의 집합을 뜻하며, 표본을 선택하는 목적은 모집단의 특성을 파악하는 데 있다.

② 표본의 크기는 모집단으로부터 뽑힌 표본의 개체수를 의미하며, 표본의 크기가 클수록 오차는 줄어든다.

③ 표본의 일반적 특성을 나타내는 인구통계학적 변수에는 나이, 성별, 가족규모, 가족수명주기, 소득, 직업, 교육수준, 종교 등이 있다.

(2) 표본추출과 관련된 용어

① **요소**(Element): 우리가 관심을 가지는 현상에 대한 정보를 수집하는 단위이며 분석의 기초, 표본으로 선정되는 단위인 모집단의 단위를 말한다. 구성원이라고도 한다.

② **기본단위**(Elementary Unit): 조사를 할 때 조사의 대상이 되는 가장 최소의 단위를 말한다. 단위 또는 조사단위라고도 한다.

③ **모집단**(Population): 조사자가 관심을 가지는 조사대상의 전체집합을 말한다. 어떤 집단에 관한 표본조사를 실시하고자 할 때에는 우선, 모집단에 대한 명확한 정의가 내려져야 한다.

④ **표본추출**(Sampling): 모집단의 일부를 조사대상에서 추출하는 과정을 말한다.

⑤ **표본추출단위**(Sampling Unit): 표집단계에서 선정하고자 하는 요소 혹은 집합을 뜻한다. 표본추출단위는 모집단에서 표본을 추출하기 위해 설정된 기본단위들의 집합이다. 즉, 모집단 내의 서로 겹치거나 중복되지 않는 요소들의 집합을 뜻한다.

⑥ **표본추출 프레임**(Sampling Frame): 표본이 실제로 추출되는 추출단위의 목록(리스트)이다. 표본추출 프레임은 모집단 내에 포함된 조사대상들의 명단이 수록된 목록으로서, 표본을 추출할 수 있는 기본적인 틀이 되는 것을 말한다. 표본추출틀이라고도 한다.

⑦ **표본추출률**(Sampling Ratio): 모집단에서 표본이 선택된 비율을 말한다.

⑧ **모수**(Parameter): 모집단의 특성을 나타내는 수치로서, 모집단의 평균, 분산 등을 말한다. 대표적인 모수에는 모비율(찬성률, 불량률, 시청률, 지지율), 모평균(가구당 평균소득, 평균신장), 모총계(총사교육비, 전체 경지면적) 등이 있다.

(3) 표본추출

표본조사에서 널리 사용되는 기본 용어를 20세 이상 성인들을 대상으로 한 '로또복권 판매에 대한 여론조사'의 예를 통하여 살펴보자.

① 조사·측정이 되는 대상을 요소라고 한다. 여론조사의 경우, 20세 이상의 모든 성인이 각각 표본요소가 된다. 이로부터 복권 판매를 찬성한다면 0, 반대한다면 1, 무관심이라면 2로 표시하게 하여 표본요소들의 의견을 각각 측정할 수 있을 것이다.

② 모집단이란 조사자가 추론하고자 하는 모든 자료들의 집합을 뜻한다. 여론조사의 경우, 20세 이상의 모든 성인들이 이 여론조사의 모집단이 아니라 성인들의 견해로 측정된 자료들의 집합이 바로 모집단이라는 점에 주의해야 한다. 이 조사의 모집단은 (0, 1, 2)의 숫자들로 구성되어 있음을 알 수 있다.

③ 표본추출단위란 모집단 내의 서로 겹치거나 중복되지 않는 요소들의 집합을 뜻한다. 여론조사의 경우 20세 이상 성인이 요소이다. 그러나 모든 개개인에게 의견을 조사한다는 것은 일이 복잡할 뿐만 아니라 비용도 많이 소요된다. 그러므로 조사의 단위를 가구나 세대로 선택할 수 있다. 이때 가구나 세대는 표본추출단위로서, 이 속에는 성인이 없거나 여러 명이 포함되어 있다.

④ 전화번호부나 행정구역 내(시·군·구)의 기업 수와 같이 표본추출단위를 기록한 리스트를 표본프레임이라 한다.

⑤ 표본이란 표본체제로부터 추출된 표본추출단위들의 집합을 뜻한다. 표본은 그것이 내포하고 있는 모집단의 구성요소들로부터 자료를 수집함으로써, 모집단을 설명하는 데 사용된다.

2 전수조사와 표본조사

(1) 전수조사와 표본조사

표본을 설계하고자 할 때는 먼저 얼마만큼을 조사할 것인가에 대한 조사대상의 수를 결정해야 한다. 조사자는 대표성이 있는 응답자들을 표본에 포함시켜야만 신뢰성 있는 조사가 이루어짐에 유의하여 표본계획을 수립하여야 한다. 이러한 조사대상의 수를 측정하는 데는 전수조사와 표본조사가 있다.

① 전수조사

　㉠ 전수조사는 모집단에 속하는 모든 구성원 전체를 대상으로 직접 조사하여 정보를 입수하는 방법으로 센서스(Census)라고도 하는데, 정부에서 5년마다 정기적으로 실시하는 전 국민 대상의 인구총조사가 이에 해당된다.

　㉡ 전수조사는 조사대상에 대한 개별적인 정보가 필요한 때나 통계량으로부터 올바른 모수추정이 어려운 경우, 또는 모집단의 크기가 비교적 적어 전수조사의 비용이 부담이 되지 않을 때에 적합한 방법이다.

ⓒ 전수조사가 직관적으로 매우 정확하다고 생각하기 쉬우나, 비표본오차 때문에 표본조사보다 반드시 정확하다고 할 수는 없다.

ⓔ 전수조사가 불가능한 경우도 있다.

ⓜ 전수조사는 시간과 비용이 많이 든다.

ⓗ 상업적 마케팅조사에서 전수조사의 활용은 거의 이루어지지 않고 있다.

② 표본조사

ⓐ 표본조사는 표본의 특성을 기반으로 모집단의 일부 구성원을 대상으로 추정해 내는 방식이다. 즉, 모집단의 일부를 표본으로 선정하여 그 표본만을 대상으로 실시하는 조사이다.

ⓒ 표본조사가 실시되기 위해서는 특정 표본이 모집단을 대표할 수 있어야 하고, 이러한 표본으로부터 얻어진 자료를 이용하여 정확히 모수를 추정할 수 있어야 한다.

ⓒ 표본조사의 유의사항

ⓐ 의사결정자와 조사자와의 대화를 통하여 규명된 모집단을 잘 대표할 수 있는 자료를 획득해야 한다.

ⓑ 신뢰성 있는 결과를 얻을 수 있도록 표본의 정확성을 확보해야 한다.

ⓒ 주어진 비용과 시간을 효율적으로 사용해야 한다.

③ 전수조사에 비해 표본조사가 갖는 장점

ⓐ 조사의 경제성

ⓒ 조사의 신속성

ⓒ 심도 있는 조사가 가능

ⓔ 조사의 정확성(신뢰성)

ⓜ 조사의 숙명적 필요성(유용성)

(2) 표본추출과 관련된 오류

오류는 조사과정에서 범하는 실수나 잘못으로 얻게 되는 틀린 결과를 말하며, 연구결과를 왜곡시키는 오류는 표본오차와 비표본오차로 구분된다.

① 표본오차

ⓐ 표본오차는 모집단을 모두 조사하지 않고 일부의 표본만 조사하기 때문에 발생하는 오류이다.

ⓒ 표본오차는 표본이 모집단을 완벽하게 대표하지 못하기 때문에 발생한다. 즉, 대표성이 없는 표본으로 인하여 발생하는 오류이다.

ⓒ 표본오차에 영향을 주는 요인에는 표본추출법, 모집단의 특성, 표본의 크기 등이 있다.

ⓔ 표본조사를 하면 표본오차가 발생한다. 따라서 표본오차는 표본의 크기를 크게 하여 '0'에 가깝게 줄일 수 있다.

② 비표본오차: 관찰오류와 비관찰오류로 구분한다.

　㉠ 비표본오차는 자료수집과정에서 발생하는 오류이다.

　㉡ 비표본오차는 잘못된 질문, 조사자의 실수, 태만, 응답자의 실수, 무성의한 답변, 자료처리의 오류 등 다양한 원인으로 발생한다.

　㉢ 표본조사의 경우 표본의 규모가 작기 때문에 비표본오차의 발생을 최소화할 수 있으나, 전수조사의 경우 비표본오차의 발생을 줄이는 것은 매우 어렵다.

Plus UP!　비표본오차

> ㉠ **관찰오류(Survey Error)**: 자료수집과정에서 발생하는 오류로 조사현장에서 발생하는 오류와 자료기록 및 처리과정에서 발생하는 오류가 있다.
> ㉡ **비관찰오류(Non-Survey Error)**: 불포함 오류와 무응답 오류가 있다.
> 　ⓐ **불포함 오류(Non-Inclusion Error)**: 모집단의 일부가 표본추출 대상에서 제외됨으로써 발생하는 오류로, 표본추출을 위한 표본프레임(Sample Frame)이 불완전하기 때문에 발생하는 오류이다.
> 　ⓑ **무응답 오류**: 표본으로 추출된 응답자가 응답을 거절하거나 비접촉으로 인해 발생하는 오류로, 표본으로 선정된 사람이 응답을 회피하거나 조사자가 실수하여 답변을 제대로 받아내지 못하는 경우에 발생하는 오류이다.

3　표본추출의 단계

(1) 표본추출과정

표본추출(설계)과정은 '모집단의 확정 → 표본프레임의 결정 → 표본추출방법의 결정 → 표본 크기의 결정 → 표본추출의 실행'의 순서로 진행된다.

(2) 표본추출의 단계

① 모집단의 확정

　㉠ 모집단(Population)은 조사자가 관심있어 하는 특성이나 정보를 포함한 대상들의 집단이다. 모집단에 대한 정의는 명확해야 하며 만약 애매모호하게 모집단을 정의한 경우에는 표본추출과정이 비효율적으로 이루어지고 잘못된 결과를 초래할 수 있다.

　㉡ 모집단의 모든 요소를 조사기간과 조사대상 지역을 고려하여 정의하도록 한다.

② 표본프레임(표본체계)의 결정

　㉠ 표본프레임은 모집단 내에 포함된 조사대상들의 명단이 수록된 목록을 의미한다. 즉, 우리나라의 동·읍·면의 목록이나 기업연감에 수록된 상장기업들의 목록은 표본프레임의 예이다.

　㉡ 조사자는 조사목적에 따라 무엇을 조사할 것인가, 조사단위는 무엇이 되어야 하는가를 체크하면서 표본추출단위(Sampling Unit)를 선정하여 표본프레임(Sampling Frame)을 작성하도록 한다.

ⓒ 표본프레임은 경우에 따라서 쉽게 획득할 수도 있지만 아예 획득하는 것이 불가능한 경우도 있다. 예를 들어, 2019년 1월 1일부터 8월 1일 사이 ○○백화점을 방문한 고객을 모집단으로 규정하는 경우 모집단 자체가 유동적이어서 표본프레임이 존재하지 않을 것이다. 마케팅조사에서는 표본프레임 선정의 어려움으로 인해 표본프레임을 필요로 하지 않는 비확률표본추출방법이 주로 이용된다.

③ **표본추출방법의 결정**

㉠ 표본추출방법에는 확률표본추출, 비확률표본추출이 있다.

㉡ 확률표본추출은 확률이론에 근거하여 표본을 추출하는 방법이고, 비확률표본추출은 조사자의 주관적인 판단이나 편의에 따라 추출하는 방법이다.

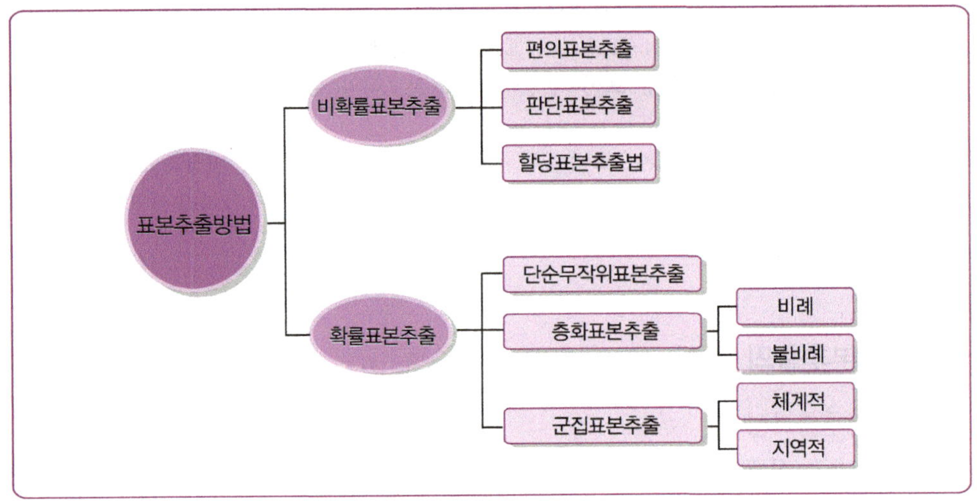

┃ 표본추출방법 ┃

02 표본추출방법

1 개요

(1) 모집단의 특성

① 표본을 조사하는 이유는 모집단 전체의 특성을 추정하기 위함이다. 모집단의 특성은 보통 집중 경향(Central Tendency)이나 산포 정도(Dispersion)로 나타난다. 즉, 자료가 평균을 중심으로 얼마나 모여 있는지, 또 얼마나 흩어져 있는지를 보면 모집단의 모습을 알 수 있다. 따라서 표본을 잘 뽑아 조사하면 모집단의 특성을 더 쉽고, 더 빠르고, 더 정확하게 파악할 수 있다.

② 예를 들어, $Y = a + bX$라는 함수가 있다고 하자. 이 함수는 X 값이 변할 때 Y 값이 어떻게 변하는지를 보여준다. 만약 a와 b 값이 정해지면 Y의 모습도 확정된다. 여기서 a와 b는 모집단의 특성을 설명하는 모수(Parameter)이다.

③ 모집단의 특성은 모집단 자료들의 변화를 먼저 함수로 표현하고, 그 안에 들어 있는 모수(Parameter)를 추정함으로써 파악할 수 있다. 통계학에서는 이 모수들을 반드시 포함해서 설명해야 하며, 모집단의 모양(분포)에 따라 모수의 의미도 달라진다.

④ 실제 많은 통계 교재와 조사 실무에서는 모집단이 보통 정규분포를 따른다고 가정한다. 따라서 모집단의 평균(μ)과 분산(σ^2)이 가장 중요한 분석 대상이 된다.

⑤ 표본조사에서는 모집단의 평균이나 분산 같은 값을 얼마나 잘 맞출 수 있느냐가 중요하다. 이를 추정(Estimation)이라고 하며, 실제 모집단 값과 표본으로 얻은 값의 차이를 추정 오차(Error of Estimation)라고 한다.

⑥ 모집단의 실제 값을 θ라고 할 때, 표본에서 얻은 추정치가 θ와 차이가 나면 오차가 발생한다. 이 오차가 얼마나 작은지, 또 어느 범위 안에 있는지를 통해 추정의 신뢰성을 판단할 수 있다.

⑦ 오차의 상한을 β라고 할 때, 표본조사에서 발생하는 오차가 β보다 작을 확률이 높을수록, 즉 신뢰수준(Confidence Level)이 클수록 표본조사의 정확성은 높아진다고 할 수 있다.

(2) 모수를 예측하는 방법

모수를 예측하는 방법에는 적률법(積率法, Method of Moments)과 최대우도법(MLE법: Maximum Likelihood Estimator Method)이 있다.

(3) 표본을 통해서 모집단의 성질을 추론할 때 고려사항

① 모집단 요소들의 동질성 정도(Amount of Variation in the Data)
② 표본의 크기
③ 표본조사 예산

2 표본설계

(1) 표본설계에서 고려할 점

① 표본과 표본설계

   ⊙ 표본이란 조사대상을 말한다. 즉, 조사방법과 자료수집방법이 결정되면 표본을 정해야 다음 단계로의 진행이 가능하다.

   ⓛ 표본설계란 표본이 정해지면 그에 따른 조사 지역, 표본 크기, 표본추출방법 등을 무엇으로 할지를 결정하는 과정이다. 즉, 이 과정에서 전수조사를 할 것인가, 표본조사를 할 것인가를 정해야 한다.

② **표본조사와 전수조사**: 마케팅조사에서 대부분이 표본조사이다. 왜냐하면 조사 목적의 대상이 불특정다수인을 대상으로 한다면 표본을 특정할 수가 없기 때문에 전수조사는 불가능하기 때문이다.

마케팅조사자는 연구목적에 맞게 표본조사를 할지 전수조사를 할지 결정하여야 한다.

㉠ **표본조사**: 표본조사는 모집단 중 일부만을 조사하는 방법이다. 조사대상의 선정은 어떻게 표본을 추출(sampling)할 것인가의 문제로 귀착된다. 표본은 전체 모집단을 대표할 수 있도록 조사자가 선정한 세그먼트이다.

㉡ **전수조사**: 전수조사는 인구조사 센서스처럼 모집단 전부를 조사하는 방법이다. 시간과 비용이 많이 들고, 조사과정에서 누락되거나 잘못 조사되는 경우도 있기 때문에 생각보다 정확도가 떨어진다.

③ **표본설계 시 고려요소**: 표본을 설계할 때 다음의 3가지 의사결정이 요구된다.

㉠ **표본 단위(Sample Unit)**: 조사대상(표본추출 단위)이 누구인가이다. 마케팅조사자는 어떤 정보가 필요하고, 누가 그 정보를 가졌는지 파악하여 조사대상을 선정한다.

㉡ **표본 크기(Sample Size)**: 얼마나 많은 사람을 조사할 것인가이다. 표본의 크기가 커지면 규모가 작은 표본보다 신뢰할만한 결과를 얻을 수 있다. 그러나 표본의 크기가 커지면 더 많은 조사비용이 든다.

㉢ **표본추출절차(Sampling Procedure)**: 응답자를 어떻게 선정하는가이다. 마케팅조사자는 확률표본을 사용할 수도 있지만 종종 비확률적 표본도 사용한다. 표본을 추출하는 방식에 따라 비용이 달라지고 정확성과 통계적 특성도 달라진다.

(2) 표본추출방법

① **표본추출의 순서**

㉠ 표본추출의 순서는 우선 모집단을 정확히 정의하고, 표본추출방법을 결정하며, 표본의 크기를 정하는 순으로 진행된다.

㉡ 조사의 목적을 명확히 하기 위하여 가장 먼저 모집단을 확정해야 한다. 표본추출법에는 '확률표본추출법과 비확률표본추출법'이 있다.

② **확률표본추출법**

㉠ 확률표본추출법은 통계적인 방법을 통해 객관적으로 표본을 추출하는 방법이다.

㉡ 모든 모집단에 속한 사람이 표본에 포함될 확률이 알려져 있고, 조사자는 표본오차의 신뢰도 수준을 계산할 수 있다.

㉢ 확률표본 선정방식은 비용이 많이 들고 시간이 오래 걸린다는 단점이 있다.

㉣ 대표적인 방법으로 '단순무작위표본추출법(simple random sampling), 층화표본추출법(stratified sampling), 군집표본추출법, 체계적 표본추출법' 등이 있다.

③ 비확률표본추출법

　㉠ 비확률표본추출법은 통계학적 방법을 쓰지 않고 조사목적에 맞을 것이라는 판단에 의해서 순전히 편의상, 혹은 할당에 의해 표본을 추출하는 방법으로 가장 널리 사용되는 방법이 할당표본추출법이다.

　㉡ 할당표본추출법은 표본 중 어떤 특징을 가지는 비율이 모집단이 그 특징을 가지고 있는 비율과 비슷하게 되게 할당하여 표본을 추출하는 방법이다.

　㉢ 가령, 인터넷 사이트의 회원이 10대가 10,000명이고 20대가 40,000명인 경우 전체 100명의 표본을 추출한다면 모집단의 비율에 맞추어 10대에서 20명, 20대에서 80명을 임의로 선발하면 된다.

❙ 표본추출방법 ❙

확률 표본 추출법	단순무작위표본 추출법	일정 수의 표본을 난수표를 이용해 무작위 추출한다. 시간・비용이 많이 든다.
	층화표본추출법	모집단을 소집단들로 나누고 이들 각 소집단들로부터 표본을 무작위추출한다.
	군집표본추출법	모집단을 소집단들로 나누고 이들 각 소집단을 무작위 표본추출한 후 추출된 소집단 내의 구성원들을 모두 조사한다.
	체계적 표본 추출법	모집단이 주기적 변동을 갖고 있을 때, 무작위로 추출하지 않고 n번째 표본추출단위를 선택하는 방법이다.
비확률 표본 추출법	편의표본추출법	임의로 선정한 지역과 시간대에 조사자가 원하는 사람들을 표본으로 선택한다.
	판단표본추출법	조사문제를 잘 알고 있거나 모집단의 의견을 반영할 수 있을 것으로 판단되는 특정집단을 표본으로 선정한다.
	할당표본추출법	분류기준에 의해 전체 표본을 소집단으로 분류하고 각 집단별로 필요한 대상을 추출한다. 상업적으로 마케팅조사에서 널리 이용된다(비확률표본추출방법 중 가장 정교한 기법).

확률표본추출방법(Probability Sampling)은 모집단을 구성하는 대상들의 명단이 기재된 표본프레임을 이용하여 표본을 추출함으로써 모집단 내의 각 대상들이 선택될 확률을 미리 알 수 있는 표본추출방법이다. 따라서 확률표본추출을 위해서는 모집단에 대한 정확한 정의가 필요하고 표본프레임의 존재가 전제되어야 한다. 선택된 표본이 확률에 의해 선택되었기 때문에 표본의 신뢰성과 정확성의 검증이 가능하여 모집단의 모수를 통계적으로 추론할 수 있게 된다.

(1) 단순무작위표본추출법

① 단순무작위표본추출(Simple Random Sampling)은 가장 기초적인 방법으로 모집단의 구성원들이 표본으로 선정될 확률이 사전에 알려져 있고 동일하도록 추출하는 방법이다. 난수표를 이용하여 추출하거나 컴퓨터의 난수생성 프로그램을 이용하는데, 모집단의 구성원에 일련번호를 부여한 후 난수표에서 뽑거나 컴퓨터 프로그램에서 생성된 난수(Random Number)에 해당하는 구성원을 추출한다.

② 단순무작위표본추출방법을 사용하여 추출한 표본은 사전에 정해진 허용오차의 범위 내에 있어 모집단을 대표하기 때문에 높은 대표성이 있는 장점이 있다. 하지만 모집단의 구성요소에 일련번호를 부여해야 하는데, 이를 위해서는 모집단을 구성하는 요소들의 목록을 확보해아 하는 어려움이 있다. 따라시 모집딘의 규모가 작아 모집딘의 목록 획보가 용이한 경우에 한하여 사용할 수 있다.

(2) 층화표본추출법(계층별 무작위추출법)

모집단을 중복하지 않는 동질적 세분집단으로 구분하고, 각 집단 내에서 단순무작위표본추출법(Simple Random Sampling)을 적용하는 표본설계를 계층별 무작위추출법(Stratified Random Sampling)이라 한다. 이때 동질적인 세분집단을 계층(Stratum)이라 한다.

① 계층별 무작위표본추출법이 사용되는 조건은 다음과 같다.

㉠ 모집단 전체의 요소를 일괄적으로 처리하는 것보다 자료가 보다 동질적인 그룹으로 구별될 수 있어야 한다.

㉡ 모집단을 세분해서 자료를 수집·분석하는 것이 전체를 일괄적으로 다루는 단순무작위추출법보다 표본체제의 작성, 표본추출단위의 선정, 자료의 수집 등의 업무에 있어서 보다 더 신속하고 간편하며 적은 경비로 수행될 수 있어야 한다.

㉢ 계층별 단순무작위추출법을 사용할 때, 각 계층별 모수를 또 다른 표본추출방법을 사용하지 않더라도 예측할 수 있어야 한다.

② 모집단을 보다 동질적 세분집단으로 구분하였다면, 각 세분집단(즉 계층, Stratum)에 표본의 크기를 할당해야 할 것이다. 표본 크기의 할당에 고려해야 할 요소로서는 ㉠ 각 계층의 크기, ㉡ 각 계층 내 자료들의 동질성 정도, ㉢ 각 계층 내에서의 자료수집의 비용의 3가지가 있다.

③ 각 계층마다 전체 표본 수를 배당하는 데 있어서, 첫째 배당되는 표본 수는 각 계층의 크기에 비례하고, 둘째 각 계층의 자료들의 분산이 클수록 더 큰 표본 수를 할당해야 할 것이며, 셋째 각 계층 내 자료수집비가 많을수록 표본 수를 줄여야 한다는 사실들을 쉽게 생각할 수 있다. 자료수집비를 일정하게 하면서 모집단 평균추정량에 대한 분산을 가능한 한 적게 할수록 추정치는 더욱더 믿을 수 있을 것이다. 또한 모집단 추정량에 대한 분산 [$V(\overline{X})$]이 일정한 경우에는 자료수집 비용을 극소화시킬 수 있도록 표본의 크기를 각 계층마다 할당해야 할 것이다.

④ **층화표본추출법의 종류**: 층화표본추출방법은 모집단을 특정한 기준에 따라 서로 상이한 소집단으로 나누고, 이들 각각의 소집단들로부터 빈도에 따라 일정수의 적절한 표본을 무작위로 추출하는 표본추출방법이다.

    ㉠ **비례 층화표본추출법**: 각층의 크기에 비례하여 추출할 표본의 수를 할당하는 방법

    ㉡ **불비례적(할당) 층화표본추출법**: 각층의 중요도 정도가 다른 경우 층의 크기가 아니라 중요도에 따라 표본의 수를 할당하는 방법

(3) 군집표본추출법

① 군집표본추출법(Cluster Sampling)이란 표본의 단위(Sampling Unit)가 포도송이처럼 모집단의 요소(Element)들의 군집체(Cluster Collection)로 되어 있는 상황하에서 단순무작위추출법(Simple Random Sampling)으로 표본을 선택하는 방법이다.

② 군집표본추출법은 모집단이 여러 개의 동질적인 소규모 그룹으로 구성되어 있고, 각 그룹이 모집단을 대표할 수 있을 만큼 다양한 특성을 가진 요소들로 구성되어 있을 때 사용되는 추출방법이다.

③ 유사한 소규모 그룹을 군집(Cluster)이라고 하는데 군집들은 서로 유사하며 각각 모집단을 상당히 대표할 수 있으므로 군집들을 모두 조사하지 않고 무작위로 적절히 선택하여 조사한다. 각 군집 내에 속하는 요소들은 서로 이질적으로 다양한 특성을 가지고 있어야 하며, 군집들은 서로 동질적이어야 한다. 즉, 내부적으로는 이질적, 외부적으로는 동질적이어야 한다. 이 점은 층화표본추출에서 각층의 특징과 반대이다.

④ 마케팅에서 널리 사용되는 군집표본추출방법은 지역표본추출(Area Sampling)이다. 예를 들면, 서울 주민을 대상으로 현대자동차의 구매의사를 조사하는 경우 서울 각 지역 간 주민들의 구매의사가 큰 차이가 없을 것으로 판단되면, 전 지역을 대상으로 하지 않고 몇 개의 지역을 선정하여 그 지역 거주 주민을 대상으로 조사한다.

⑤ 군집표본추출방법의 장점은 전체를 조사하는 것에 비해 비용과 시간을 절약하는 동시에 대표성을 확보할 수 있는 점이다. 하지만 이는 군집들이 내부적으로는 이질적이면서 외부적으로는 동질적이라는 조건을 만족시킬 때 얻을 수 있는 장점이다. 따라서 모집단을 충분히 이해하고 가능하다는 확신이 있을 때 사용할 수 있는 방법이다.

⑥ 군집표본추출법은 계층별 무작위추출법이나 단순무작위표본추출법보다도 통계적으로 효율적이지 못한 경우가 많은데, 그 이유는 군집표본추출법에서는 표본규모가 일정하다고 할 때 오차의 편의가 클 가능성이 가장 많기 때문이다.

⑦ 군집표본추출법이 통계적인 효율성이 낮은데도 불구하고 대규모의 표본조사에서 흔히 사용되는 이유는, 단일표본당 드는 비용이 적어 경제적으로 효율적이기 때문이다. 다시 말하면, 표본당 추출비용이 적으므로 대규모의 표본을 선택하는 것이 동일한 비용으로 소수의 표본을 선정하는 계층별 무작위추출법보다 추정치의 오차폭이 대체로 적은 경향이 있기 때문에 이러한 경우에는 군집표본추출법을 이용하는 것이 유리하다.

(4) 체계적 표본추출법

① 표본추출의 체계(Sampling Frame)의 처음 k개의 표본추출단위(Sampling Unit)들 가운데서 무작위로 한 개를 선택한 다음, k번째마다 하나씩 표본을 추출하는 방법을 체계적 표본추출법(Systematic Sampling)이라 하며, 이 방법에 의해 채택된 표본을 k개 중에서 한 개씩 뽑은 것을 체계적 표본(One-in-k Systematic Sample)이라 한다. 1만 명의 모집단에서 100명의 표본을 추출하는 경우 k는 100이 된다. 선거일에 실시하는 출구조사가 가장 좋은 예인데 출구에서 투표를 마치고 나오는 유권자들을 일정 간격을 두고 접근하여 질문한다. 몰인터셉트 인터뷰(Mall-Intercept Interview)의 경우 어떤 점포에 출입하는 쇼핑객들을 선정할 때 쉽게 적용할 수 있다.

② 이 방법은 모든 구성원들이 동일한 선택 확률을 가지고 있다는 면에서 단순무작위추출방법과 유사하다고 볼 수 있다. 따라서 무작위성이 확보된 표본을 쉽게 추출할 수 있다는 장점이 있다. 하지만 이 방법을 사용하려면 표본추출단위에 순서가 있거나 일련번호를 매길 수 있어야 하므로 실행에 한계가 있다.

③ 발생할 수 있는 문제점은 모집단이 어떤 주기성을 가지고 있는 경우 특정한 특성을 가진 구성원들만 추출될 가능성이 있다는 점이다. 예를 들어, 백화점의 매출액을 조사하는데 표본추출 구간이 일주일인 경우 일요일만 선정될 수 있어 매출액이 과장될 가능성이 있다. 따라서 표본추출 프레임이 순서가 있거나, 순서에 따라 표본추출이 가능한 경우 주기성만 조심한다면 효율성과 대표성을 동시에 높일 수 있는 방법이다.

04 　비확률표본추출방법

비확률표본추출방법(Probability Sampling)은 표본프레임이 없어 모집단 내의 대상들이 선택될 확률을 사전에 모르는 상태에서 표본이 선정되는 방법이다. 표본의 수가 많지 않고 표본프레임의 입수가 가능하다면 확률표본추출방법을 이용하는 것이 바람직하다. 그러나 조사의 특성상 비확률 표본추출방법이 더 효과적일 수 있다. 예를 들면 IT 신제품의 경우 전문가를 대상으로 하는 판단표 본추출방법이 유용한 자료를 수집하는 데 더 효과적일 수 있다.

(1) 편의표본추출법(Convenience Sampling)

① 편의표본추출법(간편추출법)은 조사자가 편리한 장소와 시간에 접근하기 쉬운 조사대상을 표본으로 추출하는 것이다.

② 이 방법은 하나의 아이디어나 가설을 탐색하기 위한 연구절차상 탐색단계나 질문지의 사전조사에 사용되는데 주로 모집단의 특성이 비교적 동질적이라고 판단될 때 사용된다.

③ 즉, 조사대상에 대하여 정확한 자료를 수집하기보다는 저렴하고 신속하게 정보를 얻고자 할 때 사용되는데 측정도구(Measure)의 개발, 설문지 개발 후 사전조사 등에 주로 사용된다.

④ 도심지에서 지나가는 사람들을 대상으로 면접조사를 실시하는 경우가 대표적인 예이다.

⑤ 편의표본추출법은 얻어진 표본이 통계치에 대한 통계적 정확성을 평가할 수 없다. 즉, 응답에 협조하는 대상들만을 조사하게 됨으로써 응답을 거부하는 사람들의 특성이 반영되지 못한다는 문제가 있다. 실제 마케팅조사에서는 별로 활용되지 않는 기법이다.

(2) 판단표본추출법(Judgement Sampling)

① 판단표본추출법은 조사자가 나름의 지식과 경험에 의해 모집단을 가장 잘 대표한다고 여겨지는 표본을 주관적으로 선정하는 방법이다. 즉, 조사목적에 적합하다고 판단하는 대상을 선택하거나, 표본의 선택기준을 정해 놓고 선택된 표본에 대한 자료를 검토하여 가장 적합한 대상을 선정하는 방법이다.

② 판단표본추출법은 조사자가 표본의 구성에 대해 잘 알고 있는 경우이거나 무작위로 표본을 추출하였을 때 선정된 표본이, 모집단을 적절히 대표하지 못할 경우에 매우 효과적인 방법이다. 하지만 조사자의 주관적 판단에 의해서 표본이 선정되어 정확성에 대한 객관적인 평가가 어렵고, 모집단이 커질수록 조사자가 표본에 대한 정확한 정보를 얻기 힘들어진다는 단점이 있다. 그러나 적은 비용으로 의미 있는 자료를 수집할 수 있다는 장점을 갖고 있어 표적집단면접과 같이 본조사 실시 전의 사전조사에서 널리 활용되어 진다.

③ **스노우볼**(Snowball Sampling) : 판단표본추출법에 있어서 전문적인 지식을 가진 표본을 찾아내는 것이 중요하다. 만일 조사자가 충분한 표본을 확보하지 못한 경우 먼저 접촉한 대상자들에게 유사한 지식을 가진 다른 대상자들을 소개해 달라고 부탁함으로써 연속적으로 새로운 표본을 찾아내는 방법이다.

(3) 할당표본추출법(Quota Sampling)

① 할당표본추출법은 인구통계적 요인, 경제적 요인, 사회·문화·자연환경적 요인, 기술환경요인, 정치적 요인, 법률적 요인 등의 분류기준에 의해 전체 표본을 여러 집단으로 구분하고, 각 집단별로 필요한 대상을 사전에 정해진 비율로 추출하는 방법이다.

② 할당표본추출법은 모집단에 대해 어느 정도의 사전지식을 가지고 있고, 저렴한 비용으로 일정한 특성을 지니고 있는 표본요소의 구성비율이 모집단과 일치하도록 표본을 추출함으로써 모집단을 대표할 수 있도록 하기 위해서 사용된다.

③ 표본을 추출하기 전에 개발 중인 연구대상에 대한 정보를 필요로 하지 않기 때문에 명확한 표본프레임이 없어도 이 방법을 사용할 수 있다.

④ 할당표본추출법은 비확률표본추출방법 중 가장 정교한 표본추출법으로 상당히 높은 수준의 대표성을 확보할 수 있다. 각 집단의 표본크기가 충분히 큰 경우(30개 이상) 각 집단별 측정자료는 정규분포를 가지므로 할당표본추출법에 의한 조사결과는 모집단의 특성을 제대로 반영할 수 있다.

05 표본크기 결정

1 의의

(1) 표본크기 결정의 중요성

① 표본조사과정에서 표본설계 시 모집단에서 추출할 표본의 크기를 결정해야 한다. 표본을 많이 뽑으면 모집단의 성질과 비슷할 것이라고 직관적으로도 생각할 수 있다.

② 그러나 표본으로 뽑힌 조사 단위들을 실제 조사하는 것은 비용이 들기 때문에 표본을 많이 뽑을 수 없다. 표본이 크면 시간과 인력, 비용이 과다하게 지출하게 되며, 표본이 작으면 조사결과의 정확도나 신뢰도가 떨어지게 된다.

③ 그러므로 표본설계에서 적절한 표본의 크기를 결정하는 것은 매우 중요하다.

(2) 표본의 크기 결정 시 고려사항

① 표본크기를 결정할 때 고려해야 할 것으로 예산, 추정오차의 한계(목표오차), 표본추출방법을 들 수 있다.

② 예산은 목표오차와 반대되는 개념이라 할 수 있다. 예산을 많이 들이면 표본을 많이 추출할 수 있기 때문에 목표오차는 작아진다. 반면 예산이 줄면 표본수를 많이 추출할 수 없기 때문에 조사에서의 목표오차는 커지게 된다.

③ 비용은 고정비용과 조사비용으로 구분한다. 고정비용은 바뀔 수 없는 비용을 의미하며, 조사비용은 조사단위별 드는 비용의 합이다. 조사비용은 집단별, 지역별로 다를 수 있다. 이러한 경우에는 층이나 집락별로 비용이 다르므로 층별 분산이나 신뢰계수, 오차의 한계 등에 따라 표본수를 다르게 결정하게 된다.

④ 반면 조사비용이 모두가 동일하다면 예산에서 고정비용을 뺀 나머지를 조사단위별 비용으로 나누어 표본수를 결정할 수 있다.

⑤ 추정량의 표준오차는 어떤 추출방법을 사용했는지에 따라 달라진다. 그러므로 목표오차를 달성하기 위한 표본의 크기도 추출방법으로 어떤 것을 선택했는지에 따라 달라진다. 동일 예산을 들였을 때, 최적의 방법을 선택한다면 목표오차를 줄일 수 있다는 것이다.

2 표본크기 산정과 고려사항

(1) 개요

간단한 조사(Pilot Survey)를 실시하여 표본크기(Sample Size)를 산정하는 데 필요한 정보를 수집한다. 표본의 크기가 크면 오차를 줄일 수 있다.

(2) 표본의 크기 산정

① 표본의 크기를 산정함에 있어서 조사자가 허용할 수 있는 오차의 한계(Bound on the Error of Estimation)도 설정해야 할 것이다. 조사의 비용, 모집단 자료들의 분산 정도, 표본추출방법 등이 모두 확정되어야 표본의 크기를 산정할 수 있을 것이다.

② 표본추출과정에서 표본의 크기는 조사비용이나 조사의 정확도 등과 밀접한 관련이 있기 때문에 조사자는 표본추출방법과 함께 표본의 크기를 결정해야 한다.

③ 표본 크기의 결정은 표본추출방법, 필요한 통계량의 수준, 모집단의 동질성 정도 등과 관련이 있을 뿐만 아니라 연구목적 및 조사의 유형, 조사예산, 시간의 제약, 실제 표본추출 가능성과도 밀접한 관련이 있다.

01 전수조사가 표본조사보다 정확하지 않은 경우도 흔히 있다. 그 이유라고 할 수 있는 것은?

① 표본오차가 발생하기 때문이다.
② 비표본오차가 발생하기 때문이다.
③ 체계적 오차가 발생하기 때문이다.
④ 비체계적 오차가 발생하기 때문이다.

해설 전수조사 시에는 자료수집과정에서 비표본오차가 발생하기 때문에 표본조사보다 정확하지 않은 경우도 있다. 즉, 잘못된 질문, 조사자의 실수, 태만, 자료처리의 오류 등으로 발생하며, 표본조사 시에는 표본오차, 체계적 오차, 비체계적 오차가 발생한다.

02 표본추출과 관련된 용어의 설명으로 옳은 것은?

① 요소(Element)는 모수를 추정함으로써 발생하는 것이다.
② 모집단(Population)은 조사에서 조사결과가 적용될 집단이다.
③ 표본조사는 모집단 전체 구성원을 대상으로 실시하는 조사이다.
④ 모수(Parameter)는 표집단계에서 선정하고자 하는 요소 혹은 집합을 뜻한다.

해설 ② 모집단(Population): 조사자가 관심을 가지는 조사대상의 전체 집합을 말한다.
① 요소(Element): 우리가 관심을 가지는 현상에 대한 정보를 수집하는 단위이며 분석의 기초, 표본으로 선정되는 단위인 모집단의 단위로, 모수를 추정함으로써 발생하는 것은 아니다.
③ 표본조사: 모집단의 일부를 표본으로 선정하여 그 표본만을 대상으로 실시하는 조사이다.
④ 모수(Parameter): 모집단의 특성을 나타내는 수치로서, 모집단의 평균, 분산 등을 말한다.

03 표본추출의 대상이 되는 연구대상의 집합을 무엇이라 하는가?

① 모집단
② 표본추출단위
③ 군집
④ 구성원

해설 표본추출단위는 표본추출의 대상이 되는 연구대상의 집합을 말하며, 모집단은 조사대상 전체를 의미한다.

정답 01 ② 02 ② 03 ②

04 다음 중 표본추출을 위한 표본프레임이 불완전하기 때문에 발생하는 오류는?

① 표본오류
② 불포함 오류
③ 관찰오류
④ 무응답 오류

> **해설** ② **불포함 오류(Non-Inclusion Error)**: 조사대상이 되는 모집단의 일부가 표본추출 대상에서 제외됨으로써 발생하는 오류로, 표본추출을 위한 표본프레임(Sample Frame)이 불완전하기 때문에 발생하는 오류이다.
> ① **표본오류**: 모집단을 모두 조사하지 않고 일부의 표본만 조사하기 때문에 발생하는 오류이다. 즉, 대표성이 없는 표본으로 인하여 발생하는 오류이다.
> ③ **관찰오류**: 자료수집과정에서 발생하는 오류로 조사현장에서 발생하는 오류와 자료기록 및 처리과정에서 발생하는 오류가 있다.
> ④ **무응답 오류**: 표본으로 추출된 응답자들의 거절이나 비접촉으로 인한 오류이다.

05 5년마다 실시하는 '인구주택센서스(인구주택총조사)'에서 센서스의 정의로 옳은 것은?

① 모집단 전체를 대상으로 조사하는 방식이다.
② 모집단 중 표본을 추출하여 표본을 대상으로 조사하는 방식이다.
③ 일부 지역이 아니라 전체 지역에서 표본을 추출하여 행하는 대규모 조사이다.
④ 표본을 조사한 후 대상자들의 추천을 받아 대상을 확대해나가는 방식의 조사이다.

> **해설** 인구주택센서스(Census)는 표본추출이 아닌 전수조사로서 전국 인구와 주택의 총수 및 기본적 특성을 파악하기 위해 정기적으로 실시하는 총조사를 말한다.

06 표본추출과정에서 가장 먼저 이루어져야 하는 것은?

① 모집단 결정
② 표본추출방법 결정
③ 표본의 크기 결정
④ 자료수집방법 결정

> **해설** **표본추출과정**: 모집단 결정 → 표본추출방법의 결정 → 표본의 크기 결정 → 자료수집방법 결정

정답 **04** ② **05** ① **06** ①

07 **표본추출의 과정이 순서대로 옳게 나열된 것은?**

① 모집단 확정 → 표본프레임 결정 → 표본추출방법 결정 → 표본크기 결정 → 표본추출
② 표본크기 결정 → 표본프레임 결정 → 모집단 확정 → 표본추출방법 결정 → 표본추출
③ 표본프레임 결정 → 모집단 확정 → 표본추출방법 결정 → 표본크기 결정 → 표본추출
④ 표본추출방법 결정 → 모집단 확정 → 표본프레임 결정 → 표본크기 결정 → 표본추출

> **해설** 일반적으로 표본추출의 절차는 모집단을 확정하는 단계에서 시작하여 표본프레임(표본틀)의 결정, 표본추출방법의 결정, 표본크기 결정, 표본추출의 순으로 진행된다.

08 **표본을 통하여 모집단의 성질을 정확히 추론하는 데 필요한 고려요소와 관계가 먼 것은?**

① 표본의 크기
② 모집단 요소들의 동질성 정도
③ 표본조사 예산
④ 표본추출단위

> **해설** 표본을 통해서 모집단의 성질을 정확히 추론하려면 모집단 요소들의 동질성 정도와 표본의 크기, 그리고 표본조사 예산을 고려해야 한다.

09 **확률표본추출에 해당하는 방법은?**

① 편의표본추출
② 군집표본추출
③ 판단표본추출
④ 할당표본추출

> **해설**
> • **확률표본추출법**: 단순무작위표본추출법, 층화표본추출법, 군집표본추출법, 체계적 표본추출법
> • **비확률표본추출법**: 편의표본추출법, 판단표본추출법, 할당표본추출법

10 **다음 중 확률표본추출방법이 아닌 것은?**

① 할당표본추출법
② 군집표본추출법
③ 층화표본추출법
④ 단순무작위표본추출법

> **해설** ①은 비확률표본추출방법에 해당된다. 비확률표본추출방법에는 ㉠ 편의(임의)표본추출법, ㉡ 판단표본추출법, ㉢ 할당표본추출법 등이 있다.

11 단순무작위 표본추출법에 대한 설명으로 옳은 것은?

① 조사자나 면접원이 편리한 장소와 시간에 접촉하기 편리한 대상을 표본으로 추출하는 방법이다.

② 모집단이 다수의 집단으로 구분될 수 있는 경우, 각 집단에서 무작위로 표본을 추출하는 방법이다.

③ 표본추출 단위들 간에 어떤 순서가 있는 경우, 일정한 표본추출 간격으로 표본을 추출하는 방법이다.

④ 표본프레임 내의 각 표본에 대해 일련번호를 부여하고, 이를 이용해 일정수의 표본을 무작위로 추출하는 방법이다.

해설 ① 편의추출방법에 관한 설명이다.
② 층화표본추출법에 관한 설명이다.
③ 체계적 표본추출법에 관한 설명이다.

12 무작위로 추출하지 않고 n번째 표본추출단위를 선택하는 방법은?

① 체계적 표본추출법   ② 단순무작위표본추출법
③ 군집표본추출법   ④ 계층별 무작위추출법

해설 ① **체계적 표본추출법**: 무작위로 추출하지 않고 n번째 표본추출단위를 선택하는 방법이다.
④ **계층별 무작위추출법**: 두 지역 투표자들의 찬·반이 현저하게 다르게 나타나고 있을 경우에는 특성이 유사한 집단별로 단순무작위추출방법을 사용하는 것이 좋다.

13 모집단이 내부적으로 이질적이고 외부적으로 동질적인 소집단으로 구성되어 있을 때 적합한 표본추출방법은?

① 단순무작위표본추출법   ② 층화표본추출법
③ 체계적 표본추출법   ④ 군집표본추출법

해설 ④ **군집표본추출법(Cluster Sampling)**: 각 군집 내에 속하는 요소들은 서로 이질적으로 다양한 특성을 가지고 있어야 하며, 군집들은 서로 동질적이어야 한다. 즉, 내부적으로 이질적, 외부적으로는 동질적이어야 한다.

정답   **11** ④   **12** ①   **13** ④

14 표본단위를 동·지역·블록 등과 같이 모집단의 요소를 군집할 수 있는 단위로 선택한 후 표본을 추출하는 방법은?

① 단순무작위추출법
② 계층별 무작위추출법
③ 체계적 표본추출법
④ 군집표본추출법

> **해설** 지문의 내용은 군집표본추출법에 대한 설명이다.

15 다음 중 비확률표본추출방법이 아닌 것은?

① 무작위표본추출법
② 할당표본추출법
③ 판단표본추출법
④ 편의표본추출법

> **해설** 비확률표본추출방법에는 편의(임의)표본추출법, 판단표본추출법, 할당표본추출법 등이 있다.

16 다음 〈보기〉에서 사용된 표본추출법은?

보기

A회사는 자사제품에 대한 소비자의 인식을 조사하기 위해 2025년 5월 25일 오후 3시에 서울 강남구 일대에서 행인들 중 몇 명을 임의로 선정하여 설문조사를 실시하였다.

① 층화표본추출법
② 편의표본추출법
③ 군집표본추출법
④ 판단표본추출법

> **해설** 편의표본추출법은 조사자가 편리한 장소와 시간에 접근하기 쉬운 조사대상을 표본으로 추출하는 것으로, 도심지에서 지나가는 사람들을 대상으로 면접조사를 실시하는 경우가 대표적이다.

정답 **14** ④ **15** ① **16** ②

CHAPTER 07

실사의 실시

01 실사의 의미 및 중요성

(1) 실사의 개념

실사란 마케팅조사계획 및 표본설계에 따라 실제 조사를 실시하는 것을 의미한다. 통상 95% 유의수준 하에서 ± 2%의 표본오차를 설정한다. 상업적 조사의 경우 표본의 크기를 상대적으로 크게 함으로써 표본오류를 줄일 수 있다.

(2) 조사의 오류

실사 수행 시 오류가 발생하기도 하는데 이는 다음과 같은 요인에서 비롯된다.
① 설문내용을 잘못 이해한 경우
② 질문을 잘못하는 경우
③ 조사자의 개인적 특성에 의한 오류
④ 검정과정에서의 오류
⑤ 코딩과정에서의 오류

02 실사의 일반적 절차

1 개요

실사는 일반적으로 조사자의 선발 및 교육 → 자료의 수집 → 검증 및 편집 → 코딩 → 데이터 파일의 구성 순으로 이루어진다.

2 실사의 절차

(1) 조사자의 선발 및 교육 고려사항

① 어떤 기준으로 조사자들을 선발하는가?
② 어떻게 설문지의 내용과 조사방법을 교육시킬 것인가?
③ 모든 조사자들이 설문지의 내용을 동일하게 이해할 수 있는가?
④ 이들 각 조사자에 대한 지역할당을 어떻게 할 것인가?
⑤ 조사자이 각 설문에 대해 어떻게 질문하여야 하는가?
⑥ 조사자의 출신지역과 사투리가 조사에 영향을 미치지는 않는가?

⑦ 조사자의 조사수행 여부를 어떻게 확인할 것인가?

⑧ 조사자이 수집한 설문지의 일부에서 문제가 발생될 때, 이를 어떻게 처리할 것인가?

(2) 자료수집방법 결정

① 관찰법

　㉠ 관찰법의 의의

　　ⓐ 관찰법(Observation Method)은 행동패턴을 기록하고 분석하여 조사대상에 대하여 체계적인 지식을 얻는 방법이다. 관찰은 사람들이 제공할 수 없거나 제공하기를 꺼려하는 정보를 얻는 데 적합한 방법이다. 즉, 느낌이나 태도, 동기 등은 관찰할 수 없고, 소비자들의 장기적인 행동도 관찰하기 어렵다.

　　ⓑ 관찰을 통해 정보를 수집할 때 조사자가 가장 유의해야 할 점은 피관찰자가 눈치 채지 못하도록 자연스럽게 관찰해야 한다는 것이다. 사람은 자기가 관찰을 당하고 있다는 것을 알게 되면 평상시와 다르게 행동하는 경우가 많기 때문이다.

　　ⓒ 관찰법은 현재의 행동에 관한 자료에 국한된다는 한계가 있지만 소비자들이 제공하기를 꺼리는 정보를 수집하는 데 유용한 방법으로, 응답자에게 질문을 하는 것이 아니라 관심을 가진 현상 속에서 응답자의 반응이나 행동을 관찰하는 방법이다.

　　ⓓ 관찰법의 특징은 조사자가 관찰대상이 되는 사람이나 사건에 대하여 전혀 개입하지 않는다는 것이다.

　㉡ **관찰법의 종류**: 관찰법의 종류에는 '공개적 관찰과 비공개적 관찰, 구조화된 관찰과 비구조화된 관찰, 자연상태 관찰(자연관찰법)과 인위적 환경 관찰(실험관찰법), 인적 관찰과 기계적 관찰' 등이 있다.

　　ⓐ **공개적 관찰과 비공개적 관찰**

　　　㉮ **공개적 관찰**: 관찰대상자가 자신의 행동이 관찰된다는 사실을 알고 있는 상태에서 관찰하는 방법이다. 그러나 특수한 경우를 제외하고는 자주 사용되지 않는다.

　　　㉯ **비공개적 관찰**: 관찰대상자가 자신의 행동이 관찰된다는 사실을 모르는 상태에서 관찰하는 방법이다. 대부분의 관찰은 비공개적 관찰에 해당된다.

　　ⓑ **구조화된 관찰과 비구조화된 관찰**

　　　㉮ **구조화된 관찰**: 사전에 관찰할 내용을 명확히 결정하여 표준화된 양식에 따라 관찰한 사실을 기록하는 관찰로, 관찰자에 따라 오류의 가능성을 줄여주고 자료의 신뢰성을 높여 준다.

　　　㉯ **비구조화된 관찰**: 표준화된 양식을 사용하지 않는 관찰로, 관찰자의 편견이 개입될 가능성이 높고, 탐색조사에 적합하며, 가설의 수립에 이용된다.

　　ⓒ **자연상태 관찰과 인위적 환경 관찰**

　　　㉮ **자연상태 관찰**: 인위적으로 조작을 하지 않고 자연스러운 상태에서 관찰하는 방법으로 외적 타당성이 높다.

　　　　　　㉯ 인위적 환경 관찰: 인위적으로 만든 실험환경에서 관찰하는 방법이다.
　　　　ⓓ 인적 관찰과 기계적 관찰
　　　　　　㉮ 인적 관찰: 사람이 직접 관찰하는 방법이다. 융통성이 있고 다양한 관찰이 가능하나 편견이 작용할 가능성이 있다.
　　　　　　㉯ 기계적 관찰: 기계시스템을 이용하여 관찰하는 방법이다. 인적 관찰에 비해 객관적이고 정확한 관찰을 할 수 있다.
　　ⓒ 관찰법의 장·단점
　　　　ⓐ 관찰법의 장점
　　　　　　㉮ 비언어적 의사표현에 관한 자료수집이 용이하다.
　　　　　　㉯ 연구대상이 비협조적일 때 유용하다.
　　　　　　㉰ 행동을 직접 관찰하기 때문에 객관성과 정확성이 높다.
　　　　　　㉱ 연구대상의 무의식적인 행동과 같이 응답자가 정확히 인식하지 못하는 문제의 측정이 가능하다.
　　　　　　㉲ 조사의 현장성이 뛰어나다.
　　　　　　㉳ 자료를 준비하는 데 응답자의 협조 의도나 응답능력이 문제가 되지 않는다.
　　　　　　㉴ 조사자에게 발생하는 오류를 제거할 수 있다.
　　　　ⓑ 관찰법의 단점
　　　　　　㉮ 행동의 동기, 신념, 태도, 선호도 등과 같은 심리적 현상은 관찰할 수 없다.
　　　　　　㉯ 관찰과 기록 사이의 시차가 발생하여 정확성이 떨어질 수 있다.
　　　　　　㉰ 소수의 사람을 대상으로 하기 때문에 관찰의 결과를 일반화하기가 어렵다.
　　　　　　㉱ 관찰대상자가 자신이 관찰되고 있다는 사실을 알면 평상시와 다른 행동을 할 수도 있다.
　　　　　　㉲ 관찰자에 따라 기록 및 해석이 다를 수 있다.
　　　　　　㉳ 장기간에 걸쳐서 발생하는 사건은 관찰하기 어렵다.
　　　　　　㉴ 사적인 활동(예 양치질이나 TV시청 등)은 관찰하기 어렵다.
② **면접법**
　　㉠ 면접법은 조사자가 응답자들에게 조사목적을 밝힌 후 표준화된 설문지를 이용하는 대신 탄력성 있게 면접을 진행하여 조사문제에 관련된 정보를 수집하는 것이다.
　　㉡ **심층면접**(Depth Interview): 조사자와 응답자 간의 일대일(1:1) 대면접촉에 의해 응답자의 잠재된 동기, 신념, 태도 등을 발견하는 데 사용된다.
　　㉢ **표적집단면접**(Focus Group Interview) **또는 표적집단토론**(Focus Group Discussion): 면접진행자(Moderator)가 소수(6~12명)의 응답자들을 한 장소에 모이게 한 후 비체계적이고 자연스러운 분위기 속에서 조사목적과 관련된 대화를 유도하여 응답자들이 자유롭게 의사를 표시하도록 하는 면접방식이다.

　　㉣ 대인면접법(Personal Interview): 조사자가 응답자를 직접 만나 의사소통으로 필요한 정보를 얻는 방법이다. 대화형식으로 복잡한 질문과 의도적으로 응답을 기피하는 것을 막을 수 있어 응답률을 높이고 결측치를 최소한으로 줄일 수 있다. 전화면접이나 우편법보다 시간과 비용이 많이 든다.

③ 서베이법: 마케팅조사 분야에서는 설문지 형태의 정형화된 응답방식을 이용해 자료를 수집하고 통계적 분석을 통해 결과를 도출하는 과정을 거치는 설문조사방법이 가장 일반적이고 대표적인 기술적 조사의 형태이다.

　　㉠ 서베이법의 의의

　　　　ⓐ 서베이법(Survey Method), 즉 질문법은 조사대상자와 의사소통을 하면서 자료를 얻는 방법이다. 의사소통은 보통 설문지나 컴퓨터를 통해 이루어진다.

　　　　ⓑ 서베이법은 상대적으로 시간과 비용이 적게 들기 때문에 가장 많이 사용되는 1차 자료의 수집방법이다.

　　　　ⓒ 질문의 내용이 사전에 정해져 있고, 순서에 따라 응답을 진행하기 때문에 구조화된 자료수집방법이라고 할 수 있다.

　　　　ⓓ 시행방법에 따라 분류하면 편지에 의한 방법, 전화로 하는 방법, 개인인터뷰(면담)의 방법 등이 있다.

　　　　ⓔ 조사자는 시간, 예산, 조사목적, 조사자의 자질 등을 고려하여 적당한 방법을 선택하여 시행한다.

　　㉡ 서베이법의 종류: 시행방법에 따라 분류하면 편지를 이용하는 방법, 전화로 하는 방법, 개인 인터뷰(면담) 방법, 이메일/인터넷을 이용하는 방법 등이 있다. 설문조사방법에는 주기적으로 다양한 형태로 자료를 수집하는 패널조사, 샘플지역조사(Centeral Location Test), 가정사용조사(Home Usage Test) 등이 있다.

　　㉢ 서베이법의 장·단점

　　　　ⓐ 서베이법의 장점

　　　　　　㉮ 서베이법의 가장 큰 이점은 다용도성(Versatility)에 있다.

　　　　　　㉯ 대규모 조사를 할 수 있다.

　　　　　　㉰ 상대적으로 적은 비용으로 많은 정보를 쉽게 수집할 수 있다.

　　　　　　㉱ 대규모 표본으로 조사결과를 일반화할 수 있다.

　　　　　　㉲ 응답자의 인구통계적 특징, 태도나 의견, 의도, 직접 관찰할 수 없는 행동의 동기, 개념 등 광범위한 정보를 수집할 수 있다.

　　　　　　㉳ 자료의 코딩, 분석이 용이하다.

　　　　　　㉴ 계량적 방법으로 분석하여 객관적으로 해석할 수 있다.

　　　　ⓑ 서베이법의 단점

　　　　　　㉮ 설문지의 개발이 어렵다.

　　　　　　㉯ 조사에 많은 시간이 소요된다.

  ㉰ 부정확하고 성의 없는 응답을 할 가능성이 높다.

  ㉱ 깊이 있고 복잡한 질문을 하기가 어렵다.

  ㉲ 응답률이 매우 낮다.

  ㉳ 응답자가 의도하는 답을 정확히 표현하는 것이 쉽지 않다.

④ 실험법

 ㉠ 실험법의 의미

  ⓐ 실험법(Experiment Method)은 목표시장의 고객을 실제 상황에 놓이게 해서 현상에 대한 인과(원인과 결과)관계를 조사하는 것으로, 실험실 실험법과 현장실험법의 2가지가 있다.

  ⓑ 실험법의 경우 원인과 결과의 관계를 추론하기 위하여 다른 변수들을 통제하면서 연구의 목적에 적합한 변수를 독립변수로 삼아, 조사대상자의 반응과 행동을 연구하는 방법이다.

  ⓒ 실험법에서는 조사연구자가 하나 또는 여러 개의 독립변수를 의식적으로 조작해 가면서 종속변수에 미치는 효과를 분석하여 원인-결과의 추론에 많이 활용한다.

 ㉡ **실험법의 특징**: 과학적인 연구·분석이 가능하여 적절한 통제가 이루어진다면 가장 확실한 정보를 제공할 수 있지만, 일반적으로 상업적 마케팅조사에서는 이용하지 않는다.

(3) 자료의 편집

① 편집(Editing)의 개념

 ㉠ 설문지가 회수되면 질문서의 응답내용을 먼저 검토하면서 불량 설문지는 폐기처분하거나 보완작업을 거치게 된다. 이러한 작업과정을 편집이라고 한다.

 ㉡ 편집은 수집된 자료를 판독가능성, 일관성, 완전성 등을 고려해서 그중 사용가능한 설문지를 검토, 선별, 정리하는 작업을 말한다. 즉, 알아보기 어려운 응답이나 일관성 없이 무성의하게 응답한 설문지 또는 무응답한 문항이 많아 완전성이 떨어지는 설문지를 분석에서 제외시키는 작업을 말한다.

② **편집 시 주의사항**: 설문지 편집 시에 주의하여야 할 체크사항을 살펴보면 다음과 같다.

 ㉠ 회수된 설문을 개괄적으로 스크리닝하기 위해서 다음과 같은 응답을 분석에서 제외시켜야 한다.

  ⓐ **확인 불가능한 응답**: 특히 개방형(Open-ended) 질문의 경우에 많이 해당

  ⓑ **불완전한 응답**: 무응답 항목의 비율이 일정비율 이상이 되는 질문

  ⓒ **비논리적인 질문**: 질문의 앞뒤가 논리적으로 맞지 않은 질문

 ㉡ 자료를 있는 그대로 사용해야 하며, 연구자의 의도나 분석목적에 맞게 가공해서는 안 된다.

 ㉢ 잘못된 응답을 제거하는 경우, 잘못된 응답의 원인이 응답자에게 있는지 설문의 주제나 내용에 문제가 있는지를 고려하여야 한다.

(4) 자료의 코딩

① 코딩(Coding)의 개념

    ㉠ 질문에 대한 다양한 응답내용에 대해서 숫자를 할당하는 과정을 코딩이라고 한다. 이러한 코딩작업이 이루어지기 이전에 이미 해당하는 질문이 적당한 기호로 표시될 필요가 있다.

    ㉡ 질문에 대하여 응답자가 응답을 하지 않은 무응답의 경우에도 적절한 숫자를 부여하여 응답이 되지 않았음을 인식시켜 주는 것이 필요한데, 일반적인 경우 0 또는 빈칸으로 처리한 다음 나중에 컴퓨터를 이용한 통계프로그램 상에서 지정된 일정한 숫자나 빈칸이 무응답임을 표시하여야 한다.

    ㉢ 이러한 코딩의 원리 이외에도 특수한 부호를 사용하는 경우 통계프로그램에서 다시 이를 숫자로 지정하는 작업이 필요하기 때문에, 특수한 부호를 사용하기보다는 숫자를 사용하는 편이 분석에 용이하다.

② 기호화를 위한 분류기준

    ㉠ 각 응답항목들은 서로 중복되어서는 안 된다.

    ㉡ 전체적으로 볼 때 모든 질문에 응답을 해야만 한다.

    ㉢ 응답에 대한 분류가 명확하지 않은 경우에는 세분화한다.

    ㉣ 코딩 시에는 분석이 가능하도록 숫자로만 입력하여야 한다.

    ㉤ 자료에 대한 코딩과정이 완료되면 조사자는 전산처리단계로 들어간다.

(5) 자료의 입력과 데이터 파일의 구성

① **자료의 입력**: 코딩된 자료를 컴퓨터에 입력하여 데이터 파일을 만들어야 한다. 자료의 입력작업을 펀칭(Punching)이라고도 하는데, 코딩용지에 기입된 숫자들을 컴퓨터에 입력하는 과정을 말한다.

② **데이터 파일의 구성**: 호환이 가능한 프로그램을 이용하여 편리한 것을 선택하여 컴퓨터에 자료를 입력하고 파일을 구성한다.

기출유형 다잡기

01 다음 중 관찰법의 장점으로 옳은 것은?

① 조사자의 편차를 제거할 수 있다.
② 비언어적 행동에 관한 자료수집이 용이하다.
③ 복잡한 질문을 할 수 있다.
④ 광범위한 횡단적 분석이 가능하다.

> **해설** 관찰법(Observation Method)의 경우 응답자에게 질문을 하는 것이 아니라 관심을 가진 현상 속에서 응답자의 반응이나 행동을 관찰하는 방법이다. 관찰법의 장점은 비언어적 행동에 관한 자료수집이 용이하고, 연구대상이 비협조적일 때 유용하며, 조사의 현장성이 뛰어나다.

02 다음 중 구조화된 관찰이란 무엇인가?

① 관찰할 내용을 명확히 결정하여 표준화된 양식에 따라 기록하는 방법
② 조사문제와 관련 있다고 판단되는 모든 사항을 관찰하여 기록하는 방법
③ 지정된 공간에서 정해진 시간 안에 행해지는 행동을 관찰하는 방법
④ 인위적이 아니라 자연스러운 상태에서 행해지는 행동을 관찰하는 방법

> **해설** 구조화된 관찰은 사전에 관찰할 내용을 명확히 결정하여 표준화된 양식에 따라 관찰한 사실을 기록하는 방법이다.

03 관찰법에 대한 설명으로 옳은 것은?

① 대규모로 시행이 가능하다.
② 행동의 동기, 개념 등을 조사할 수 있다.
③ 설문으로 물어볼 수 없는 행동을 추적할 수 있다.
④ 눈동자 추적 카메라를 활용하는 방식은 관찰법에 속하지 않는다.

> **해설** 관찰법은 조사 대상자의 행동 패턴을 직접 기록하고 분석하여 체계적인 지식을 얻는 방법이다. 응답자가 말로 제공하기 어렵거나 숨기려는 정보를 파악하는 데 효과적이다. 다만, 태도나 동기와 같은 내적 요인은 관찰하기 어렵고, 소비자의 장기적인 행동을 추적하는 데도 한계가 있다.

정답 **01** ② **02** ① **03** ③

04 다음 중 서베이조사의 한계점으로 틀린 것은?

① 대규모 표본으로 조사결과를 일반화하여 해석할 수 있다.
② 응답률이 낮다.
③ 응답자가 의도하는 답을 정확히 표현하는 것이 쉽지 않다.
④ 부정확하고 성의 없는 응답을 할 가능성이 높다.

> **해설**　②, ③, ④는 서베이조사의 한계점에 해당하고, ①은 서베이조사의 장점에 해당한다.

05 다음 〈보기〉는 무엇에 대한 설명인가?

보기

원인과 결과의 관계를 추론하기 위하여 다른 변수들을 통제하면서 연구의 목적에 적합한 변수를 독립변수로 삼아 조사대상자의 반응과 행동을 연구하는 방법이다.

① 관찰법　　　　　　　　　　　② 실험법
③ 설문지법　　　　　　　　　　④ 커뮤니케이션법

> **해설**　실험법은 원인과 결과의 관계를 추론하기 위하여 다른 변수들을 통제하면서 연구의 목적에 적
> 합한 변수를 독립변수로 삼아 조사대상자의 반응과 행동을 연구하는 방법이다. 이러한 실험법은
> 조사연구자가 하나 또는 여러 개의 독립변수를 의식적으로 조작해 가면서 종속변수에 미치는
> 효과를 분석하여 원인-결과의 추론(Causal Inference)에 많이 활용한다.

06 서베이조사법 중 대인(면접)조사에 대한 설명으로 옳지 않은 것은?

① 우편조사에 비해 상대적으로 응답률이 높다.
② 전화조사에 비해 상대적으로 비용이 많이 든다.
③ 전화조사에 비해 상대적으로 조사의 소요 시간이 길다.
④ 인터넷조사에 비해 상대적으로 수집된 정보의 질이 낮다.

> **해설**　대인면접법은 1 : 1로 심층적인 면접이 이루어지므로 정보의 질적인 측면에서 가장 우수한 자료
> 수집방법에 해당한다.

정답　**04** ①　**05** ②　**06** ④

07 설문 응답자가 질문에 응답할 때 설문지의 순서대로 응답하는 원칙이 준수되기 어려운 서베이 방법은?

① 전화

② 우편(mail)

③ 대인면접법

④ 웹사이트를 활용하는 방법

> **해설** 대인면접법은 조사자가 응답자를 직접 만나 의사소통으로 필요한 정보를 얻는 방법이다. 질문과 응답의 내용이 어느 정도 미리 결정되어 있느냐에 따라 체계적, 비체계적으로 나뉘고 공개 정도에 따라 공개적, 비공개적으로 나뉜다. 비체계적, 공개적 면접법은 개방형 질문이 포함되어 질문이나 응답을 형식에 의하지 않고 자유롭게 할 수 있어 예기치 않은 내용을 파악할 수 있다.

08 자료수집방법에 대한 설명으로 옳은 것은?

① 우편조사법: 간단한 내용 또는 응답이 용이한 내용을 조사할 때 바람직하다.

② 전화면접법: 전화번호부를 표본프레임으로 활용하는 경우, 표본의 대표성 확보에 용이하다.

③ 대인면접법: 조사자가 미리 준비한 설문내용을 응답자에게 이야기하고 답변내용을 기록하는 방법이다.

④ 인터넷 조사법: 조사비용이 일반조사보다는 적고 전화조사보다는 많다.

> **해설** ① 우편조사법은 조사내용이 긴 경우 바람직하다.
> ③ 대인면접법은 응답자와 직접 의사소통하는 방식이므로 미리 준비하지 않은 설문내용도 현장 상황에 맞춰 유연하게 적용할 수 있다.
> ④ 인터넷 조사법은 조사비용과 조사기간은 전화조사와 비슷한 수준이다. 그러나 응답자의 흥미를 유도할 수 있도록 설문지를 구성하면 전화조사에 비해 더 많은 정보를 수집할 수 있다.

09 다음 중 자료수집방법의 결정기준이 아닌 것은?

① 조사의 목적

② 소요시간 및 비용

③ 기존자료의 유무

④ 조사정보의 양과 융통성

> **해설** 자료수집방법의 결정기준은 조사의 목적, 소요시간 및 비용, 자료수집결과의 유효성 그리고 조사정보의 양과 융통성에 따라 결정된다.

정답 07 ③ 08 ② 09 ③

10 다음 중 자료수집과정을 체계화 정도에 따라 분류할 때, 그 성격이 다른 것은?

① 심층면접법(Depth Interview)
② 서베이조사(Survey Research)
③ 투사법(Projective Technique)
④ 표적집단면접법(Focus Group Interview)

> **해설** 투사법은 인간의 내면에 일어나는 심리적 상태를 사물에 투사시켜 파악하는 방법으로 조사목적이 공개되지 않는 자료수집방법이다. 투사법에는 단어연상법, 문장완성법, 역할연기법, 만화완성법과 같은 유형이 있다.
> ①, ②, ④는 조사의 목적이 공개되는 방법이다.

11 설문지법에 대한 설명으로 옳은 것은?

① 대규모 조사가 가능하다.
② 자료의 코딩이 불필요하다.
③ 조사결과를 일반화할 수 없다.
④ 계량적 방법으로 분석할 수 없다.

> **해설** 설문지법은 표준화된 자료수집과정을 거치기 때문에 설문조사를 통해 수집된 자료는 일관성이 있어 다양한 형태의 비교 또는 분석이 가능하다. 설문조사는 응답을 신속히 기록하여 이를 분석하기 위해서는 코딩 과정이 필요하고 조사 대상자들의 의견과 태도를 반영하며 일반화하여 모집단에 적용하기 위해 통계적 추론이 필요하다.

정답 10 ③ 11 ①

01 가설검증의 의미 및 절차

1 변수의 이해

(1) 변수의 개념

마케팅 문제에서 조사연구자들은 특정문제에 대한 관찰을 통해 가설에 설정된 내용을 실증적으로 검정하는 과정을 거치게 되는데, 이를 위해서는 조사하고자 하는 개념에 대한 정확한 정의를 내려야 하고 해당 개념을 관찰 가능한 현상으로 변환하는 것이 필요하다. 만약, 개념에 대한 명확한 정의가 내려지지 못하고 관찰 가능한 현상과의 연결이 불명확하다면 실증적 검증가능성의 상실로 과학적인 접근이 불가능해진다.

조사연구자들이 연구하는 구성개념이나 속성을 변수라고 하는데 변수는 측정값이 변한다는 점에서 통상적으로 말하는 상수(Constant)와 구별된다. 뿐만 아니라 변수는 일반적으로 각기 서로 다른 값을 취할 수 있으며, 두 개 이상의 값을 취할 수 있다. 이는 변수가 일정한 경험적 특성을 대표하고, 이들 특성은 각기 서로 다른 속성을 가지며, 속성을 나타내는 변수는 일정한 측정단위에 의해 측정이 가능하기 때문이다. 또한 변수가 의미하는 내용의 범위에 대한 정의는 조사연구자마다 달라 조사결과에 대한 이해에 혼란이 발생할 수 있으므로, 조사연구자 자신이 생각한 변수의 개념이 무엇인지를 다른 연구자도 알 수 있도록 객관적이고 구체적으로 기술해야 한다. 변수의 예로는 사람들의 태도, 주가지수, 시험성적 등을 들 수 있다.

(2) 변수의 유형

① 독립변수(Independent Variable)
  ㉠ 독립변수란 종속변수에 영향을 미치고, 종속변수의 분산을 설명해 주는 변수를 말한다.
  ㉡ 독립변수의 예로, 효과적인 영어 학습프로그램이 영어 수강생들로 하여금 영어 학습효과를 높여준다. 여기에서 효과적인 영어 학습프로그램은 영어 학습효과에 영향을 미칠 뿐만 아니라, 영어 수강생들의 영어 학습효과의 분산을 설명해 주는 독립변수이다.

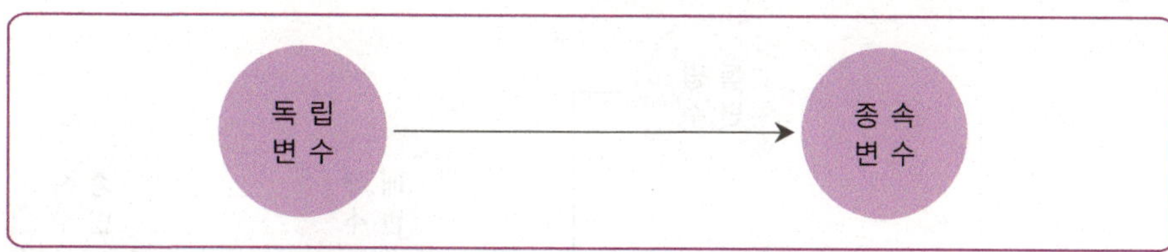

② 종속변수(Dependent Variable)
  ㉠ 종속변수는 조사연구자의 주된 관심이 되는 변수를 말하는데, 조사연구자는 조사결과

를 통하여 종속변수의 변화를 설명하고 예측하려 한다. 다시 말하면, 마케팅조사에서 조사연구자의 주요 조사대상이 종속변수이다. 그러나 조사연구자는 종속변수뿐만 아니라 종속변수에 영향을 미치는 여러 변수들을 계량화하고 측정하는 데에도 관심을 가져야 한다.

ⓛ 종속변수에 대한 예로, 어떤 영어교육 수강생이 여러 가지 영어 학습프로그램에 따른 영어 학습효과에 관심을 가지고 있다면 이 경우 종속변수는 영어 학습효과가 된다.

③ **조절변수**(Moderating Variable)

ㄱ 조절변수란 독립변수와 종속변수 사이에 강하면서도 불확정적인 영향(Contingent Effects)을 미치는 변수이다.

ⓛ 조절변수가 존재할 때만 독립변수와 종속변수 사이의 이론적 관계(Theorized Relationship)가 성립된다.

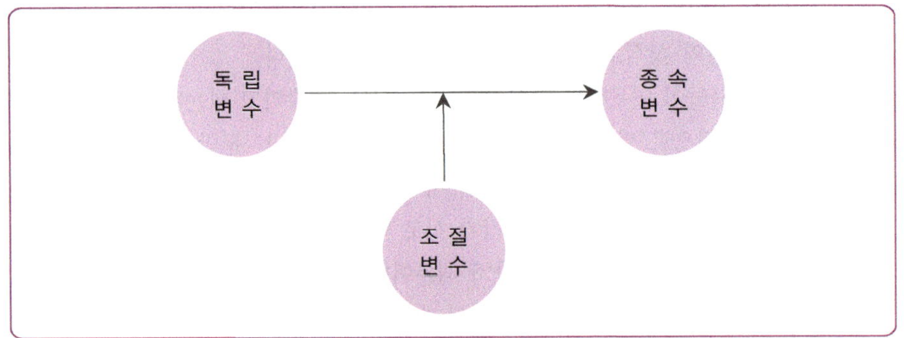

④ **매개변수**(Mediating Variable)

ㄱ 매개변수란 종속변수에 영향을 미치기 위하여 독립변수가 작용하는 시점과 독립변수가 종속변수에 영향을 미치는 시점의 중간에 나타나는 변수이다. 따라서 매개변수에는 시간적 차원이 게재되어 있다.

ⓛ 매개변수는 독립변수와 종속변수의 중간다리 역할을 하는 변수이다. 매개변수가 조절변수와 다른 점은 독립변수 및 종속변수와 직접적인 영향을 주고받는다는 점이다. 즉, 조절변수는 독립변수에 미치는 영향의 강도에 영향을 미치는 반면, 매개변수는 독립변수의 영향을 종속변수에게로 전달하는 역할을 한다.

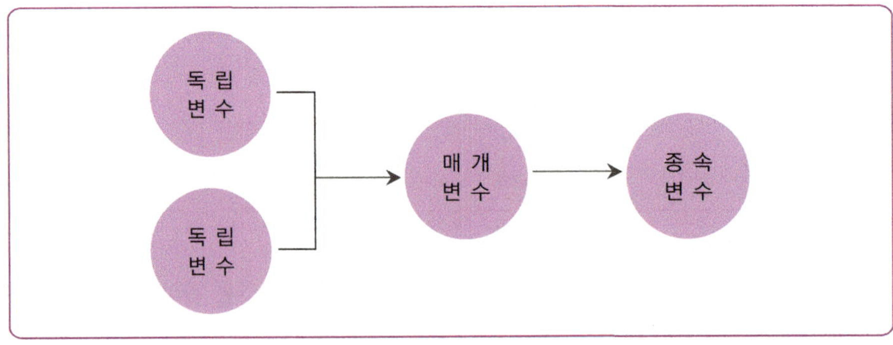

⑤ 외생변수(Exogenous Variable)

　　㉠ 외생변수의 개념

　　　　ⓐ 외생변수란 종속변수에 영향을 미칠 수 있는 변수들 중 독립변수 이외의 변수들이다. 외생변수에는 제품의 진열상태, 기후, 실내온도 등이 있다.

　　　　ⓑ 외생변수들은 실험과정에서 변화하면 안 되는데 외생변수들을 변화하지 않도록, 즉 외생변수의 값을 동일하게 하는 것을 통제라고 한다.

　　㉡ 외생변수의 특징

　　　　ⓐ 외생변수는 통제가 가능하다.

　　　　ⓑ 외생변수의 통제 정도를 높일수록 내적 타당성이 높아지고, 외생변수의 통제 정도를 낮출수록 내적 타당성이 낮아진다.

　　　　ⓒ 외생변수가 종속변수에 영향을 미치면 내적 타당성이 높아진다.

　　　　ⓓ 외생변수는 결과(내생변수 또는 종속변수)에 영향을 미치는 원인(독립)변수이다.

　　㉢ 외생변수의 종류

　　　　ⓐ **역사적 오염(우발적 사건)**: 특정사건의 영향이라고도 하는데, 조사기간 동안 종속변수에 영향을 미치는 특이한 사건이 발생하여 조사환경이 바뀌고 이에 따라 연구결과가 다르게 나타나는 경우

　　　　ⓑ **시험효과**: 처음 측정한 값의 영향을 받아 두 번째 측정값이 다르게 나타나는 효과(학습효과)

　　　　ⓒ **성숙효과**: 독립변수의 처치로 인해서 종속변수의 변화가 일어난 것이 아니라, 시간이 흐름에 따라 피실험자의 특성이 변화하여 종속변수에 영향을 미쳐 변화가 일어나는 경우

　　　　ⓓ **측정도구의 변화**

　　　　ⓔ **표본선택의 편향**

　　　　ⓕ **통계적 회귀**: 실험집단이 극단적인 성향을 지닌 경우 그 특성이 평균치에 접근하는 경향

　　　　ⓖ **실험대상의 소멸**: 실험대상이 실험기간 중에 실험대상에서 이탈하게 될 경우

　　㉣ 외생변수의 통제방법

　　　　ⓐ **제거**: 외생변수로 작용할 수 있는 요인이 실험상황에 개입되지 않도록 하는 방법이다.

　　　　ⓑ **상쇄**: 외생변수가 작용하는 강도가 다른 상황에 대해서 다른 실험을 실시함으로써 외생변수의 영향을 제거하는 방법이다.

　　　　ⓒ **균형화**: 외생변수로 작용할 수 있는 변수들을 사전에 알고 있는 경우, 해당 외생변수가 각 집단에 균등하게 영향을 미칠 수 있도록 실험집단과 통제집단을 선정하는 방법이다.

　　　　ⓓ **무작위화**: 어떠한 외생변수가 작용할지 모르는 경우, 실험집단과 통제집단을 무작위로 추출하는 방법이다.

이론적 개념을 측정 가능한 수준의 변수로 전환시키는 작업과정으로, 변수는 숫자의 분석을 가능하게 하는 사회계급, 연령, 주택의 형태 등 사회적 구성을 측정하는 것을 말하는데, 사회적 구성에서 변수를 만드는 과정을 조작화라고 한다.

2 가설의 의의

(1) 가설의 개념과 특징

① 가설의 개념

  ㉠ 가설(Hypothesis)이란 변수 간의 관계를 규정하는 진술을 의미한다.

  ㉡ 가설이란 개념들 간의 상호관계를 조사연구자가 미리 가정한 것으로 상호관계는 상관관계로서 혹은 인과관계로서 형성되어 있다.

  ㉢ 증명되지 않은 조사연구자의 주장을 문장으로 표현한 것으로서 유사한 현상을 모아 하나의 개념을 만들고 개념들의 연관관계를 형성한다.

② 가설의 특징

  ㉠ 가설은 경험적 실재에 관해 구체화된 기대이며, 명제로부터 유도되어 나온다.

  ㉡ 가설은 이론의 내용을 검정하기 위하여 또는 어떤 현상을 예측하고자 이론으로부터 도출해 낸 관찰 가능한 명제이다.

  예 • 20대 소비자와 30대 소비자는 자동차 구매 시 중요하게 생각하는 제품속성에서 차이가 있을 것이다.

  • 경쟁제품보다 가격을 10% 올려도 매출은 현 수준을 유지할 것이다.

  • 판매실적을 기초로 한 보상을 받는 판매사원의 매상고는 고정급을 받는 판매사원의 매상고보다 더 높을 것이다.

  • 새로운 포장방법의 도입은 매장 내 자사제품에 대한 선택확률을 증가시킬 것이다.

(2) 가설의 종류

① 귀무가설

  ㉠ 대립가설과 반대되는 진술로서 조사연구자가 부정하고 싶은 가설이다. 통계검증에서는 귀무가설을 참이라고 가정하고 검정한다. 즉, 대립가설이 옳음을 증명하기 위해 귀무가설이 참이라고 가정하고 실증분석을 통해 이것이 사실이 아님을 증명함으로써 대립가설이 타당함을 주장하는 것이다.

  ㉡ 귀무가설은 어떤 관찰 결과나 시행의 결과가 우연한 결과라고 볼 수 없는 경우, 정상적인 경우라는 가정을 세워서 정상적인 경우에 발생가능한 확률을 구한다. 이 확률이 너무 작은 경우 정상적이라는 가정을 기각한다.

  ㉢ 귀무가설은 각 집단요소들은 하나의 모집단에서 나왔고, 두 개 이상의 모집단 또는 변수 간에 차이가 없으며, 독립변수가 종속변수에 영향을 미치지 않는다고 가정한다.

    ⓔ 집단 간의 분산과 집단 내의 분산을 비교하여 분산분석의 귀무가설을 검정하여야 한다.

② 대립가설

    ㉠ 대립가설(연구가설)은 조사연구자가 수집된 자료를 통해 지지하기를 원하는 진술이다.

    ㉡ 대립가설(대체가설)은 귀무가설에 대립하여 모집단에서 독립변수와 결과변수 간에 관련이 있다고 본다. 대립가설은 귀무가설과 달리 실제 검정대상이 안 되며, 단순히 귀무가설이 기각될 때 대체되는 가설을 말한다.

    ㉢ 통계학적인 개념으로 대립가설은 각 집단의 요소들이 서로 독립적인 모집단에서 나왔다.

③ 오류와 유의수준

    ㉠ **오류의 유형**: 제1종 오류와 제2종 오류는 서로 상반관계(Trade-Off)에 있기 때문에 한 쪽의 오류가 줄어들면 다른 한쪽의 오류가 증가한다.

        ⓐ 제1종 오류(심각한 오류): 실제로는 귀무가설이 옳음에도 불구하고 매우 예외적인 표본이 추출되어 귀무가설을 기각하고 연구가설을 잘못 채택함으로써 발생하는 오류이다.

        ⓑ 제2종 오류(덜 심각한 오류): 연구가설이 옳고 귀무가설이 틀림에도 불구하고, 귀무가설을 기각하지 못하고 귀무가설을 채택하게 되는 오류이다.

    ㉡ **허용오차수준과 검정력**

        ⓐ 허용오차수준은 귀무가설이 옳음에도 불구하고 귀무가설을 기각하는 오류를 범하게 되는 것을 허용하는 수준을 의미한다.

        ⓑ 검정력: 실제로 연구가설이 옳은 경우 잘못된 귀무가설을 기각할 수 있는 확률이다.

    ㉢ **유의수준(α)의 설정과 해석**

        ⓐ 유의수준은 제1종 오류를 범할 확률의 크기를 가지고 기각과 채택 여부를 판단할 때 그 기준이 되는 값이다.

        ⓑ 사회과학에서는 통상 5%(95%의 신뢰도), 1%(99%의 신뢰도)를 책정한다. 신뢰구간 95%에서 단측 검정을 할 때 유의수준은 5%를 사용한다.

(3) 가설의 평가기준

① 가설은 경험적으로 검정될 수 있어야 한다.

② 가설은 간단·명료하게 표현되어야 한다.

③ 논리적으로 간결해야 한다.

④ 가설검정의 결과는 광범위하게 적용될 수 있어야 한다.

⑤ 가설은 동어반복적이어서는 안 된다.

⑥ 계량적인 형태를 취하든가 계량화할 수 있어야 한다.

⑦ 조사문제를 해결할 수 있어야 한다.

⑧ 특정 가설은 동일 연구분야의 다른 가설이나 이론과 연관이 있어야 한다.

⑨ 가설은 개념들의 상호관계에 대한 가정이다. 즉, 개념들의 상호관계를 조사연구자가 미리 가정한 것으로 상호관계는 상관관계로서 혹은 인과관계로서 형성된다.

(4) 가설설정방법

① **방향적 가설**(단측가설)

    ㉠ 가격이 낮을수록 수요는 증대된다.

    ㉡ 판매원의 경력이 많을수록 판매실적은 높다. or 낮다.

    ㉢ 심장병 환자의 비율은 여자보다 남자의 경우 더 크다. or 작다.

    ㉣ 맥주 한 병에 들어 있는 맥주량은 350ml보다 크다. or 작다.

    ㉤ 오른쪽 단측 가설검정 **예** $H_0 : \mu = 0$, $H_1 : \mu > 0$

    ㉥ 왼쪽 단측 가설검정 **예** $H_0 : \mu = 0$, $H_1 : \mu < 0$

② **비방향적 가설**(양측가설)

    ㉠ 가격에 따라 수요는 달라진다.

    ㉡ 판매원의 경력에 따라 판매실적이 다르다.

    ㉢ 심장병 환자의 비율은 남녀 간에 차이가 있다.

    ㉣ 맥주 한 병에 들어 있는 맥주량은 350ml가 아니다.

    ㉤ 양측 가설검정 **예** $H_0 : \mu = 0$, $H_1 : \mu \neq 0$, 즉 평균을 중심으로 양쪽(적은지/많은지, 높은지/낮은지)을 검정하는 것이다.

3 가설검정의 이해

(1) 가설검정의 개념

① 가설검정(Hypothesis Test)은 표본에서의 정보를 이용하여 모집단의 모수에 대한 어떤 결론을 내리는 것이다.

② 가설검정의 목적은 수립된 가설의 진위 여부를 가리는 것이지만 실제 가설검정의 과정은 수집된 표본이 가설에 부합하는지를 판정하는 절차를 밟는다.

③ 신뢰구간과 가설검정은 동전의 앞과 뒤의 관계라고 할 수 있다. 만약, 가설이 신뢰구간 속에 포함되어 있다면 신뢰계수에 상응하는 제1종 오류(신뢰계수가 95%)에 대한 가설이 기각될 수 없게 된다는 것을 나타낸다. 그러므로 신뢰구간만 알고 있으면 여러 가지 가설의 값에 대해서도 즉각 검정할 수 있어야 한다.

(2) 가설검정의 절차

가설검정의 절차는 일반적으로 다음의 6단계를 거친다.

① 가설을 명확히 설정한다.

② 유의수준을 결정한다.

③ 가설을 검정하기 위해서 표본으로부터 어떤 통계량이 필요할 것인지를 결정한다. 이러한 통계량을 검정통계량이라 한다. 검정통계량의 값이 얼마보다 클 때 가설을 기각해야 할 것인가에 관한 검정원칙을 설정한다.

④ 표본의 자료를 이용하여 검정통계량의 값을 계산한다.

⑤ 검정통계량의 값이 검정원칙에 입각해서 볼 때 기각에 속하는가, 채택범위에 속하는가를 파악한다.

⑥ 검정결과에 대한 해석을 한다.

✋ Plus UP!   가설검정의 일반적인 절차

가설(영가설, 대립가설) 설정 → 유의수준 결정 → 통계방법의 결정 → 검정통계량의 계산(Z-검정, T-검정, F-검정, χ^2검정 등) → 자료에서 검정통계량의 값을 계산한 후 기각과 채택 여부 파악 → 검정결과에 대한 해석

(3) 가설검정의 내용

① **가설검정**: 관찰결과를 논리적으로 추론하여 이론을 강화하거나 수정하기 위하여, 경험적 일반화 내용과 가설의 부합 정도를 비교하는 과정이다.

② **가설검정의 단계**: 관찰의 절차와 방법 검토, 경험적 일반화와의 부합 정도 검정, 가설이 연역된 이론에 대한 의미의 추론

③ **가설검정의 모집단**: 가능한 모든 가설검정의 형태 및 관찰의 집합

02 단일모집단 평균과 비율에 대한 가설 검증

1 변수(모집단)에 대한 분석기법의 체계

(1) 분석(Analysis)

① 분석(Analysis)은 수집된 자료를 가공처리하여 어떤 의미를 전달할 수 있도록 해준다.

② 기초자료(Raw Data)가 모이고 정리되어 경영자의 의사결정에 도움이 되는 의미를 부여하도록 되어 있을 때 자료는 정보로 변화되었다고 한다.

(2) 해석(Interpretation)

자료가 분석되어 새로운 정보를 제공하고, 새로운 정보들이 서로 결합하여 연구의 가설이나 목적에 적합한 새로운 정보를 제공해 주는 과정을 해석이라고 한다.

(3) 상관관계

하나의 변수가 변함에 따라 다른 변수가 어떻게 변화하는가를 나타내는 것이다. 한 변수의 변화가 다른 변수와 관계가 없다면 상관관계가 없는 것이며, 다른 변수가 같은 방향으로 변화하면 정(+)의 상관관계가 있다 하고, 다른 방향으로 변화하면 부(−)의 상관관계가 있다고 한다. 즉, 정(+)은 비례관계이며 부(−)는 반비례관계이다.

(4) 적절한 자료의 파악

수집된 자료를 분석하기 전에 조사목적을 달성하는 데 직접적으로 필요한 자료가 어떤 것들인가를 먼저 파악해야 한다. 수집된 자료들을 평가해 보면 연구주제에 대한 전반적 파악을 새롭게 할 수 있다.

(5) 자료분석기법의 체계

① 단일변수분석과 두변수분석

변수에 대한 분석은 분석대상변수가 어떤 측정척도로 측정되었는가, 분석의 내용은 무엇인가에 따라 다음 그림과 같이 분류될 수 있다.

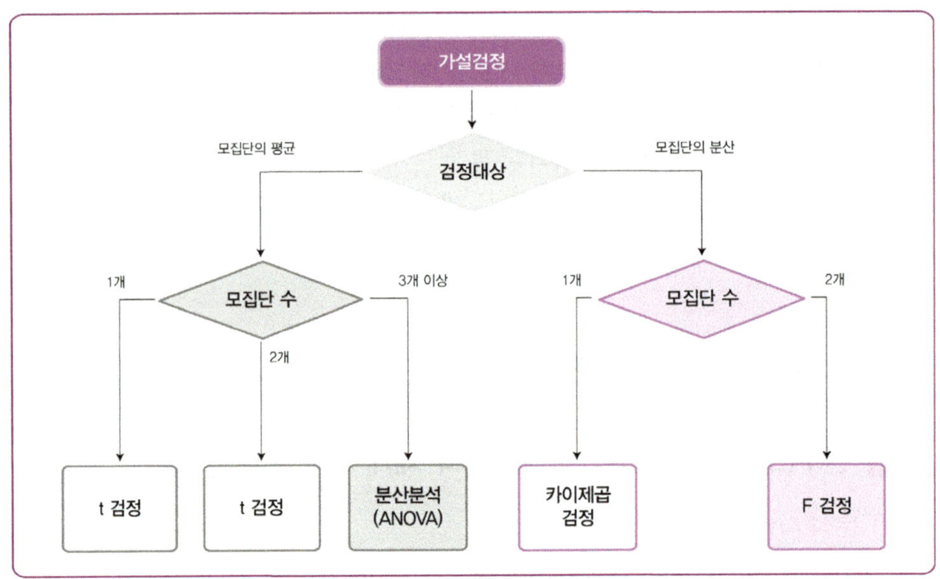

▎ 자료분석의 체계 ▎

② 기술통계기법과 추리통계기법

연구대상을 서술(Describe)하느냐 또는 추론(Inference)하느냐에 따라, 기술통계기법과 추리통계기법으로 구분할 수 있다.

③ 모수통계기법과 비모수통계기법

분석의 대상이 되는 변수들을 측정하는 데 사용된 척도(Scale)의 유형에 따라 모수통계기법(Parametric Methods)과 비모수통계기법(Nonparametric Methods)으로 나누어진다. 등간 또는 비율척도와 같은 척도를 이용하여 측정된 변수들에 대한 통계분석을 모수통계분석, 명목 또는 서열척도로 측정된 변수들에 대한 통계분석을 비모수통계분석이라고 한다.

2 단일모집단 평균과 비율에 대한 가설 검증

(1) 단일변수분석의 특징

① 단일변수분석은 한 개의 변수가 존재할 경우의 분석으로서 Z-검정이나 T-검정과 같이 표본으로부터 추출된 하나의 변수에 대한 분석을 말하며, 기초통계학의 중심을 이루는 부분이다. 상업적 마케팅조사에서는 빈도, 백분율, 대푯값과 같은 단일변수분석이 중요한 비중을 차지한다.

② 단일변수분석이란 어떤 한 변수의 분포상의 특징을 파악하기 위해 사용하는 분석방법으로, 빈도, 백분율, 대푯값, 분산의 정도 등과 같은 기술통계량이 단일변수에 주로 사용된다. 따라서 단일변수분석을 위해서는 하나의 변수만이 사용되며, 통계분포와 관련된 기법들과 기타의 기법들로 이루어져 있다. 예를 들어, 연령이나 교육수준에 따라 조사대상자들이 어떻게 분포되어 있는지를 조사하거나 소비자집단별로 상표만족도의 평균점수를 비교하는 것이다.

③ 즉, 정규분포(Z-분포)나 T-분포 또는 카이제곱분포(χ^2-분포)와 같은 특정한 분포의 파악을 통해서 표본집단을 분석하는 통계기법들과 비모수통계기법들로 구분된다. t-검정은 조사연구자가 인식한 문제가 맞는가 / 맞지 않는가, 차이가 있는가 / 없는가 등과 같은 표본들의 평균차이를 비교하는 방법이다.

(2) 단일변수분석의 목적

① 분석대상변수의 수가 하나인 단일변수분석은 분석목적이 변수의 변화행태의 파악인 경우에 주로 사용된다. 즉, 주요 독립·종속변수들이 어떻게 변화하고 있으며, 어떤 특성을 보이고 있는가, 이들의 중심화 경향과 흩어진 정도는 어느 정도인가 등을 파악하는 경우에 단일변수분석이 사용된다.

② 단일변수분석의 목적은 추후 단계인 두변수분석 또는 다변량분석에서 어떤 분석방법이 적절하고, 분석대상변수들을 어떻게 다루어야 할지에 대한 기초자료를 얻는 것이다.

(3) 단일변수분석의 분석체계

단일변수분석은 분석대상변수가 어떤 측정척도로 측정되었는가, 그리고 분석의 내용은 무엇인가에 따라 다음의 그림과 같이 분류될 수 있다.

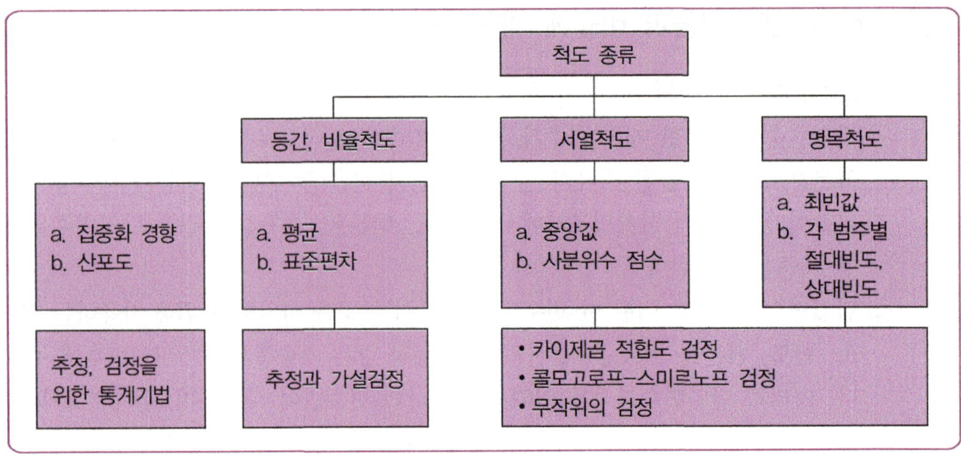

┃ 단일변수의 분석체계 ┃

3 자료의 중심화 경향

(1) 중심화 경향과 중심집중위치의 척도

자료값의 대부분이 어떤 값을 중심으로 집중되어 모여 있는 경우가 많다. 이러한 경향을 집중화 경향 혹은 중심화 경향(Central Tendency)이라고 하며, 집중화 경향의 초점을 집중위치라고 한다. 그러므로 집중위치(Central Location)는 기초자료 전체를 하나의 값으로 대표해 준다. 이러한 대푯값을 위치척도(Measures of Location)라고 하는데 여기에는 평균값(Mean), 중앙값(Median) 및 최빈값(Mode) 등이 있다.

① **평균값**(산술평균)

　　㉠ 가장 많이 활용되는 것이 평균값(Mean)이다.

　　㉡ 모집단의 중심화 경향을 예측함에 있어서 중앙값이나 최빈값보다도 산술평균은 표본추출의 변화에 의한 표본오차(Sampling Errors)가 적기 때문에 모집단의 모수를 보다 가깝게 예측할 수 있다.

　　㉢ 산술평균은 변수들의 총합을 변수의 개수로 나눈 값을 말하며, 어떤 분포 전체의 집중화 경향을 측정하고 예측할 수 있을 뿐만 아니라, 어떤 분포의 하나하나의 측정치를 예측하는 데도 이상적이다.

　　㉣ 산술평균은 자료 내의 예외적으로 큰 값이나 작은 값에 의하여 영향을 받는다. 즉, 평균값은 이러한 예외적인 값이 있는 방향으로 당겨지게 된다.

　　㉤ 산술평균은 엄격히 수학적으로 정의되므로 +, −, ×, ÷ 등의 연산(Algebraic Operation)이 가능하다.

　　㉥ 도수분포표의 구간이나 계급값이 명백하게 나타나 있지 않으면 평균값(산술평균)을 구하기가 곤란하다.

> **Plus UP! 산술평균의 성질**
>
> ㉠ 산술평균은 자료 전체에 대해 합한 값을 자료의 수로 나눈 것을 말한다.
> ㉡ 산술평균은 수량으로 관측된 자료의 중심에 위치하며 대표적인 통계량으로 많이 사용된다.
> ㉢ 자료의 분포가 좌우대칭이면 평균은 0, 최빈수는 0, 중위수도 0이 된다.
> ㉣ 산술평균은 자료의 이상점에 민감하게 영향을 받는다.
> ㉤ 모든 데이터의 평균에 대한 편차의 합은 '0'이다.

② **중앙값**(Median)

　㉠ 중앙값은 자료를 크기 순서대로 나열했을 때 그 순서의 중앙에 위치한 자료의 값을 뜻한다. 그러므로 전체 자료의 반은 이 중앙값보다 작고, 나머지 반은 중앙값보다 크게 된다. 예를 들어, 몸무게를 크기순으로 나열한 54kg, 65kg, 72kg, 76kg, 81kg의 중앙에 위치하는 72kg이 중앙값이 된다.

　㉡ 자료의 개수가 짝수인 경우에는 중앙에 있는 2개의 평균을 중앙값으로 한다.

　㉢ 중앙값은 예외적으로 큰 값이 있거나 없거나 상관없이 순서상의 가운데 위치를 의미하며 빈도와 상관이 없다. 대푯값으로 가장 많이 사용되는 평균은 모든 관측치의 값을 반영하기 때문에 극단치(Outlier: 지나치게 작거나 큰 값)의 영향을 받게 되는 단점이 있지만, 중앙값의 경우 서열을 바탕으로 한 중심 성향의 대푯값이므로 극단치의 영향을 상대적으로 덜 받게 되는 장점이 있다.

> **Plus UP! 중위수(중앙값)**
>
> 중위수는 주어진 관찰값들을 오름차순으로 배열했을 때, 가장 가운데 위치하는 값을 말한다. 즉, 전체 관찰값이 홀수일 때는 중앙에 있는 값이 중위수가 되고, 짝수일 때는 중앙의 두 수의 평균이 중위수가 된다.

③ **최빈값**(Mode)

　㉠ 최빈값이란 가장 많이 나타나는 값이다. 즉, 가장 빈번하게, 마치 유행처럼 나타나는 값을 의미한다. 최빈값은 자료의 표현에서 빈도수가 중요한 의미를 차지할 때 적절한 중심 위치 척도이다. 특히 척도가 범주형일 경우 최빈값은 가장 적절한 중심 위치 척도로 사용될 수 있다.

　㉡ 자료의 값이 모두 다른 경우에는 최빈값은 존재하지 않는다.

(2) 자료의 산포도

대푯값으로부터 자료가 흩어져 있을수록 대푯값은 모든 자료들을 대표할 수 없다. 그러므로 자료의 흩어진 정도, 즉 산포도는 두 변수 간의 경향을 개략적으로 표시해 주는 것으로 자료의 동질성, 자료가 내포하고 있는 정보의 양을 나타내는 지표가 된다. 이러한 산포도를 측정할 수 있는 척도로는 '분산, 표준편차, 4분위수 점수' 등이 있다.

① **분산**(Variance): 자료가 평균을 중심으로 흩어져 있는 정도를 말한다. 분산은 분포의 평균으로부터 각 관찰치들의 편차제곱들의 평균으로 정의된다.

② **표준편차**(Standard Deviation): 여러 수치들의 산술평균에 대한 변이성의 측도, 표준편차는 편차들을 제곱하여 산술평균한 값(분산)의 제곱근으로 정의한다.

③ **범위**(Range): 최댓값에서 최솟값을 뺀 값이다.

④ **평균편차**(Mean Deviation): 어떤 기준을 갖는 자료와 각 자료 간의 차이에 대한 절댓값을 평균하여 산출한 값을 말한다.

⑤ **비대칭도**: 대칭이 아니라 어느 한쪽으로 기울어진 정도를 말한다. 자료의 값이 0이면 분포가 대칭이며, 오른쪽으로 기울어진 경우 +, 왼쪽으로 기울어진 경우 -가 된다.

⑥ **백분위수**: 자료를 오름차순으로 정렬하여 백등분된 값을 의미한다. 백분위수는 빈도분석으로 계산할 수 있다.

(3) 분포의 유형과 각 대푯값들의 상호관계

① 도수분포 다각형에서 계급의 너비가 적어지고 총 관측수가 많아지면 도수분포곡선으로 접근해 간다. 최빈값은 도수분포곡선의 꼭짓점의 횡축좌표의 값이 되며, 최빈값의 위치는 중심경향이나 중심위치에 대한 지식을 줄 뿐 아니라 분포의 비대칭도를 파악하는 데도 유용하다.

② 도수분포표가 대칭분포인 경우에는 산술평균, 중앙값, 그리고 최빈값이 모두 일치한다. 예외적으로 큰 값이 있으면 평균은 오른쪽으로 당겨지게 된다. 그래서 평균이 최빈값의 오른쪽에 있으면 오른쪽 꼬리분포라 하고, 그 반대로 평균이 최빈값의 왼쪽에 있으면 왼쪽 꼬리분포라고 한다. 중앙값은 평균값과 최빈값의 사이에 위치하고 있다.

Plus UP! **중앙값, 평균값, 최빈값과 중심화 경향의 관계**

㉠ 평균값 = 중앙값 = 최빈값: 대칭분포의 그림
㉡ 평균값 < 중앙값 < 최빈값: 왼쪽 꼬리 분포의 그림
㉢ 최빈값 < 중앙값 < 평균값: 오른쪽 꼬리 분포의 그림

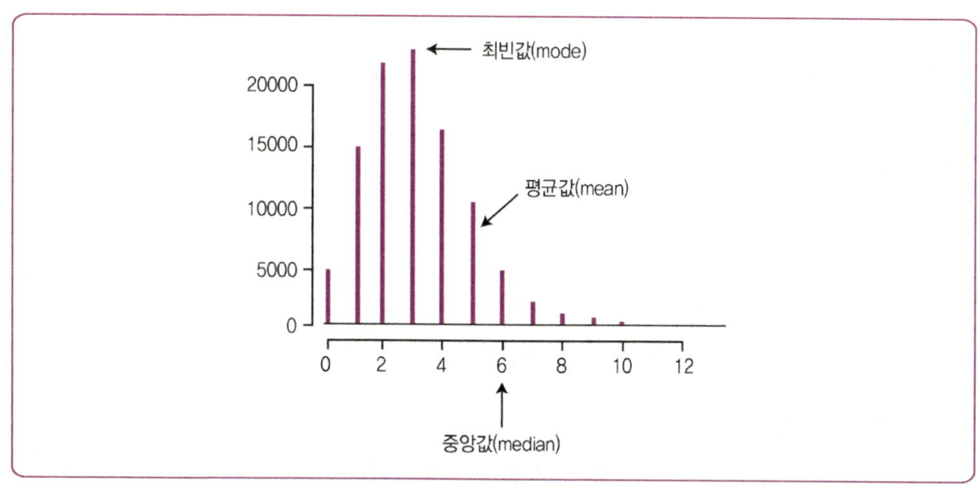

▌ 중심위치 척도의 비교 ▌

(4) 자료의 표준화

① 평균이나 분산을 구함에 있어서도 원래의 기초자료를 적절히 선형변환함으로써 이를 아주 쉽게 계산할 수도 있다.

② **선형변환**: 일차식 관계에 있는 측정척도의 변환

③ **표준화된 자료**: 어떤 자료(X)를 $[Z = (X - \overline{X})/\sigma_X]$와 같은 선형변환의 과정으로 변환시켜 평균이 0, 분산이 1인 새로운 변수로 만든 경우, 이 새로운 변수를 흔히 표준화된 자료라고 하며, Z_i로 나타낸다. 이와 같이 자료를 표준화함으로써 서로 다른 두 종류의 자료를 더 용이하게 비교할 수 있다.

$$Z_i(\text{표준화된 자료}) = X(\text{기초자료}) - \overline{X}(\text{기초자료의 평균}) / \sigma_X(\text{기초자료의 표준편차})$$

표준정규분포는 평균이 '0'이고 분산이 '1'인 정규분포로서 표준편차를 변숫값의 단위로 사용하기 때문에 모든 정규분포는 표준정규분포로 전환이 가능하다.

✋ Plus UP! **정규곡선의 특징**

㉠ 정규곡선은 평균을 중심으로 종모양의 대칭곡선이다.
㉡ 정규곡선의 평균, 중앙값, 최빈값은 모두 같다.
㉢ 정규곡선과 밑변 사이에 둘러싸인 면적은 곡선의 양쪽 방향으로 무한대까지 연장된다.
㉣ 곡선과 X축 사이의 면적은 1이다. 즉, 정규곡선의 면적은 동일하다.

1　분석목적에 따른 분류

(1) 기술적 분석

① 자료의 특성을 기술하는 것이 목적이다. 자료의 평균, 분산, 최빈값, 도수, 백분위수 등의 통계량을 보면 자료의 특성을 알 수 있다.

② 기술통계량을 추출하기 위해 도수분포분석, 기술통계분석 등이 사용된다.

(2) 관련성 분석

① 변수 간의 관계를 알기 위해 사용하는 분석이다.

② 독립변수와 종속변수를 가정하지 않고 단순히 변수 간의 관계를 분석하는 것이 목적이다.

③ 교차분석, 상관관계분석 등이 사용된다.

(3) 구조추출분석

① 자료 내에 잠재하고 있는 구조를 파악하고 자료를 단순화하기 위한 것이 목적이다.

② 요인분석, 군집분석, 다차원척도법, LISREL 등이 사용된다.

(4) 인과관계분석

① 종속변수가 독립변수에 영향을 받는다고 가정하고 그 관계를 분석하는 것이 목적이다.

② 인과관계를 가정하고 분석하지만 분석결과를 가지고 인과관계가 있다고 결론을 내릴 수 없다는 점이다.

③ 분산분석, 회귀분석, 판별분석 등이 사용된다.

❙ 분석목적에 따른 분류 ❙

분류	목적	통계분석기법의 예
기술적 분석	자료의 특성을 기술	도수분포분석, 기술통계분석
관련성 분석	변수 간의 관계를 분석	교차분석, 상관관계분석
구조추출분석	자료 내에 잠재하고 있는 구조를 파악하고 자료를 단순화	요인분석, 군집분석, 다차원척도법, LISREL 등
인과관계분석	종속변수가 독립변수에 영향을 받는다고 가정하고 그 관계를 분석	분산분석, 회귀분석, 판별분석

2 변수의 특성에 따른 분류

(1) 종속변수의 개념이 없는 통계분석기법

① 종속변수를 지정할 필요가 없는 통계분석기법이다.

② 요인분석, 군집분석이 대표적이며, 상관관계분석, 도수분포분석, 기술통계분석 등이 있다.

(2) 종속변수가 존재하는 통계분석기법

① 종속변수와 독립변수를 반드시 지정해 주어야 하는 통계분석기법이다.

② 분산분석, 회귀분석, 판별분석 등이 대표적이다.

③ 종속변수가 2개 이상이면 다변량분산분석(MANOVA)이라 한다.

🖐 Plus UP! 변수의 특성에 의한 분류

> ㉠ 종속변수의 개념이 없는 분석: 요인분석, 교차분석, 상관관계분석, 도수분포분석
> ㉡ 종속변수가 존재하는 분석: 회귀분석, 판별분석, 분산분석, 다변량분산분석(2개 이상)

3 통계적 추론

(1) 통계적 추론(Statistical Inference)의 개념

① 통계적 추론이란 표본에서 얻은 자료나 정보를 바탕으로 하여 모집단에 대한 특성을 파악하는 것을 뜻한다. 모집단(Population)을 대표할 가능성이 높은 일부 고객들을 표본(Sample), 표본의 반응을 통계량(Statistics), 모든 고객들의 반응을 모수(Parameter), 그리고 통계량을 이용하여 모수를 유추하는 것을 말한다. 또는 통계적 검정(Statistical Testing)이라고 한다.

② 통계적 추론은 추정과 가설검정으로 구분할 수 있다. 추정은 모집단의 모수를 특정한 점으로 추정하느냐 또는 구간으로 추정하느냐에 따라 점추정과 구간추정으로 구분된다.

③ 추정치란 모수에 대한 구체적인 값을 뜻하며, 추정량이란 추정치를 구하는 구체적인 방법을 뜻한다. 어떠한 추정방법이 좋은가에 대한 기준으로는 불편성, 일치성, 효율성 그리고 충족성이 있다. 이러한 네 가지의 기준에 입각해 볼 때 가장 널리 사용되는 추정방법으로서 최대우도법(MLE: Maximum Likelihood Estimator)이 있다.

(2) 점추정과 구간추정

① **점추정**(Point Estimation)

㉠ 점추정은 알고자(추정하고자) 하는 모수의 값을 표본에서 계산하여 단일의 값을 구하는 것을 의미하며, 모평균, 모비율, 모분산 등의 모수에 대한 점추정 통계량(점추정량)으로서 표본의 평균, 표본비율, 표본분산 등을 사용한다.

㉡ 점추정은 마치 사격선수가 과녁의 중심점을 쏘아 맞히는 것과 같다. 추정통계량(Estimator)은 총에 비유할 수 있을 것이다. 총의 종류마다 특성이 있듯이 추정통계량

에도 불편성, 효율성, 일관성 등의 특성으로서 그 우수성을 평가할 수 있다.

② **구간추정**(Interval Estimation)

　㉠ 구간추정은 알고자 하는 모수의 값을 표본에서 계산하여 모수의 참값이 있을 만한 구간을 구하는 것을 의미한다.

　㉡ 구간추정에서는 모수의 실제값이 구간 내에 있을 확신을 함께 표시한 구간추정을 의미하는 신뢰구간(Confidence Interval)이 중요한 용어로서 활용되고 있다.

(3) 통계적 추론의 이론적 근거

① 표본분포(Sampling Distribution)는 하나의 사건 또는 변수에 대한 전체 관측치, 측정치 또는 자료의 집합을 의미하며, 통계학에서 확률변수의 분포인 확률분포를 의미한다. 즉, 분포란 일련의 특정한 관측치들 또는 수집된 자료들의 빈도, 횟수, 확률들로 표현된 빈도수치의 집합이라고 볼 수 있다.

② 표준정규분포(Nomal Gaussian Distribution)는 대표적인 확률분포로서 분포가 알려지지 않은 자연 또는 사회현상을 설명하기 위해 사용되며, 통계학적으로 아주 중요한 분포이다. 특히 정규분포는 중심극한정리(Central Limit Theorem)로 인해 다양한 분야에서 수집된 자료의 분포를 근사하는 용도로 사용된다.

③ **중심극한정리**(Central Limit Theorem): 모집단으로부터 무작위로 추출된 확률변수의 표본평균의 분포는 표본의 크기가 충분히 큰 경우 근사적으로 모집단의 평균과 분산에 의한 정규분포를 따르게 된다.

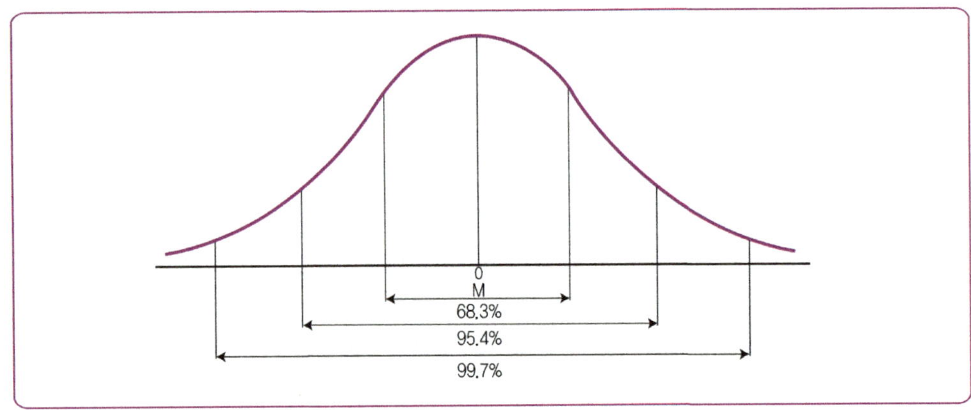

▌ 표준정규분포 ▌

4 도수분포분석

(1) 도수분포표의 작성

① 도수분포표(빈도표)의 작성

    ㉠ 주어진 자료를 몇 개의 구간(계급)으로 구분하여 각 구간에 해당하는 자료의 수를 구한다. 빈도표는 가장 널리 활용되는 자료의 표현방식으로 계급(값의 범위, 단위값, 분류)과 빈도(도수, 횟수, 절대빈도, 상대빈도)로 구성된다.

    ㉡ 구간의 폭을 줄이면서 누적분포나 도수분포 다각형을 만들면 자료들의 움직임이 곡선의 형태로 나타난다.

② 기초자료의 특성을 보다 정확하게 숫자로 분석하여 표시해 주는 척도가 곧 기술통계자료(Descriptive Measures)이다. 가장 기본적인 기술통계로는 중심화 경향(Central Tendency), 기초자료의 흩어진 정도(Dispersion) 및 비대칭 정도(Skewness) 등이 있다.

③ 도수분포곡선(빈도곡선)의 유형에는 '대칭분포, 오른쪽 꼬리분포, 왼쪽 꼬리분포, J형 분포, L형 분포, S형 분포, U형 분포, 복수봉우리 분포' 등이 있다.

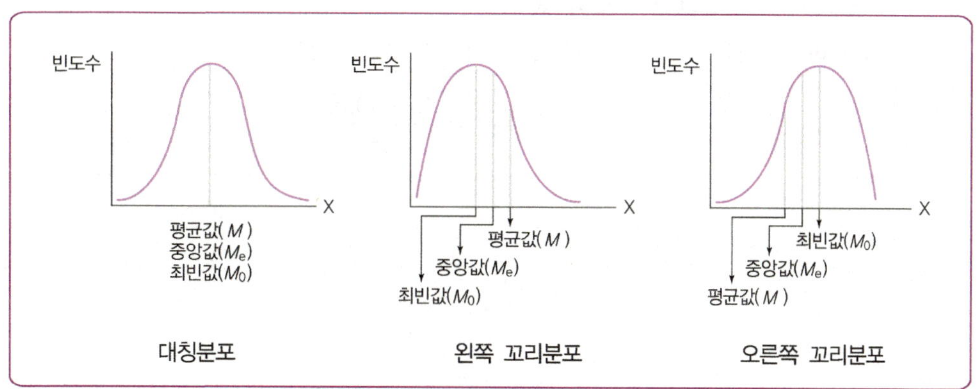

❚ 대푯값들의 위치와 분포의 유형 ❚

(2) 도수분포분석

① 도수분포분석은 이산형 변수 또는 여러 개의 범주로 구분된 범주형 변수에 대하여 각종 기술통계량을 추출하는 통계분석이다.

② 도수분포표, 막대도표, 히스토그램(빈도표를 바탕으로 작성한 그래프로 가장 많이 활용되는 방법), 백분위수 등의 각종 기술통계를 제공해 준다.

③ 도수분포분석은 기술적 분석에 해당하며, 기술적 분석이란 자료의 형태를 나열하는 데 초점을 둔 분석기법을 의미한다.

◢ 5 　단일모집단 평균과 비율에 대한 가설검증

(1) 쌍체비교

① 일정한 표본을 대상으로 특정한 사건을 전후로 두 번 측정하여 얻은 값들 간에 유의한 차이가 있는지를 검정하는 분석방법이다.

② 조사에 참여하지 않은 집단과 조사에 참여한 집단을 서로 독립적인 두 모집단으로 보고 이들을 대상으로 한다.

③ 조사 대상자를 무작위 표본추출하여 조사한 표본평균값들 간에 서로 유의한 차이가 검정되지 않는 경우에도 쌍체비교를 하게 되면 유의미한 차이가 검정되는 경우가 있다.

(2) 카이제곱 검정

① 모집단을 구성하는 값들이 평균으로부터 퍼져 있는 정도를 나타내는 분산에 관심을 가지고 이에 대해 가설을 세우고 이를 검정하는 것이 모집단 분산에 대한 가설검정이다.

② 분산은 변숫값들의 분포가 퍼져 있는 정도를 나타내는 것으로, 경우에 따라서는 분산이 평균보다 더 중요한 경우도 있다.

🖐 Plus UP!　단일 모집단의 분산에 대한 검정: 카이제곱 검정

$$\chi^2 = \frac{(n-1)s^2}{\sigma^2}$$

01 용어에 대한 설명으로 옳지 않은 것은?

① 유의수준(α): 2종 오류의 허용확률이다.
② 대립가설: 연구자가 믿고 지지하기를 원하는 가설이다.
③ 1종 오류: 귀무가설이 진실인데 그것을 기각하는 오류이다.
④ 유의확률: 귀무가설이 맞다고 가정할 때 얻은 결과보다 극단적인 결과가 실제로 관측될 확률이다.

해설 ① 유의수준(α)은 가설검정에서 1종 오류를 범할 확률의 최댓값을 말한다. 귀무가설이 맞는데 잘못해서 기각할 확률의 허용한계를 의미한다. 즉, 허용하는 유의수준이 5%라면 귀무가설을 기각하는 검정결과의 5%는 잘못될 가능성이 있고 95%는 신뢰할 수 있다. 2종 오류의 허용 확률은 β로 표시한다. 2종 오류는 귀무가설이 거짓인데 그것을 채택하는 오류이다.

02 어떤 실험에서 결과변수의 변화가 순수하게 실험변수의 변화에 의해서만 일어난 것이었다면 이 실험에 대한 올바른 설명은?

① 외적 타당성이 높다.
② 신뢰성이 높다.
③ 내생변수의 선택이 잘 되었다.
④ 외생변수를 잘 통제하였다.

해설 분산분석을 사용할 때 조사자가 생각하지 않았던 외생변수가 개입할 수 있으며, 조사자가 생각하지 않던 외생변수의 개입으로 실험이나 분산결과가 왜곡될 소지는 다분하다. 따라서 조사자는 분석 자체에서 이들 외생변수의 효과를 제거하고 실험변수의 효과를 보다 명확히 해줄 필요가 있다.

03 다음 중 외생변수에 대한 설명으로 옳지 않은 것은?

① 외생변수의 통제방법으로 제거, 균형화, 상쇄, 무작위추출이 쓰인다.
② 외생변수는 통제가 가능하다.
③ 외생변수의 통제 정도를 높일수록 내적 타당성이 높아진다.
④ 외생변수의 통제 정도를 낮출수록 내적 타당성이 높아진다.

해설 ④ 외생변수의 통제 정도를 낮출수록 내적 타당성이 낮아진다. 외생변수가 종속변수에 영향을 미치면 내적 타당성이 높아진다. 외생변수는 독립변수나 실험변수가 아니므로 종속변수에 미치는 영향이 제거되거나 통제되어야 하는 변수이다.

정답 01 ① 02 ④ 03 ④

 신뢰구간 95%일 때 양측검정을 할 경우 유의수준은?

① 0.05　　　　　　　　　　　② 0.025
③ 0.01　　　　　　　　　　　④ 0.10

> **해설**　② 신뢰구간 95%일 때 단측검정의 경우 유의수준 $\alpha = 0.05$이다. 양측검정의 경우 유의수준은 $\alpha/2 = 0.025$이다.

05 **가설검정에서 오류에 관한 내용 중 틀린 것은?**

① 가설검정방법에서 오차는 언제나 존재한다.
② 가설검정에서 제1종 오류는 귀무가설을 기각하고 대립(연구)가설을 잘못 채택함으로써 발생하는 오류이다.
③ 가설검정에서 제2종 오류는 귀무가설이 틀림에도 불구하고, 귀무가설을 기각하지 못하고 귀무가설을 채택하게 되는 오류이다.
④ 제1종 오류와 제2종 오류는 상호 의존적인 관계이다.

> **해설**　④ 제1종 오류와 제2종 오류는 서로 상반되는 Trade-Off 관계로서 한 쪽의 오류가 줄어들면 다른 한쪽의 오류가 증가한다.

06 **다음 사례에 사용된 가설은?**

> 신제품의 성능이 경쟁제품의 성능보다 우수하다는 것을 밝히기 위하여 마케팅조사를 실시할 때, '신제품의 성능과 경쟁제품의 성능 간에 차이가 없다'라고 가정하였다.

① 대립가설　　　　　　　　　② 연구가설
③ 귀무가설　　　　　　　　　④ 복합가설

> **해설**　귀무가설(Null Hypothesis, H_0)은 연구에서 검증하고자 하는 주장을 반박하는 가설이다. 주로 "차이가 없다" 또는 "효과가 없다"는 형태로 설정된다. 반면 대립가설(Alternative Hypothesis, H_1) 혹은 연구가설은 귀무가설을 반박하고 연구자가 증명하고자 하는 가설로, 이 경우에는 "신제품의 성능이 경쟁제품의 성능보다 우수하다"가 대립가설이 된다.

정답　04 ②　05 ④　06 ③

07 전체 자료의 특성을 파악하기 위해 사용하는 통계값은?

① 평균과 분산

② 빈도와 회귀계수

③ 자유도와 p값

④ 요인값과 상관계수

> **해설** 평균은 전체 자료의 합을 자료의 개수로 나눈 값으로 모집단의 모수를 예측하는 데 가장 뛰어나다. 분산은 자료가 평균을 중심으로 흩어져 있는 정도를 말한다. 분산은 분포의 평균으로부터 각 관찰치들의 편차제곱들의 평균으로 정의된다. 즉, 자료의 평균과 분산은 통계분석의 기본 값들이며 이를 바탕으로 통계적 추론이 가능하다.

08 다음 〈보기〉의 ( ) 안에 들어갈 숫자로 알맞은 것은?

보기

> 표준정규분포는 평균이 (㉠)이고 분산이 (㉡)인 정규분포로서 표준편차를 변숫값의 단위로 사용하기 때문에 모든 정규분포는 표준정규분포로 전환이 가능하다.

	㉠	㉡			㉠	㉡
①	0	1		②	1	0
③	1	1		④	0	2

> **해설** 자료가 표준화되면 회귀식의 절편은 0이 된다. 표준정규분포는 2개 이상의 정규분포를 평균 0, 표준편차 1로 규격화시킨 것이다. 표준화(Standardization)는 원래의 변수측정치를 평균이 0이고 분산이 1인 새로운 변수로 변화시키는 과정을 의미한다.

09 통계기법에 대한 설명으로 틀린 것은?

① 기술통계량을 추출하기 위해 도수분포분석, 기술통계분석이 활용된다.

② 관련성 분석은 변수 간의 관계를 알기 위해 사용한다.

③ 요인분석, 군집분석은 인과관계를 분석하는 기법이다.

④ 자료 내에 잠재하고 있는 구조를 파악하기 위한 분석기법은 구초추출분석이다.

> **해설** 요인분석, 군집분석은 구조추출분석 기법이다. 인과관계를 분석하기 위한 기법으로는 분산분석, 회귀분석, 판별분석 등이 있다.

정답 07 ① 08 ① 09 ③

10 단일모집단 평균과 비율에 대한 가설검증을 설명한 것으로 성격이 다른 하나는?

① 일정한 표본을 대상으로 특정한 사건을 전후로 두 번 측정하여 얻은 값들 간에 유의한 차이가 있는지를 검정하는 분석방법이다.

② 조사에 참여하지 않은 집단과 조사에 참여한 집단을 서로 독립적인 두 모집단으로 보고 이들을 대상으로 한다.

③ 조사 대상자를 무작위 표본추출하여 조사한 표본평균값들 간에 서로 유의한 차이가 검정되지 않는 경우에도 쌍체비교를 하게 되면 유의미한 차이가 검정되는 경우가 있다.

④ 모집단을 구성하는 값들이 평균으로부터 퍼져 있는 정도를 나타내는 분산에 관심을 가지고 이에 대해 가설을 세우고 이를 검정하는 것이 모집단 분산에 대한 가설점정이다.

해설 ①, ②, ③은 쌍체비교를 설명한 것이고 ④는 카이제곱 검정에 해당한다.

CHAPTER 09

집단 간 차이 검증을 위한 분석

01 두변수분석의 체계

1 개요

(1) 두변수분석의 개념

두변수분석(이원량분석)은 2개의 변수관계를 파악하는 분석방법이다. 변수가 3개 이상인 경우는 다변량분석이라고 한다.

(2) 두변수분석의 분류

두변수분석은 크게 두변수 사이의 상관관계분석, 두변수 사이의 인과관계분석, 두변수 사이의 차이분석 등 3가지 형태가 있는데, 여기에 변수측정의 척도를 고려했을 때 두변수분석의 체계는 그림과 같이 나타낼 수 있다.

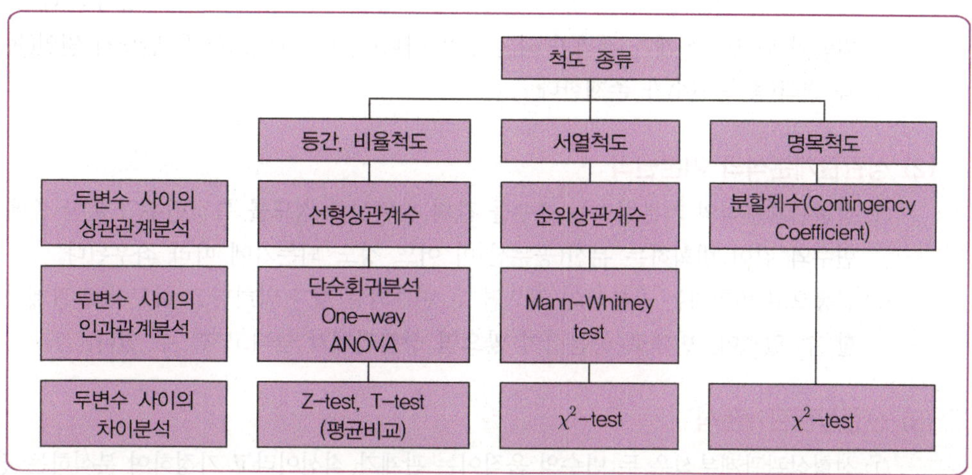

| 두변수의 분석체계 |

Plus UP! 맨-휘트니검정과 분할계수

㉠ 맨-휘트니(Mann-Whitney)검정은 독립적인 두 모집단의 평균에 차이가 있는지를 검정하기 위한 비모수적인 방법이다.

㉡ 분할계수(Contingency Coefficient)는 명목척도로 측정된 2개의 변수 사이에 존재하는 연관성의 정도를 나타내는 계수이다. 분할계수는 0과 1 사이에 속하게 되며 1에 가까울수록 연관성의 강도가 강하고, 0에 가까울수록 독립일 가능성이 높다.

(3) 두변수의 공동확률분석

① 두변수의 상호관계를 연구하려면, 두변수가 서로 어떻게 작용하는가에 관한 확률분포를 반드시 알아야 한다.

② 두 개 이상의 변수를 동시에 분석하려면 공동확률분포, 조건부확률분포, 한계확률분포 그리고 공동·조건부·한계확률분포 등을 어떻게 유도하는가에 대한 근본적인 이해가 있어야 한다.

2 상관관계분석

(1) 상관관계분석의 개념

① 상관관계분석(Correlation Analysis)은 하나의 변수가 변화함에 따라 다른 변수가 어떻게 변화하는가의 관계를 측정하는 가장 기본적인 분석기법이다.

② 상관관계분석은 독립변수들 간의 변화의 정도를 파악하여 이들 간의 상관관계를 분석하는 기법이다.

③ 종속변수의 개념이 없는 통계분석기법이다. 즉, 두 변수 사이에 인과관계가 존재하는 것은 아니다. 예를 들어, 키가 크면 몸무게가 많이 나갈 수 있지만, 그렇다고 해서 큰 키가 원인이 되고 몸무게가 결과가 되는 것은 아니다. 인과관계분석은 반드시 원인(독립)변수와 결과(종속)변수가 존재한다.

(2) 상관관계분석의 기본원리

① 상관관계분석의 기본원리는 변수들 간의 관련성의 정도를 특정변수의 분산 중에서 다른 변수와 같이 변화하는 분산(공분산)이 어느 정도 되는가에 따라 좌우된다.

② 공통으로 변화하는 공분산이 적으면 두 변수의 관계가 약하다고 하고 상관관계가 낮다고 할 수 있으며, 반대로 공분산이 많으면 상관관계가 높다고 할 수 있다.

(3) 선형상관관계분석

① 선형상관관계분석은 두 변수의 움직이는 관계가 직선이라고 가정하여 분석하는 경우로서 가장 보편적으로 사용된다.

② 선형상관계수 측정의 전제조건

    ㉠ 두 변수는 반드시 등간척도로 측정되어야 한다.

    ㉡ 두 변수의 공동확률분포는 두 변수의 정규분포에 따른다.

02 두 집단 간 평균차이에 대한 가설검증

1 t검정 개요

(1) 의의

단일모집단의 평균차이에 대한 가설검증과 마찬가지로 두 집단간 평균차이에 대한 가설검정은 t검정을 활용한다.

(2) t검정의 개념

① 모집단의 분산이나 표준편차를 알지 못할 때 모집단을 대표하는 표본으로부터 추정된 분산이나 표준편차를 가지고 검정하는 방법이다.

② "두 모집단의 평균간의 차이는 없다"라는 귀무가설과 "두 모집단의 평균 간에 차이가 있다"라는 대립가설 중에 하나를 선택할 수 있도록 하는 통계적 검정방법이다.

2 t검정의 이해

(1) t값

t값이란 t검정에 이용되는 검정통계량으로, 두 집단의 차이의 평균(X)을 표준오차(SE)로 나눈 값 즉, 표준오차와 표본평균사이의 차이의 비율이다.

(2) t분포

평균이 0, 좌우 대칭을 이루며, 자유도($n-1$)에 의해서 규정되는 수리적 분포로 아래 그림과 같은 형태를 띤다. t값이 커질수록 표준정규분포와 비슷한 형태를 띤다.

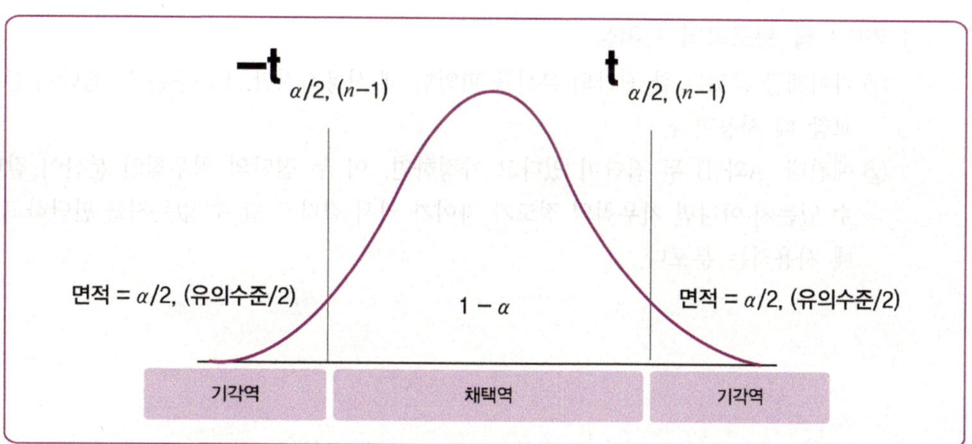

(3) 기각역

귀무가설이 기각되기 위한 검정통계량(t값)이 위치하는 범위로, 면적 = α(유의수준)과 자유도($n-1$)에 의해 결정된다. 단측검정의 경우 기각역이 한 쪽에 존재하고, 양측검정의 경우 기각역이 양쪽에 존재한다.

(4) t검정의 특징

① 독립된 두 집단(또는 대응표본 t검정의 경우에는 한 집단)의 평균 차이가 있는지를 검사하는 방법이다.

② 30개 이하의 비교적 적은 수의 표본에 대해 활용한다.

③ 표본의 수가 31 이상이면 정규분포와 비슷해지기 때문에 t분포 대신 정규분포를 사용하기도 한다.

④ 모집단의 표준편차를 알 수 없을 때 사용한다. 따라서 모집단의 표준편차 σ 대신 표본의 표준편차 s를 사용한다.

03 두 집단 간 비율차이에 대한 가설검증

1 F분포 개요

(1) 의의

① F 분포는 카이제곱 분포와 마찬가지로 집단의 분산을 추정하고 검정할 때 사용하는 분포다.

② 분산의 제곱된 값을 다루기에 +값만 존재하며, 그렇기 때문에 그래프가 비대칭 모양이다.

(2) 카이제곱 분포와의 차이점

① 카이제곱 분포는 한 집단의 분산을 파악할 때 사용하지만, F분포는 두 집단의 분산을 비교할 때 사용한다.

② 예컨대, A와 B 두 집단이 있다고 가정하면, 이 두 집단의 치우침인 분산이 같다고 할 수 있는지 아니면 치우침의 정도가 차이가 커서 같다고 할 수 없는지를 판단하고 비교할 때 사용하는 분포다.

◢ **2** F분포의 이해

(1) F분포의 값

① 보통 분산이 더 큰 집단이 분자가 되고 상대적으로 분산이 작은 집단이 분모가 된다.

② 분산이 더 큰 집단이 분자로 가는 이유는, F통계량이 항상 1보다 크게 나와야 하는데 분자에 더 큰 값을 놓아야 1보다 큰 값이 나오기 때문이다.

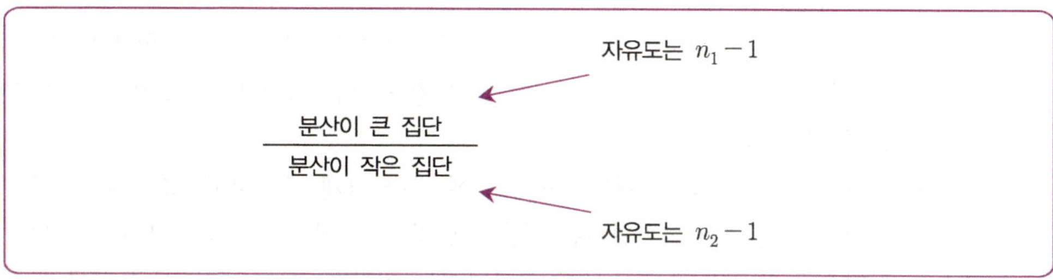

(2) F분포의 활용

① 분산이 더 큰 집단이 분자로 가는 이유는 바로 그래프의 오른쪽 면적을 사용하기 위함이다.

② F분포는 1을 기준으로 왼쪽과 오른쪽 면으로 나눌 수 있다.

③ 왼쪽은 1보다 작은 수를 나타내고, 오른쪽은 1보다 큰 수를 나타낸다.

④ 따라서 분자에 더 큰 값을 놓으면 1보다 큰 값이 나오기에 분산이 더 큰 집단이 분자가 된다.

⑤ F분포표를 분석해보면 가장 작은 값은 항상 1이다.

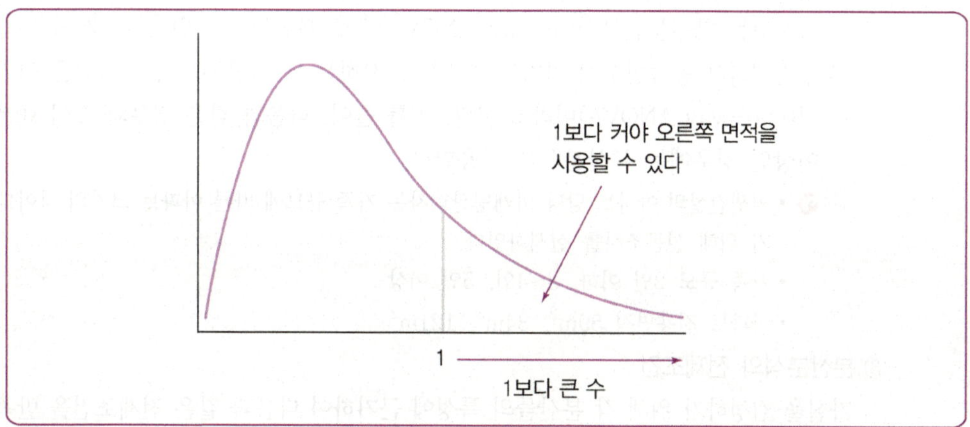

1 분산분석의 이해

(1) 분산분석의 개념

① 분산의 개념

㉠ 분산이란 각 변량의 그 평균으로부터 편차를 모두 제곱하여 그 합계를 구한 다음, 이 합계를 자료의 자유도로 나누어서 얻은 평균이다. 그러므로 평균이 다르면 분산도 다르기 마련이다.

㉡ 일반적으로 분산의 크기는 측정단위에 따라 크게 달라지며, 측정대상이 무엇이냐에 따라 분산의 크기를 판단하는 기준이 달라진다. 따라서 단순하게 숫자로 나타난 분산값만으로 분산의 크기 정도를 판단하기는 어렵다. 이를 위해 서로 다른 척도로 측정한 분산을 표준화한 표준화계수가 사용된다.

② 분산분석의 개념

㉠ 분산분석은 명목척도 수준으로 측정된 독립변수가 등간척도나 비율척도 수준으로 측정된 종속변수에 미치는 영향을 분석하는 통계기법이다. 즉, 분산분석은 독립변수에 의해 분류된 두 개 이상의 집단 간의 평균값을 비교하는 데 사용되는 통계기법이다. 분산분석에서 사용되는 검증통계량은 F통계량이다.

㉡ 분산분석은 하나의 범주형 독립변수와 종속변수 간의 관계를 분석하는 일원분산분석(one- way ANOVA)과 둘 이상의 독립변수의 수준변화가 종속변수에 미치는 효과를 조사하는 다원분산분석(n-way ANOVA)으로 분류될 수 있다. 두 개의 독립변수의 수준변화가 종속변수에 미치는 효과를 조사하는 데 사용되는 통계기법은 이원분산분석(two-way ANOVA)이라고 한다. 예를 들어, 다음과 같은 경우와 같이 표본이 3개 이상인 경우에는 분산분석을 사용한다.

> 예 • 평생건설의 아파트 담당 마케팅관리자는 가족 규모에 따른 아파트 크기의 차이를 파악하기 위해 설문조사를 실시하였다.
>   • 가족 규모 2인 이하, 3~4인, 5인 이상
>   • 아파트 전용면적 $59m^2$, $84m^2$, $121m^2$

③ 분산분석의 전제조건

가설을 검정하기 위해 각 분산들의 특성에 근거하여 다음과 같은 전제조건을 만족시키는지 검토해야 한다.

㉠ 각 집단들의 모집단의 분포는 서로 독립적이어야 한다.

㉡ 각 집단들은 정규분포를 이루고 있어야 한다.

㉢ 각 집단의 표준편차는 동일해야 한다.

㉣ 집단별 분산(Variation)의 정도가 비슷해야 한다.

(2) 분산의 유형

상대적 평가기준으로는 각 집단 내에 속해 있는 관측치들이 해당 집단의 평균으로부터 어느 정도 퍼져 있느냐를 나타내는 집단 내 분산, 즉 집단 내 평균제곱이 사용될 수 있다. 이러한 집단 내 평균제곱의 크기와 집단 간 평균의 분산을 나타내는 집단 간 평균제곱의 크기를 비교하여 집단 간 평균제곱의 크기를 상대적으로 평가할 수 있다.

① **집단 내 변량**

    ⊙ 집단 내 변량(SSW: Sum of Squares Within groups)은 표본집단 내 개별관찰치들이 각 표본집단의 평균을 중심으로 어느 정도의 변량을 보이는지를 측정한 값이다.

$$SSW = \sum_{i=1}^{c}\sum_{j=i}^{n}(Y_{ij} - \overline{Y}_j)^2$$

      여기서, Y_{ij}: 종속변수 Y의 개별관찰값

                $\overline{Y}_i$: i번째 집단의 평균

    ⊙ 집단 내 변량이 클수록 집단별 평균 차이가 통계적으로 유의하게 다를 가능성이 낮아지고, 반대로 집단 내 변량이 작을수록 집단별 평균이 통계적으로 유의하게 다를 가능성이 높아지게 된다.

② **집단 간 변량**

    ⊙ 집단 간 변량(SSB: Sum of Squares Between groups)은 독립변수에 의해 나누어진 각 집단의 평균이 전체표본의 평균을 중심으로 어느 정도의 변량을 보이는지를 측정한 값이다.

$$SSB = \sum_{i=1}^{c} n_i (\overline{Y}_i - \overline{Y})^2$$

      여기서, n_i: i번째 집단의 표본수

                $\overline{Y}_i$: i번째 집단의 평균

    ⊙ 집단 간 평균값의 차이가 크면 클수록, 즉 집단의 평균들이 서로 떨어져 있어 집단 간 분산이 크면 클수록 집단 간 평균 차이가 명확하여 그 차이가 통계적으로 유의하다고 판단할 수 있다.

③ **총변량**: 총변량(SST: Sum of Squares Total)은 각 관찰값들이 전체표본의 평균을 중심으로 얼마만큼의 변량을 보이는가를 측정한 값이다.

$$SST = \sum_{i=1}^{c}\sum_{j=1}^{n}(Y_{ij} - \overline{Y})^2$$

      여기서 $\overline{Y}$: 전체 표본에서의 종속변수의 평균

          n_i: 집단 i의 표본의 수

          c: 집단의 수

분산분석에서 집단 간 차이가 유의하기 위해서는 집단 내 변량은 가능한 적어야 하며 집단 간의 변량은 가능한 커야 한다. 분산분석에서는 집단 간 변량값과 집단 내 변량값의 상대적 비율을 나타내는 F통계량을 이용하여 집단 간 차이를 검증한다.

(3) 자유도와 F통계량

① 자유도의 결정

    ㉠ 분산은 각 자료의 평균으로부터 편차를 제곱하여 그 합계를 한 것을 뜻한다. 그러므로 제곱의 합계는 자료의 수가 많을수록, 또 각 자료가 평균으로부터 흩어진 정도가 클수록 많아지게 되므로 자유도로 나누어 제곱의 합계의 평균, 즉 분산을 이용해야 한다.

    ㉡ 자유도는 집단 간 분산과 집단 내 분산을 비교하여 분산분석(ANOVA)의 귀무가설을 검정하는 것을 의미한다.

    ㉢ 자유도(독립표본의 수: n, 사례의 수: k)

        ⓐ 단 상호 간의 분산(SST)의 자유도: $(k-1)$

        ⓑ 집단 내의 분산(SSE)의 자유도: $(n-k)$

        ⓒ 총분산(TSS)의 자유도: $(n-1)$

② F통계량

    ㉠ 분산분석의 귀무가설을 검정하기 위한 검정통계량은 F-비율(F Ratio)을 이용한다. 만약, 귀무가설(H_0)이 진실이라면 F통계량은 1이 되어야 하는 경향을 갖게 될 것이고, 귀무가설(H_0)이 진실이 아니면 집단 상호 간의 편차제곱합의 평균은 집단 내의 편차제곱합의 평균보다 훨씬 크게 될 것이다.

$$F = \frac{\text{집단 간 분산(MSB: Mean Squares Between groups)}}{\text{집단 내 분산(MSW: Mean Squares Within groups)}}$$

    ㉡ 분산분석의 귀무가설이 진실이라면 검정통계량인 F통계량은 F-분포를 갖게 된다. F-분포의 모수는 두 개의 자유도로 되어 있다.

2 분산분석의 이론적 고찰

(1) 분산분석의 원리

① 인자의 수준을 하나의 집단으로 보고 집단과 집단이 얼마큼 떨어져 있는가를 기준으로, 집단들의 평균이 차이가 있는지를 판단하는 것이 기본적인 분산분석의 원리이다.

② 이를 기술적으로 표현하면 모든 측정값의 분산 중 집단 간 분산이 차지하는 비율이 높아지면 집단들이 서로 멀리 떨어져 있다는 것이므로 인자수준에 따라 측정값의 평균이 차이가 난다는 결론을 내리게 된다.

(2) 분산분석표

F통계량을 계산하는 과정은 분산분석표(ANOVA Table)로 요약된다.

변량의 종류	제곱합 (Sum of Squares)	자유도	제곱평균 (Mean Squares)	F
집단 간 변량	$SSB = \sum_{i=1}^{c} n_j (\overline{Y_{i\cdot}} - \overline{Y_{\cdot\cdot}})^2$	$c-1$	$MSB = \dfrac{SSB}{c-1}$	$\dfrac{MSB}{MSW}$
집단 내 변량	$SSW = \sum_{i=1}^{c} \sum_{j=1}^{n_i} (Y_{ij} - \overline{Y_{i\cdot}})^2$	$N-c$	$MSW = \dfrac{SSW}{N-c}$	
총변량	$SST = \sum_{i=1}^{c} \sum_{j=1}^{n_i} (Y_{ij} - \overline{Y_{\cdot\cdot}})^2$	$N-1$		

① k개의 요인이 있고 요인별 반복실험을 n_k번 했다고 가정하고 셀(i, j)의 실험값을 Y_{ij}라고 하면, 인자수준 간 분산, 인자수준 내 분산, 총분산은 각각 위 표와 같이 표현된다.

② 위에서 $\overline{Y}$는 전체 실험값의 평균이며, $\overline{Y_j}$는 인자수준 j내 실험값의 평균이다. 위의 표를 보면 검정통계량 F는 자유도가 $(k-1, n-k)$인 F분포를 하며, F값이 유의수준의 F값보다 크면 귀무가설이 기각되어 인자수준 간 차이가 있다는 결론을 내리게 된다.

③ 통계학에서 분산분석은 이론적으로 이들 가정이 만족되어야만 분산분석의 수행이 가능하나 실제는 F-검정에서 두 번째와 세 번째 가정이 위배되어도 의미 있는 결과를 가져오는 것으로 알려져 있다.

3 분산분석의 종류 및 주의점

(1) 분산분석의 종류

분산분석은 인자(독립변수) 및 종속변수 그리고 고려하고 있는 외생변수의 수에 따라 세분화될 수 있다. 여기서 독립변수는 실험처리변수이며, 외생변수(Control Variable)는 통제된 변수를 의미한다. 종속변수가 하나이고 독립변수가 하나인 디자인을 일원분산분석이라 하고, 독립변수가 두 개인 디자인을 이원분산분석이라고 하며, 종속변수가 두 개 이상인 디자인을 다변량분산분석이라고 한다.

① 일원분산분석(One-way ANOVA)

    ㉠ 일원분산분석은 세 집단 이상의 평균을 비교하는 분석방법이다. 일원분산분석을 실행하려면 1개의 종속변수와 3개 이상의 범주를 가지고 있는 하나의 독립변수가 있어야 한다. 즉, 인자(독립변수)와 종속변수가 모두 1개이며, 집단 간의 차이를 파악할 때 사용하는 분산분석으로 CRD(Completely Randomized Design)라고도 불린다.

    ㉡ 일원분산분석의 대표적인 사례는 어느 회사에서 영업사원들을 대상으로 판매실적을 향상시키기 위해 4가지 교육 프로그램(A, B, C, D)을 시행한 후, 참여한 프로그램에 따라 영업사원들의 판매실적에 차이가 있는지를 알아보기 위해 각 교육 프로그램 참여자별로 판매실적의 차이를 검정하는 경우이다.

② 이원분산분석(Two-way ANOVA)

　　㉠ 이원분산분석은 2개의 인자(독립변수)와 종속변수가 1개인 경우로, 세분화된 집단 간 종속변수의 평균차이를 분석하는 방법이다.

　　㉡ 각각의 독립변수가 종속변수에 미치는 영향으로 이를 주효과(Main Effect)라 하고, 2개 이상의 범주형 독립변수가 동시에 작용하여 종속변수에 미치는 영향으로 이를 상호작용효과(Interaction Effect)라고 한다. 예를 들어, B는 학생의 학업성취도이고, A는 학부모의 관심이라고 할 때, 학부모의 관심이 지나치면 오히려 학업성취도를 떨어뜨릴 수 있다는 것이다. 다음은 종속변수 Y에 대한 두 개의 독립변수(A, B)의 상호작용 효과를 나타내는 그래프이다.

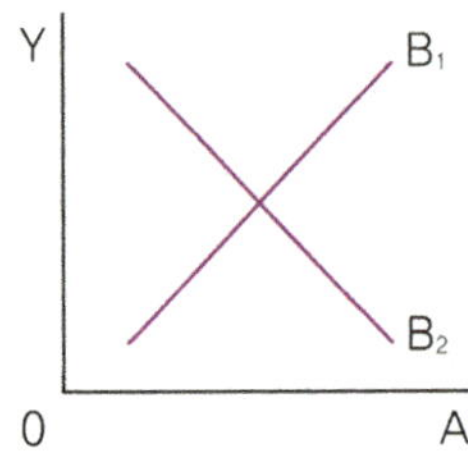

독립변수가 2개이고 종속변수가 1개인 경우, 즉 성별(남, 여)과 학년별(저학년, 고학년), 광고태도(종속변수)를 측정하는 것과 같이 2×2 집단 간의 검증은 이원분산분석을 활용한다.

③ 다변량분산분석(Multivariate ANOVA)

　　㉠ 종속변수가 여러 개일 때 실행하는 분산분석을 다변량분산분석(MANOVA)이라고 한다. ANOVA는 한 개의 계량적 종속변수의 집단 간 차이를 평가하는 방법이지만, MANOVA는 복수의 관련성 있는 종속변수들 간의 집단 간 차이를 동시에 평가하는 기법이다.

　　㉡ 즉, MANOVA는 종속변수가 여러 개일 경우 특정 유의수준에서 집단 간의 차이를 한꺼번에 검정하는 방법이다.

　　㉢ 다변량분산분석의 조건
　　　　ⓐ 종속변수들 간에 어느 정도의 상관관계가 존재하여야 한다.
　　　　ⓑ 종속변수들의 정규분포를 충족시켜야 한다.
　　　　ⓒ 동변량성을 충족시켜야 한다.

④ 공분산분석(ANCOVA: Analysis of Covariance)

　　㉠ 공분산분석은 종속변수와 밀접하게 관련되어 있는 공변량(Covariate)을 추가하여 독립변수의 효과를 보다 면밀하게 살펴볼 수 있다. 공분산분석은 혼란변수의 효과를 제거하면서 오차를 증가시키지 않는 방법으로 활용하며, 분산분석과 회귀분석이 결합된 형태이다. 즉, 종속변수에 체계적인 영향을 미칠 수 있는 외생변수들을 공변량으로 사용하여 이들의 영향력을 통제하는 분산분석 방법을 공분산(변량)분석이라고 한다.

   ⓛ 분산분석과 공분산분석의 차이점은 분산분석은 실험처리(Treatment)가 종속변수에 미치는 영향에 역점을 두고 있으나, 공분산분석은 종속변수에 중요한 영향을 미치는 외생변수에 관심을 두며, 이러한 외생변수들이 종속변수에 미치는 영향을 제거하려는 데 있다. 이는 외생변수의 영향을 통제하지 않으면, 종속변수에 대한 외생변수의 영향이 오차항을 크게 하고 검정의 민감성을 감소시키기 때문이다.

   ⓒ 예를 들어, 연령대별로 아이스크림 구매빈도에 차이가 있는지를 검정하는 경우 응답자의 연령대별 구매빈도에 용돈수준이 많은 영향을 미칠 것으로 예상할 수 있다. 따라서 용돈수준을 적절히 통제하여야 순수한 연령대별 아이스크림 구매빈도 차이를 분석할 수 있게 될 것이다.

(2) 분산분석 시 주의점

① 실험집단의 선정방법

실험집단의 선정방법은 독립변수에 의한 실험요소의 수 선정과 관련된 문제를 말하는 것으로, 분석결과의 일반화 가능성에 의해 고정효과모형과 무작위효과모형으로 나누어진다.

   ㉠ **고정효과모형**(Fixed Effect Model): 실험집단의 선정에 있어서 연구자가 관심 있는 실험집단만을 대상으로 하는 경우이다. 그래서 분석결과를 다른 실험집단으로 확대적용하기에는 부적절하다.

   ㉡ **무작위효과모형**(Random Effect Model)

      ⓐ 연구자가 관심 있는 실험집단을 선정하는 고정효과모형과는 달리 연구자가 실험집단선정을 무작위로 하는 것이다.

      ⓑ 즉, 연구자가 모집단으로부터 실험집단을 임의로 표본을 추출했다면 무작위효과모형이 된다.

   ㉢ **혼합효과모형**(Mixed Effects Model): 고정효과 인자와 무작위효과 인자가 함께 사용된 경우를 말한다.

② 집단 간 차이분석(T–검정)

   ㉠ **T–검정의 특성**: T–검정이 두 모집단 간 평균의 차이를 분석하고자 할 때 사용한다고 하면, 집단이 3개 이상일 경우에는 분산분석을 사용한다.

      ⓐ **단일표본 T–검정**: 하나의 모집단에서 추출된 하나의 표본만을 검정하는 통계기법이다.

      ⓑ **독립표본 T–검정**: 두 집단의 평균이 같은지, 차이가 나는지를 검정하는 데 사용하는 방법으로, 집단의 평균을 비교하는 기법이다. 두 집단에서 하나의 검정변수에 대한 평균의 차이를 알아보기 위한 통계적 검정방법이다.

      ⓒ **대응표본 T–검정**: 동일한 집단 또는 동일한 표본에서 두 개의 검정변수 간 평균의 차이를 알아보기 위한 통계적 검정방법이다. 점수변화 비교, 점수차이 비교를 위한 통계방법으로 짝을 이룬 집단의 비교나 반복 측정된 자료의 분석, 집단 내 혹은 두 집단이 서로에게 영향을 미칠 때 사용한다.

ⓓ 종속표본 T-검정: 한 집단 내 사전-사후검사 간의 상승 정도를 비교한다.

▌ 두 집단 간 차이 비교에 따른 분석방법 ▌

대상	표본(집단)개수	측정 횟수	검정방법
평균비교	1개	1회	단일표본 t검정
		2회	대응표본 t검정
	2개	1회	독립표본 t검정
	3개 이상	1회	분산분석(ANOVA)
분산비교	1개	1회	χ^2(카이제곱) 검정
	2개	1회	F-검정

ⓛ F-검정의 특성: F-검정은 세 집단 이상의 평균치의 차이를 분석하고자 할 때 사용하는 분석방법이다. 분산분석에서는 집단 간의 차이 유무를 최종적으로 F값을 통해 판단한다. 그러나 F값은 표본의 수가 증가할수록 유의하게 나타나는 경향이 있다. 따라서 상당히 많은 표본을 사용한 분산분석을 통해 유의한 결과를 얻었을 경우 조사연구자는 그것이 실제 집단 간의 차이에 의한 것인지, 표본의 크기에 의한 영향 때문인지를 검토해 보아야 한다.

ⓒ 외생변수의 제거문제: 분산분석을 사용할 때 조사연구자가 생각하지 않았던 외생변수가 개입할 수 있으며, 조사연구자가 생각하지 않던 외생변수의 개입으로 실험이나 분산결과가 왜곡될 소지는 다분하다. 따라서 조사연구자는 분석 자체에서 이들 외생변수의 효과를 제거하고 실험변수의 효과를 보다 명확히 해줄 필요가 있다.

🖐 **Plus UP!**　**분산분석의 절차**

분산분석(F-검정)의 절차는 가설검정과 가정확인 및 유의수준과 기각값(F)을 결정한 후, 제곱합(SS)과 평균제곱합(MS)을 구하여 분산분석표를 작성하고 검정통계량(Fs)을 구한다. 그 다음 Fs값과 F값을 비교하여 귀무가설의 기각 여부를 판정하고 분산분석 결과를 설명한다.

05 교차분석법과 카이자승(카이제곱) 검정

1 교차분석의 개념

(1) 교차분석의 개념

① 교차분석은 두 범주형 변수 간의 연관성이 존재하는지, 즉 두 변수가 독립적인지를 분석하는 기법으로 명목척도나 서열척도로 측정된 범주형 변수(Categorical Variables)들 간의 연관성을 분석하는 방법이다.

② 범주형 자료(명목척도)를 두 개 혹은 그 이상의 변수에 대한 결합분포(결합빈도)로 나타내는 분할표를 보여준다. 즉, 특정 속성에 대하여 집단별로 어떤 관련성이 있는지를 알아보기 위해서 사용하는 분석방법이다.

③ 교차분석은 변수들 간의 범주를 교차시켜 얻은 각각의 셀에 해당하는 관측치 빈도를 나타내는 빈도교차표를 이용한다.

④ 예를 들어, 성별(남, 여), 연령대(20, 30, 40, 50대 이상)별 선호하는 국내외 맥주브랜드(국내 3개, 국외 5개 브랜드)의 빈도분포를 조사하여 마케팅 전략을 수립하고자 하는 경우와 같이 빈도교차표를 사용하는 경우에는 교차분석을 활용한다.

(2) 교차분석과 관련된 용어

① **범주형 변수**: 관측값의 특성에 따라 몇 개의 범주로 나누어지는 변수, 명목척도로 측정된 변수

② **범주형 자료**: 각 범주에 속하는 도수로 이루어진 자료

③ **교차표**: 범주형 자료를 변숫값에 따라 정리한 표

교차분석은 질문에 대한 응답을 전체 응답자 관점과 응답자 특성별로도 분석할 필요가 있는데, 교차분석은 해당 질문과 응답자 특성이 교차되는 표를 작성하여 특정 질문에 대해 응답자 특성별로 어떤 차이를 보이는지를 쉽게 알 수 있다.

2 독립성 검정

(1) 귀무가설

① 귀무가설에서 조사연구자와 평가는 서로 독립이다.

② H_0: 행과 열의 변수는 독립이다.

일반적으로 두 변수를 행과 열로 놓고 교차표를 만들기 때문에 행과 열의 변수가 서로 독립적이다.

(2) 카이제곱 검정

① 교차표를 이용하여 두 범주형 변수 간 카이제곱(χ^2) 검정을 통하여 독립성을 검정한다.

② 카이제곱법은 명목척도들 간의 연관관계를 분석하는 데 이용되는 기법으로 교차분석 시 주로 사용된다.

③ 기대도수 = (열의 도수 합계) × (행의 도수 합계) / (전체 도수)

④ 교차분석표의 관측빈도와 기대빈도를 비교하여 이 차이가 크면 두 변수는 독립적이지 않음을, 즉 어떤 관계가 있음을 의미한다. 그러나 카이제곱 검정에서는 구체적으로 이 관계가 어떤 형태를 갖는지는 알 수 없으며 단지 독립적인지 여부만을 검증하게 된다.

(3) 카이제곱 검정 이용 시 고려사항

SPSS분석이 이용된다. 카이제곱을 통하여 얻는 결론은 단지 두 변수가 독립적인지 여부만을 보여주며 두 변수들 간의 구체적인 관계는 제시해 주지는 않는다. 그러므로 카이제곱 검정 결과 두 변수 간에 관계가 있는 것으로 결론이 나면 조사연구자는 상황표와 자신의 직관을 토대로 이들 간의 구체적 관계를 찾아내야 한다.

01 다음 중 정규곡선의 특징으로 옳지 않은 것은?

① 정규곡선은 평균을 기준으로 대칭한다.
② 정규곡선이 갖는 평균과 중앙값은 같다.
③ 정규곡선의 면적은 분포의 평균과 표준편차에 따라 달라진다.
④ 정규곡선과 밑변 사이에 둘러싸인 면적은 곡선의 양쪽 방향으로 무한대까지 연장된다.

해설 ③ 정규곡선의 면적은 동일하다.
》 정규곡선의 특징
　ⓐ 평균을 중심으로 종모양의 대칭곡선이다.
　ⓑ 평균, 중앙값, 최빈값은 모두 같다.
　ⓒ 정규곡선과 밑변 사이에 둘러싸인 면적은 곡선의 양쪽 방향으로 무한대까지 연장된다.
　ⓓ 곡선과 X축 사이의 면적은 1이다. 즉, 정규곡선의 면적은 동일하다.

02 다음 중 중앙값에 대한 바른 설명은?

① 중앙값은 예외적으로 큰 값이 있는 경우 그 방향으로 당겨진다.
② 자료의 반은 중앙값보다 작고 나머지 반은 중앙값보다 크다.
③ 중앙값이 속한 구간에 가장 많은 값이 속하게 된다(빈도가 가장 높다).
④ 모집단의 모수를 예측하는 데 가장 뛰어나며 널리 사용된다.

해설 중앙값은 예외적으로 큰 값이 있거나 없거나 상관없이 순서상의 가운데 위치를 의미하며, 따라서 빈도와 상관없다. 모집단의 모수를 예측하는 데 가장 뛰어난 것은 평균이다.

03 모집단의 평균에 대한 가설검정에 관한 설명으로 옳은 것은?

① 모집단이 3개인 경우 t-검정을 이용하여 검정한다.
② 표본수가 1개인 경우 분산분석을 이용하여 검정한다.
③ 표본수에 따라 t-검정과 분산분석으로 검정방법이 달라진다.
④ 표본수에 상관없이 평균에 대한 가설검정은 t-검정을 활용한다.

해설 ① 모집단이 2개 이하인 경우 t-검정을 이용하여 검정한다.
② 표본수가 3개 이상인 경우 분산분석을 이용하여 검정한다.
③, ④ 표본수에 따라 t-검정과 분산분석으로 검정방법이 달라진다.

정답 　01 ③　02 ②　03 ③

04 다음 〈보기〉의 사례에 사용할 수 있는 분석 방법은?

A 전기 회사는 자사에서 생산하는 건전지의 평균수명이 2,000분이라고 광고하고 있다. 하지만 이를 사용해 본 소비자들은 A사 건전지의 실제 수명이 평균수명보다 적다고 불평하며 소비자원에 이에 대한 조사를 요청하였다. 소비자원은 A사에서 판매하는 건전지 제품들의 표본을 선정하여 건전지의 수명 실험을 진행하였다. A 전기 회사에서 주장하는 평균수명과 소비자원의 실험결과를 비교하고자 한다.

① 분산분석　　　　　　　　　② 대응표본 t 검증
③ 단일표본 t 검증　　　　　　④ 두 모집단의 평균 차이 검증

해설　A사가 주장하는 평균 수명 2,000분이 타당한지를 검정하려는 것이므로, 하나의 기준값과 표본평균을 비교하는 상황이다.
소비자원이 A사 제품만을 표본으로 추출하여 평균수명을 측정하였으므로 집단은 하나이다.
이처럼 한 집단의 평균을 특정 모평균과 비교할 때는 단일표본 t 검정을 사용한다.

05 다음 〈보기〉의 상황에 적합한 검증방법은?

㈜ ○○은 자사가 생산하는 A 건전지 수명이 500분이라고 주장하는 광고를 하였다. 소비자보호원에서는 ㈜ ○○의 광고가 적절한지 알아보기 위해 A 건전지 500개를 구입하여 표본조사를 하였다. 조사결과, 표본 500개의 평균수명은 495분이고 표본의 표준편차는 15분이었다.

① 연관분석　　　　　　　　　② 단일 모집단 평균 검증
③ 분산분석　　　　　　　　　④ 두 모집단 평균 차이 검증

해설　단일 모집단 평균 검증은 주어진 상황과 같이 하나의 모집단에서 추출된 표본에 대해서 검증하는 방법으로, 단일표본 t-검증(One-Sample T-test)을 실시한다. 한편, 분산분석(ANOVA)은 두 개 이상의 집단을 비교하고자 할 때 집단 내의 분산, 총평균과 각 집단 간의 평균차이를 F분포를 통해 가설검증한다.

정답　**04** ③　**05** ②

06 다음 〈보기〉의 내용에 해당하는 F값은?

보기

㈜ ○○은 고객을 연령별 5개 집단으로 구분하여 만족도 차이를 조사하였다. 조사결과, 집단 내 편차제곱의 평균(MSw)은 200, 집단 간 편차제곱의 평균(MSb)은 400으로 나타났다.

① 1

② 1.5

③ 2

④ 4

해설

$$\text{F값} = \frac{\text{집단 간 편차제곱의 평균}(MSb)}{\text{집단 내 편차제곱의 평균}(MSw)}$$

$$= \frac{400}{200} = 2$$

07 다음 〈보기〉에서 설명하는 방법은?

보기

현대자동차를 선호하는 사람들의 현대차 선호 정도와 기아자동차를 선호하는 사람들의 기아차 선호 정도 중 어느 쪽이 높은지를 조사하는 경우와 같이 모집단의 평균이 같은지, 차이가 나는지를 검정해야 하는 경우에 사용하는 방법이다.

① 대응표본 T-검정

② 독립표본 T-검정

③ 단일표본 T-검정

④ 상관표본 T-검정

해설 ② 독립표본 T-검정은 두 집단의 평균이 같은지, 차이가 나는지를 검정하는 데 사용하는 방법으로 집단의 평균을 비교하는 기법이다.

① 대응표본 T-검정은 점수변화 비교, 점수 차이 비교를 위한 통계방법으로 짝을 이룬 집단의 비교나 반복 측정된 자료의 분석, 집단 내 혹은 두 집단이 서로에게 영향을 미칠 때 사용한다.

③ 단일표본 T-검정은 하나의 모집단에서 추출된 하나의 표본만을 검정하는 통계기법이다.

④ 상관표본 T-검정은 두 변수간의 상관관계가 통계적으로 유의미한지를 검정하는 방법이다.

정답 **06** ③ **07** ②

08 다음 〈보기〉의 상황에 적합한 분석방법은?

어느 회사에서 영업사원들을 대상으로 판매실적을 향상시키기 위해 4가지 교육 프로그램 (A, B, C, D)을 시행한 후, 참여한 프로그램에 따라 영업사원들의 판매실적에 차이가 있 는지를 알아보기 위해 각 교육 프로그램 참여자별로 판매실적의 차이를 검정하고자 한다.

① 요인분석
② 일원분산분석
③ 군집분석
④ 두 모집단 평균차이 검정

해설 일원분산분석은 세 집단 이상의 평균을 비교하는 분석방법이다. 일원분산분석을 실행하려면 1개의 종속변수와 3개 이상의 범주를 가지고 있는 하나의 독립변수가 있어야 한다. 즉, 인자 (독립변수)와 종속변수가 모두 1개인 경우로, 집단 간의 차이를 파악할 때 사용하는 분산분석 이다.

09 다음 중 분산분석에 대한 설명으로 옳지 않은 것은?

① 상대적 평가기준으로 집단 내 평균제곱과 집단 간 평균제곱을 사용할 수 있다.
② 집단 내 분산이 클수록 집단 간 평균차이가 통계적으로 유의하게 다를 가능성이 낮아진다.
③ 집단 간 분산이 크면 클수록 집단 간 평균차이가 명확하여 그 차이가 통계적으로 유의하 다고 판단할 수 있다.
④ 측정단위와 상관없이 분산값만으로 집단 간 평균들이 서로 어느 정도 다른지 쉽게 판단할 수 있다.

해설 ④ 일반적으로 분산의 크기는 측정단위에 따라 크게 달라지며, 측정대상이 무엇이냐에 따라 분 산의 크기를 판단하는 기준이 달라진다. 따라서 단순하게 숫자로 나타난 분산값만으로 분산 의 크기 정도를 판단하기는 어렵다.
① 상대적 평가기준으로는 각 집단 내에 속해 있는 관측치들이 해당 집단의 평균으로부터 어느 정도 퍼져 있느냐를 나타내는 집단 내 분산, 즉 집단 내 평균제곱이 사용될 수 있다. 이러한 집단 내 평균제곱의 크기와 집단 간 평균의 분산을 나타내는 집단 간 평균제곱의 크기를 비 교하여 집단 간 평균제곱의 크기를 상대적으로 평가할 수 있다.
② 집단 내 분산이 클수록 집단별 평균차이가 통계적으로 유의하게 다를 가능성이 낮아지고, 반대로 집단 내 분산이 작을수록 집단별 평균차이가 통계적으로 유의하게 다를 가능성이 높 아지게 된다.
③ 집단 간 평균값의 차이가 크면 클수록, 즉 집단의 평균들이 서로 떨어져 있어 집단 간 분산 이 크면 클수록 집단 간 평균차이가 명확하여 그 차이가 통계적으로 유의하다고 판단할 수 있다.

정답 08 ② 09 ④

10 사전에 정의된 세 개 이상의 모집단 평균의 차이를 한꺼번에 검정할 때 이용하는 것은?

① 교차분석　　　　　　　　　　② 분산분석
③ 상관관계분석　　　　　　　　④ 판별분석

> **해설**　① 교차분석은 명목척도나 서열척도로 측정된 범주형 변수들 간의 연관성을 분석하는 기법이다.
> ③ 상관관계분석은 독립변수들 간의 변화의 정도를 파악하여 이들 간의 관계를 분석하는 기법이다.
> ④ 판별분석은 사전에 정의된 둘 또는 그 이상의 집단이 어떤 측면에서 서로 구분이 되는지를
> 알아내는 데 사용되는 기법이다.

11 다음 중 두 집단의 평균이 같은지, 차이가 나는지를 검정하는 데 사용하는 방법은?

① F－검정　　　　　　　　　　② 독립표본 T－검정
③ 단일표본 T－검정　　　　　④ 대응표본 T－검정

> **해설**　② 독립표본 T－검정은 두 집단의 평균이 같은지, 차이가 나는지를 검정하는 데 사용하는 방법으
> 로 집단의 평균을 비교하는 기법이다.

12 독립변수 2개의 수준 변화에 따른 종속변수 값의 변화를 조사하기 위해 실시하는 분석은?

① 일원분산분석
② 짝을 이룬 값들의 차이 검증
③ 이원분산분석
④ 두 모집단의 비율 간의 검증

> **해설**　이원분산분석은 독립변수 2개와 종속변수가 1개인 경우로 세분화된 집단 간 종속변수의 평균차
> 를 분석하는 방법이다.
> 일원분산분석은 세 집단 이상의 평균을 비교하는 분석법으로 1개의 종속변수와 3개 이상의
> 범주를 가지고 있는 1개의 독립변수가 있어야 한다.

정답　**10** ②　**11** ②　**12** ③

13 다음 〈보기〉의 사례에서 검증할 수 있는 효과로 옳은 것은?

전자제품 마케팅 담당자는 매장규모에 따른 월매출액을 조사하였다. 특히, 지리적 위치
에 따라 매장규모가 월매출액에 미치는 영향이 달라질 것으로 보았다.
- 매장규모: 대형, 중형, 소형
- 지리적 위치: 강남, 강북

① 주효과만 가능하다.
② 단순주효과만 가능하다.
③ 상호작용효과만 가능하다.
④ 주효과와 상호작용효과 모두 가능하다.

해설 〈보기〉는 이원분산분석의 예로 독립변수가 두 개(매장규모, 지리적 위치)일 때 집단 간 종속변수
(월매출액)의 평균 차이를 비교하는 분석방법이다. 이원분산분석은 주효과(독립변수들이 각각
독립적으로 종속변수에 미치는 영향 검증)와 상호작용효과(독립변수들이 서로 연관되어 종속
변수에 미치는 영향 검증) 모두 검증 가능하다.

14 다음 〈보기〉의 가설을 검증하기 위해 사용 가능한 분석방법으로 옳은 것은?

- 귀무가설: A사 건전지의 평균수명은 B사 건전지의 평균 수명과 같다.
- 연구가설: A사 건전지의 평균수명은 B사 건전지의 평균수명과 다르다.

① 단일표본 t 검증, 교차분석
② 두 모집단의 평균차이 검증, 독립표본 t 검증
③ 교차분석, 두 모집단의 평균차이 검증
④ 대응표본 t 검증, 두 모집단의 평균차이 검증

해설 두 모집단 평균차이 검증과 독립표본 t 검증은 정규성 가정과 등분산 가정을 충족하는 두 집단
의 모평균 차이를 검정할 때 t분포를 이용한다.
단일표본과 대응표본은 집단이 1개일 경우 실시한다. 대응표본은 한 집단을 시간적 간격을 두고
측정하여 두 평균값이 차이가 있는지를 검증하는 방법이다.

15 3×4 교차표 자료에 대한 독립성 검증을 실시하는 데 필요한 자유도는?

① 4　　　　　　　　　　　　　② 6

③ 7　　　　　　　　　　　　　④ 12

해설 M × N의 교차표에서 독립성을 검증할 때 독립성 외의 확률에 대해 다른 아무런 제약이 없으면, 자유도는 (M − 1) × (N − 1)이다. 따라서 자유도는 (3 − 1) × (4 − 1) = 6이다.

16 다음 〈보기〉의 상황에 해당하는 분석방법은?

보기

고등학교 재학 중인 학생들을 대상으로 성별과 학년별로 학업만족도에 차이가 있는지 표본추출을 통해 조사하려고 한다.

① 이원분산분석　　　　　　　　② 다변량분산분석

③ 공분산분석　　　　　　　　　④ 일원분산분석

해설 이원분산분석(Two way ANOVA)은 2개의 독립변수(학년, 성별)와 종속변수(학업만족도)가 1개인 경우로 세분화된 집단 간 종속변수의 평균차이를 분석하는 방법에 해당한다.

17 다음 〈보기〉의 사례에 적합한 분석방법은?

보기

- ○○건설의 아파트 담당 마케팅관리자는 가족 규모에 따른 아파트 크기의 차이를 파악하기 위해 설문조사를 실시하였다.
- 가족 규모 2인 이하, 3~4인, 5인 이상
- 아파트 전용면적 $59m^2$, $84m^2$, $121m^2$

① 독립성 검증　　　　　　　　② 적합도 검증

③ 이원분산분석　　　　　　　　④ 두 모집단의 평균차이 검증

해설 독립성 검증은 범주형 자료(명목척도, 서열척도)로 사용된 자료를 토대로 교차분석표나 상황표를 작성하여 관측빈도와 기대빈도를 비교하여 분석하는 방법이다. 이 차이가 크면 두 변수는 독립적이지 않음을, 즉 어떤 관계가 있음을 의미한다. 〈보기〉 사례의 경우 귀무가설은 두 변수(가족 규모, 아파트 면적) 간의 관계가 서로 독립적임을 제시하고, 즉 '가족 규모는 아파트 전용면적과 차이가 없다.'로, 대립가설은 두 변수가 독립적이지 않고 어떤 관계가 있음을 제시하고, '가족 규모는 아파트 전용면적과 차이가 있다.'로 가설을 설정하여 독립성을 검증할 수 있다.

정답 **15** ② **16** ① **17** ①

18 교차분석에서 2개의 명목척도로 측정된 변수들 간의 연관관계를 분석하는 데 유용한 통계수치는?

① 회귀계수   ② 피어슨 상관계수
③ 스피어만 상관계수   ④ 카이제곱법

해설 ④ 카이제곱법(χ^2)은 명목척도들 간의 연관관계를 분석하는 데 이용되는 기법으로 교차분석 시 주로 사용된다.
회귀계수와 피어슨 상관계수는 모든 데이터가 등간이나 비율척도로 구성된 변수들 간의 연관관계를 분석하는 데 이용되며, 스피어만 상관계수는 데이터가 서열척도인 경우, 즉 자료의 값 대신 순위를 이용하는 경우의 상관계수를 의미한다.

19 명목척도나 서열척도로 측정된 범주형 변수들 간의 연관성을 분석하는 방법은?

① 분산분석   ② T-검정
③ 교차분석   ④ 컨조인트분석

해설 ③ 교차분석은 명목척도나 서열척도로 측정된 범주형 변수(categorical variables)들 간의 연관성을 분석하는 방법이다.
① 분산분석은 집단이 3개 이상일 경우 평균의 차이를 한꺼번에 검정할 때 이용하는 방법이다.
② T-검정은 두 모집단 간 평균의 차이를 분석하고자 할 때 사용하는 방법이다.
④ 컨조인트분석은 제품속성들의 조합에 의해 만들어진 여러 가지의 제품 대안들에 대한 선호도를 분석함으로써 소비자들이 제품을 평가할 때 어떤 속성을 어느 정도 중요시하고 있는가를 밝혀내는 기법이다.

20 명목척도로 측정된 변수들 간 선행관계를 파악하기 위해 사용 가능한 분석방법은?

① 교차분석   ② 피어슨 상관분석
③ 편상관분석   ④ 스피어만 서열상관분석

해설 교차분석은 명목 및 서열척도의 범주형 변수를 분석하기 위해 한 변수의 범주를 다른 변수의 범주에 따라 빈도를 교차분석하는 교차표를 작성하고 두 변수 간의 독립성과 관련성을 분석하는 방법이다. 연속형 자료로 이루어진 두 변수 간 상호관계를 알아보고자 할 경우에는 상관관계 분석을 이용한다.

정답   18 ④   19 ③   20 ①

01 상관관계

1 상관관계분석

(1) 상관관계분석의 의미

상관관계분석은 두 변수 간에 관계가 어느 정도 있는지를 파악하기 위해 널리 사용하는 분석기법으로, 한 변수가 변화하였을 때 다른 변수가 변화하는 정도를 의미하며, 독립변수와 종속변수의 개념이 없고 단순히 두 변수 간의 관계만 분석한다. 즉, 상관관계는 두 변수가 인과관계를 설명해주는 것은 아니며, 관계만 있을 뿐 어느 변수가 원인이며 결과인지 알 수는 없다. 두 개의 변수 간에 상관관계의 계수는 −1에서부터 +1 사이의 값을 가진다.

① 정(+)의 상관관계: 두 변수가 같은 방향으로 변화한다.
② 부(−)의 상관관계: 두 변수가 다른 방향으로 변화한다.

(2) 부분상관관계와 복수상관관계

여러 개의 독립변수로서 Y의 변화상태를 설명하려는 다중회귀분석에서는 특정한 한 개의 독립변수 이외에는 다른 독립변수를 일정수준으로 고정시켜 두고, 그 한 개의 독립변수와 모든 독립변수의 값이 이미 상수로서 주어졌다면 확률변수 Y가 갖는 분포의 평균과의 상관관계를 생각할 수도 있다. 이러한 상관관계를 부분상관관계라고 한다. 또 여러 개의 독립변수가 각각 특정한 값을 상수로서 가졌을 때 그에 대응하는 Y의 확률변수의 평균과의 상관관계를 복수상관관계라고 한다.

(3) 모수

① 회귀분석에서의 γ는 두 개의 확률변수의 상관관계가 아니고, 상수로서 주어진 X와 특정한 X값에 대한 확률변수 Y의 평균과의 상관관계를 다룬다. 그러나 X와 Y가 모든 확률변수일 때, 회귀분석을 예측함이 없이, 두 확률변수의 선형관계를 분석하는 모수가 있다.

② 이 모수는 두 확률변수의 공동분포로부터 얻을 수 있으며 다음과 같이 정의한다.

$$\rho(\rho) = \sqrt{\frac{Coc(X, Y)}{Var(X) \cdot Var(Y)}} = \frac{\sigma_{XY}}{\sigma_X \cdot \sigma_Y}$$

③ 회귀분석의 상관관계이거나 또는 두 확률변수 사이의 상관관계에서는 두 변수의 선형관계만을 다룬다. 그러므로 만약 두 변수의 정확한 함수관계가 직선이 아니면 상관관계는 1이 될 수 없다. 예컨대, 두 변수의 관계가 원(Circle)으로 표시된다면 상관관계는 0이 된다.

◢ 2 상관계수

상관계수(Correlation Coefficient)는 등간척도 또는 비율척도로 측정된 두 변수들 간의 연관의
정도를 측정하는 지표로서 한 변수의 변화(증감)에 따라 다른 변수가 어떻게 변화하는지를 보여
주는 지표이다.

(1) 피어슨(Pearson) 상관계수

① 피어슨 상관계수는 두 변수 간의 관련성을 구하기 위해 보편적으로 이용된다.
② 두 변수가 각각 등간척도 혹은 비율척도로 측정된 경우에는 피어슨 상관관계 분석을 이
용한다.
③ 피어슨 상관계수는 +1의 경우는 완전한 정의 상관관계를 나타내고, −1의 경우는 완전한
부의 상관관계를 나타내며 두 변수 간에 상관관계가 전혀 없으면 상관계수는 0이다.
④ 보통 상관계수라 하면 피어슨 상관계수를 의미한다.

(2) 스피어만(Spearman) 상관계수

① 두 변수가 서열척도일 때는 순위를 이용한 스피어만 상관관계분석을 이용한다.
② 스피어만 상관계수는 데이터가 서열척도인 경우, 즉 자료의 값 대신 순위를 이용하는 경
우의 상관계수로서, 데이터를 작은 것부터 차례로 순위를 매겨 서열순서로 바꾼 뒤 순위
를 이용해 상관계수를 구한다.
③ 두 변수 간의 연관관계가 있는지 없는지를 밝혀주며 자료에 이상점이 있거나 표본의 크
기가 작아 정규분포를 가정할 수 없는 경우 적용된다.
④ 스피어만 상관분석은 명목척도나 서열척도로 측정된 변수일 경우에 실시할 수 있다.

✍ Plus UP!   편상관분석

> 편상관분석은 두 변인에 영향을 미치는 제3의 변수를 통제한 상태에서 관심을 갖는 두 변수의
> 상관관계를 분석한다. 이를 적용하기 위해서는 수집된 자료가 피어슨 상관계수와 마찬가지로
> 등간척도 이상이어야 하며 모집단 분포에 대해 정규분포를 가정한다.

02 회귀분석

1 회귀모델의 개념

(1) 회귀분석의 개념

① 회귀분석(Regression Analysis)은 독립변수가 종속변수에 미치는 영향력의 크기를 조사하여 독립변수의 일정한 값에 대응하는 종속변수의 값을 예측하는 기법을 의미한다. 즉, 독립변수와 종속변수를 설정해 독립변수가 종속변수에 미치는 영향의 크기를 분석하여, 독립변수의 변동에 따른 종속변수의 변동치를 예측하는 기법이다.

② 회귀분석에서는 종속변수의 변화 상태를 잘 설명할 수 있는 독립변수의 선택이 중요하며 이때 고려해야 할 사항으로는, 종속변수의 분산(Variation)을 많이 설명해 줄 수 있는 변수와 쉽고 정확하게 그리고 경제적인 비용으로 관측치를 구할 수 있는 변수의 선택이다.

③ 회귀방정식의 함수형태는 이론적 근거를 통해 알 수 있으며, 그 대표적 모델이 선형모형(Linear Model)이다.

④ 회귀분석은 관심이 있는 변수들의 변화 상태를 서술해 주며, 또한 예측 및 통제의 목적으로 이용된다. 회귀방정식의 계수(β)를 예측함으로써 Y의 값을 예측할 수 있으며, 또 β에 대해서도 가설검정도 행할 수 있고, 회귀방정식의 오차도 분석할 수 있다.

(2) 회귀분석의 목적

회귀분석의 목적은 독립변수들과 종속변수와의 선형결합관계를 유도해내 줌으로써 다음과 같은 정보를 제공해 주는 것이다.

① 독립변수와 종속변수 간의 상관관계, 즉 상호관련성 여부를 알려준다.

② 상관관계가 있다면 이러한 관계는 어느 정도나 되는지를 알려준다. 즉, 관계의 크기와 유의도를 알려준다. 즉, 각 독립변수의 값이 한 단위 증가(또는 감소)할 때 종속변수에 미치는 변화를 알 수 있다.

③ 독립변수와 종속변수 간의 관계의 성격을 알려준다. 즉, 두 변수가 양의 방향으로 관련되어 있는가 또는 음의 방향으로 관련되어 있는가를 알려주게 된다.

④ 종속변수의 변화를 예측하는 데 이용될 수 있다.

(3) 회귀분석의 전제조건

① 모든 정규분포의 분산은 동일해야 한다.

② 종속변수의 값들은 통계적으로 서로 독립적이어야 한다.

③ 특정한 독립변수 값에 해당하는 종속변수 값들은 정규분포를 이루어야 한다.

④ 독립변수가 여러 개(다중회귀분석)인 경우 독립변수들 간에는 다중공선성(multicollinearity)이 존재하지 않아야 한다.

㉠ 종속변수의 분산을 많이 설명해 줄 수 있어야 한다.
㉡ 경제적인 비용으로 쉽고 정확하게 관측치를 구할 수 있는 변수이어야 한다.
㉢ 종속변수의 변화상태를 잘 설명해 줄 수 있는 독립변수를 선택하는 것이 좋다.

2 회귀분석의 이용 시 고려사항

회귀분석을 사용할 때 고려해야 할 사항으로는 이분산, 연속상관 그리고 다중공선성 등이 있다.

(1) 이분산(Heteroscedasticity)

① 이분산이란 고전적 회귀모델의 기본가정 중 오차항(Error Term)의 분산이 일정하다는 가정이 깨어진 경우로, 독립변수에 따라서 잔차분포의 분산이 변하는 것을 말한다.

② 예를 들면, 한 산업에 속한 여러 기업들의 횡단자료(Cross-sectional Data)를 조사할 때 대기업의 판매액의 분산이 소기업의 판매액의 분산보다 클 수가 있다.

(2) 연속상관(Serial Correlation)

① 고전적 회귀모델의 기본가정 중에 각 관찰치의 오차항(Error Term)가 독립적이라는 가정이 깨어져, 각 잔차 간에 상관관계가 있을 경우를 연속상관이 존재한다고 한다.

② 예를 들면, 시계열분석에서 미래 주식배당금의 성장률을 예측하고자 할 때 한 기간에 과대평가하게 되면 자동적으로 그 기간 이후에 계속 과대평가되는 경우이다.

(3) 다중공선성(Multicollinearity)

① 다중공선성이란 고전적 회귀모델의 기본가정 중 독립변수들 간에는 상관관계가 없다는 가정이 깨어진 경우로서, 독립변수들 간에 완전히 또는 상당히 강한 상관관계가 있을 경우 발생한다.

② 회귀분석 시 사용하는 자료에 다중공선성이 존재할 경우 회귀계수의 분산이 엄청나게 커져 각 회귀계수를 검정하거나 해석하는 것이 무의미하게 되어 버리므로 적절한 조치를 취할 필요가 있다.

3 회귀분석의 모델

(1) 단순회귀분석

① 단순회귀분석의 개념

㉠ 단순회귀분석은 하나의 독립변수가 변함에 따라 종속변수가 변하는 관계를 나타내는 기본적인 수단을 의미한다.

㉡ 독립변수가 1개로 한정되어 있으며, 두 변수 간의 인과관계를 분석하는 기법이다.

ⓒ 두 변수의 상관관계분석과 동일한 결과를 가져온다.

ⓔ 독립변수와 종속변수 사이의 관계를 수식으로 나타낸 것을 회귀방정식이라 하고, 이 회귀방정식을 그래프로 나타낸 것을 회귀직선이라 한다.

② 단순회귀분석식

　ⓐ 회귀분석은 단순회귀분석과 다중회귀분석에 따라 모델에 변화가 있으나, 단순회귀분석식이 가장 기본적인 것으로 다음과 같다.

$$Y_i = \beta_0 + \beta_1 X_i + \varepsilon_i$$

여기서, Y_i: 종속변수의 i번째 값

X_i: 독립변수의 i번째 값으로서 이미 알려진 상수

β_0, β_1: 회귀계수(Regression Parameters)

ε_i: 우연적 오차(Random Error)로서 그 평균은 0(Zero)이고 분산은 '0'으로 가정

　ⓑ 단순회귀모형에서 오류항(ε_i)에 대한 가정은 다음과 같다.

　　ⓐ 오류항(ε_i)의 기댓값은 0이다.

　　ⓑ 오류항(ε_i)의 분산은 모든 관측치에 대하여 동일한 분산을 갖는다.

　　ⓒ 오류항(ε_i)은 정규분포를 따르며, 각 관측치들의 분산은 서로 독립적이다.

(2) 다중회귀분석

① 다중회귀분석의 개념

　ⓐ 복수(2개 이상)의 독립변수와 종속변수 간의 관계를 설명하고 예측하는 방법이다.

　ⓑ 회귀직선의 추정원리는 단순회귀분석의 경우와 동일하다.

　ⓒ 추정해야 하는 변수가 많고 자료가 많기 때문에 계산이 복잡하고 그림으로 나타내기가 어렵다.

② 다중회귀분석식: 독립변수가 k개인 경우 회귀선식은 다음과 같이 나타낸다.

$$Y = \beta_0 + \beta_1 X_1 + \beta_2 X_2 + \cdots\cdots + \beta_k X_k + \varepsilon_i$$

③ 회귀식에서 a, b의 계수

$Y = 110.22 + aX_1 + bX_2 + \varepsilon$
$Y = $ 키, $X_1 = $ 몸무게, $X_2 = $ 허리둘레

모형	비표준화 계수		표준화 계수	t	유의확률
	B	표준오차	베타		
(상수)	110.22	3.55		22.65	0.00
몸무게	0.33	0.03	0.49	4.87	0.00
허리둘레	0.24	0.11	0.31	3.90	0.00

㉠ a: 0.33, b: 0.24
㉡ a, b는 계수를 의미한다.

4 회귀방정식의 추정

오류항에 대한 가정이 충족되면 조사연구자는 독립변수와 종속변수 간의 관계를 파악하기 위해서 두 모수를 추정해야 한다. 회귀분석에서 관찰자료를 가장 잘 적합시켜 주는 회귀선을 추정하는 데 많이 사용되는 방법의 하나가 최소자승법(OLS: Ordinary Least Squares)이다.

(1) 최소자승법(Method of Least Squares)

최소자승법은 회귀식을 정했을 때 발생하는 오차인 잔차(residual)의 제곱의 합을 최소화하는 직선을 회귀선으로 선택하는 방법이다. 즉, 최소자승법은 회귀선과 관측치들 간의 차이를 제곱하여 모두 더한 값이다.

(2) 최소자승법에 의한 추정량의 특성

① 가우스 – 마코프 정리(Gauss–Markov theorem)

㉠ 회계계수(Regression Coefficient, β)에 대한 최소자승법에 의한 추정량(Least Square Estimator)이 갖는 특성을 나타내는 중요한 정리로서 가우스–마코프 정리가 있다. 가우스–마코프 정리는 라플라스가 가우스의 이론을 한층 더 발전시켜 선형결합을 갖는 것 중 가장 작은 분산을 갖는 '최소분산 선형 불편추정량'을 가진다는 정리이다.

㉡ 앞서 설명한 단순회귀분석식의 조건에서 최소자승법에 의한 추정량인 b_0와 b_1은 Y_i에 관한 1차 함수이고, 불편추정량(Unbiased Estimator)이며 기타의 모든 선형 및 불편추정량 가운데서 분산이 가장 적은 추정량(Minimum Variance Estimatior)이다. 이 정리를 풀어서 설명하면 다음과 같다.

$E(b_0) = \beta_0$
$E(b_1) = \beta_1$

즉, b_0와 b_1은 β_0와 β_1에 대한 불편추정량이므로 회귀계수를 과대추정 또는 과소추정 하도록 하는 제도적 오차(Systematic Errors)는 없어지게 된다.

② **통계량인 b_0와 b_1의 표본분포**: 통계량인 b_0와 b_1은 표본분포(Sampling Distribution)를 갖게 된다. 그런데 최소자승법에 의한 추정량의 표본분포는 다른 어느 선형 불편추정량 보다 표본분포의 분산이 작다. 즉, b_0와 b_1은 β_0와 β_1을 그 평균(기댓값)으로 하여 좌우에 흩어진 분포를 갖고 있는데, 이 분포는 바로 우연적 오차(Random Errors)의 분포를 뜻 하며, 분산이 작을수록 이 오차의 정도가 작다는 것을 뜻한다.

선형추정량이라 함은 b_0와 b_1을 Y_i의 일차식으로 다음과 같이 표시할 수 있음을 뜻한다.

$$b_1 = \frac{\sum (X_i - \overline{X})(Y_i - \overline{Y})}{\sum (X_i - \overline{X})^2} = \frac{\sum (X_i - \overline{X}) \cdot Y_i}{\sum (X_i - \overline{X})^2}$$

$$b_0 = \overline{Y} - b_1 \overline{X}$$

(3) $E(Y)$의 점추정

앞서 설명한 단순회귀분석식으로부터 X값이 주어진 전제조건 아래에서 확률분포 Y의 평 균을 $E(Y)$로 표시할 수 있다. 그런데 β_0와 β_1을 모르므로 $E(Y)$도 모른다. 여기서 β_0와 β_1을 최소자승 추정량으로 대체하여 $E(Y)$를 다음과 같이 추정할 수 있다.

$$\widehat{Y_1} = E(Y|X_1) = \beta_0 + \beta_1 X_1$$

여기서 Y는 바로 $E(Y)$의 추정량이 된다. 가우스-마코프 정리에 의하여 β_0와 β_1이 갖는 특성을 $\widehat{Y}$도 갖고 있다.

(4) 회귀선의 특성

① **회귀선의 개념**: 회귀선(Regression Line)은 변수 간의 관계를 수학적 함수로 표현한 것 이다. 회귀선을 추정하는 기법에는 적합도를 이용하는 방법이 있다. 적합도는 실제 관측 값과 직선까지의 거리가 최소인 직선을 회귀선으로 택하는 방법이다. 실제 관측값과 직 선까지의 거리를 잔차라 한다.

② **회귀선의 특징**: 최소자승법에 의하여 표본자료에 적절한 회귀선을 유도했을 때 몇 가지 중요한 특성을 갖고 있다. 회귀선의 성질을 분석함에 있어서 한 개념은 잔차(Residual, 관측치에서 추정치를 감한 차이)의 개념이다.

㉠ 잔차의 합계는 0이다.

㉡ 회귀모델에서의 우연적 오차$[\varepsilon_i = Y - E(Y_i)]$에 대한 추정량은 잔차 $e_i = Y_y - \widehat{Y_i}$가 된다. 잔차는 β_0와 β_1의 함수로서 잔차제곱의 합$(\sum e_i^2)$을 극소화해 주는 회귀선이 바 로 최소자승법에 의한 회귀선이 된다.

㉢ 정규방정식에 의해서 관측치(Y_i)의 합계는 회귀방정식에 의해서 추정된 값의 합계와 같다.

㉣ i번째의 잔차 e_i를 독립변수의 i번째 값(X_i)과 서로 가중하여 합계하면 0이 된다.

㉤ i번째 잔차 e_i를 Y_i로 서로 가중하여 합계하면 0이 된다.

ⓑ 회귀선은 항상 $(\overline{X}, \overline{Y})$를 지난다.

$$\hat{Y_i} = \hat{\alpha} + \hat{\beta}X_i$$

$\hat{\alpha}, \hat{\beta} : \alpha, \beta$의 추정치

$$\hat{\alpha} = \overline{Y_i} - \hat{\beta}\overline{X_i} \quad \hat{\beta} = \frac{\sum X_i Y_i}{\sum X_i^2}$$

의 관계가 성립한다. 이 식에서 $X_i = \overline{X}$이면 $Y_i = \overline{Y}$가 된다.

🐾 Plus UP! 편차와 잔차

㉠ 편차(Deviation): 관측치가 평균으로부터 떨어진 정도, 즉 평균과의 차이를 말한다.
㉡ 잔차(Residual): 어떤 회귀분석에서든 종속변수의 실제값과 회귀식에 의한 기댓값과의 차이를 말한다. 즉, 평균이 아니라 실제값과 회귀식 등으로 추정된 값과의 차이를 말한다.

◢ 5 회귀분석에 있어서의 통계적 추론

(1) 회귀분포의 분산분석표

지금까지 독립변수가 하나인 경우 회귀계수 및 $E(Y)$에 대한 통계적 추론을 공부하였다. 독립변수가 여러 개이며 회귀계수의 상호관계에 대한 가설검정이 더욱 복잡할 때에는, 분산분석표(ANOVA Table)로서 그 결과를 요약한다. 그러므로 여기에서는 회귀분석표가 갖는 근본의미를 간단히 설명하려고 한다.

① 편차제곱의 합의 구분: 만약 종속변수 Y를 설명할 수 있는 변수를 모른다면 $\overline{Y}(Y$의 평균)으로서 Y값을 추정할 수 있다. 이때 Y_i와 $\overline{Y}$의 편차의 제곱의 합을 TSS(Total Sum of Squares)라고 한다. 그러나 회귀방정식을 얻게 되면 Y_i를 좀 더 정확한 $\hat{Y_i}$로서 예측하므로 그 오차는 $(Y_i - \hat{Y_i})$이 된다. 이러한 오차 제곱의 총합을 SSE(Error Sum of Squares)라고 한다. 한편 $(\hat{Y_i} - \overline{Y})$는 $(Y_i - \overline{Y})$ 가운데서 회귀곡선으로 설명하여 준 부분을 뜻한다. 그러므로 회귀선에 의한 추정치$(\hat{Y_i})$와 평균$(\overline{Y})$과의 편차를 제곱하여 얻은 총합계를 SSR(Regression Sum of Squares)이라고 한다. 위의 세 가지 편차들의 상호관계는 아래에 설명되어 있다.

$$\sum(Y_i - \overline{Y})^2 = \sum(Y_i - \hat{Y})^2 + \sum(\hat{Y_i} - \overline{Y})^2$$

$$TSS = SSE + SSR$$

② 간이계산공식: 정의된 편차제곱의 합들은 쉽게 계산하기가 곤란하므로 다음과 같은 간이공식을 사용한다.

$$SSE = TSS - SSR$$

③ **자유도의 구분**: TSS를 계산하기 위해서 $\overline{Y}$를 구해야 하므로 자유도를 1개 잃게 된다. 또 SSE를 구하려면 두 개의 모수(β_0, β_1)를 예측해야 하므로 자유도를 2개나 잃게 된다. 그러므로 TSS에 대한 자유도는 $n-1$, SSR에 대해서는 1, SSE에 대해서는 $n-2$의 자유도를 갖게 된다.

(2) 회귀의 상관분석

회귀분석에서는 X의 값이 주어졌을 때 Y값의 평균을 추정하고, 이에 따르는 오차 및 β에 대한 가설검정, 구간추정 등을 공부하였다. 이제는 회귀방정식(Regression Equation)이 종속변수의 편차제곱의 합(TSS)을 얼마나 설명할 수 있는가, 또는 이미 주어진 상수들과 그 상수의 값에 대응된 확률변수와의 상호 간에 얼마나 상관관계가 있는가를 분석하고자 한다.

① **결정계수**(Coefficient of Determination)

　㉠ 회귀분석모델에서 독립변수인 X가 종속변수인 Y의 불확실한 변동을 나타내는 편차 제곱의 합(TSS)을 얼마나 감소시켜 줄 수 있는가를 나타내는 척도를 아래와 같이 정의할 때 γ^2을 표본결정계수(Sample Coefficient of Determination)라고 한다. 결정계수는 회귀식이 종속변수의 분산을 설명하는 정도를 나타내는 지표이다. 결정계수는 0에서 1 사이의 값을 가지며, 1에 가까울수록 회귀식의 설명력(적합도)이 커진다.

$$R^2 = \frac{SSR}{TSS} = \frac{\sum(\hat{Y_i} - \overline{Y_i})^2}{\sum(Y_i - \overline{Y})^2}$$

$$= 1 - \frac{SSE}{TSS}$$

　㉡ γ^2이 커질수록 독립변수 X는 Y의 불확실한 변화상태를 더욱 잘 설명해 준다고 할 수 있다. 예컨대, $\gamma^2 = 0.60$이라면 종속변수의 편차제곱의 합의 60%가 회귀방정식으로 설명되었으며 기타 40%는 회귀방정식으로 설명되지 않는 것이므로, 이를 Residual Variation 또는 Unexplained Variation이라고 할 수 있다.

　㉢ γ^2값이 매우 작다면 종속변수의 변화상태를 독립변수가 충분히 설명하지 못한다는 뜻이다.

② **상관계수**(Coefficient of Correlation)

　㉠ 상관계수는 두 변수의 상관성을 나타내는 척도이다.

　㉡ 상관계수는 +와 −의 두 부호를 갖는다. 즉, 두 변수 X와 Y의 상관계수 γ는 X의 증가에 따라 Y도 증가하는 양의 상관관계와, X의 증가에 따라 Y가 감소하는 음의 상관관계가 존재할 수 있다. 그러므로 γ는 −1과 1 사이의 값을 갖는다($-1 \leq \gamma \leq 1$).

　㉢ 상관계수의 부호와 절댓값은 각각 두 변수 간의 관계의 방향과 세기를 나타낸다.

　㉣ 상관계수의 절댓값이 클수록 더 강한 선형관계를 갖는다. 가장 강한 선형관계는 상관계수가 1 또는 −1일 때이고, 가장 약한 선형관계는 상관계수가 0일 때이다.

⑩ 상관계수는 −1에서부터 1까지 값을 가지기 때문에 −1 또는 1의 값에 가까울수록 관련성이 크다고 할 수 있고, 0에 가까울수록 관련성이 작다고 할 수 있다.

6 회귀모델의 평가

(1) 회귀모델의 평가

① 회귀모델의 가정

㉠ 어떤 문제를 분석하기 위해서 회귀모델을 응용하고자 할 때에는 과연 어떤 독립변수를 선택하여야 할 것인지, 또는 이미 선택한 독립변수가 얼마나 효율적인지를 분석해야 한다. 그리고 회귀분석의 근본적인 가정이 과연 타당한가도 검토하여야 한다. 여기서는 독립변수가 한 개 뿐인 회귀모델을 중심으로 설명하지만, 그 근본원리는 독립변수가 여러 개인 경우에도 동일하게 적용된다.

㉡ 회귀모델의 근본 가정

$$\varepsilon_i = Y_i - E(Y_i) \qquad e_i = Y_i - \hat{Y}_i$$

$$\varepsilon_i : 모집단\ 오차 \qquad e_i : 표본\ 잔차$$

회귀모형에서 오차항은 측정할 수 없으므로 추정치가 필요한데 이를 잔차라고 한다.

② 회귀모델의 전제조건

㉠ 모든 정규분포 분산은 동일해야 한다(등분산 가정).

㉡ 독립변수들이 비교적 서로 독립적이어야 한다. 독립변수들이 독립적이라 함은 이들 변수 간의 상관관계가 높지 않고 낮아야 한다는 것이다.

㉢ 특정한 독립변숫값을 갖는 종속변숫값들은 정규분포를 이루고 있어야 한다.

㉣ 독립변수가 여러 개인 경우 독립변수들 간에는 다중공선성이 존재하지 않아야 한다.

(2) 잔차

① 잔차의 개념과 특징

㉠ 잔차의 개념: 잔차(Residual)는 관측치에서 추정치를 감한 차이를 말한다. 즉, 실제 값과 회귀식 등으로 추정된 값과의 차이를 말하며 잔차의 합계는 0이다.

㉡ 잔차의 특징: n개의 잔차의 합($\sum_{t-1}^{n} e_i$)과 평균은 0이 된다. 그러므로 잔차는 $E(e_i) = 0$ 인지에 대해서 뚜렷한 정보를 제공하지 못한다. 그러나 다음과 같이 정의된 MSE의 기댓값은 σ^2에 대한 불편추정치가 된다.

$$MSE = \frac{\sum e_i^2}{n-2} - \frac{SSE}{n-2}$$

$$E(MSE) = \sigma^2$$

잔차, 즉 e_i는 독립적인 확률변수가 아니다. 모든 i에 대해서 e_i가 서로 독립적일 수 없는 중요한 제약조건($\sum e_i = 0$ 또는 $\sum X_i e_i = 0$)이 있다. 그러나 표본의 크기가 증가되면 e_i가 모든 i에 대해서 서로 독립적이 아니라 하더라도 추론에 큰 어려움은 없다. 잔차를 분석하기 위하여 그래프로 그 분포를 조사하는 경우가 많다. 이 경우 e_i를 다음과 같이 표준화된 e_i의 산포도를 만들어 주는 프로그램도 있다.

$$\frac{e_i - \bar{e}}{\sqrt{MSE}} = \frac{e_i}{\sqrt{MSE}}$$

   ⓒ 잔차를 분석함으로써 조사할 수 있는 주요사항

      ⓐ 회귀방정식이 직선이다.

      ⓑ 우연적 오차(Error Terms)들의 분산이 일정하다.

      ⓒ 우연적 오차들은 정규분포를 갖는다.

      ⓓ 회귀모델이 대부분의 관측치에 잘 맞지만, 몇 개의 예외적인 관측치가 존재한다.

      ⓔ 회귀모델에 아주 중요한 변수들이 포함되지 않았다.

      ⓕ 우연적 오차(ε_i)들이 서로 독립적인 관계를 갖고 있지 않다.

② 그래프를 이용한 잔차의 분석

   ㉠ 선형모델 가정의 확인

      ⓐ 만약 선형적인 회귀모델이 이상적이라면 잔차의 분포는 첫 번째 그림과 같이 잔차들이 0을 중심으로 균등하게 흩어져 있다.

      ⓑ 두 번째 그림은 선형적 회귀함수보다 곡선의 회귀함수가 더 적절함을 나타내고 있다.

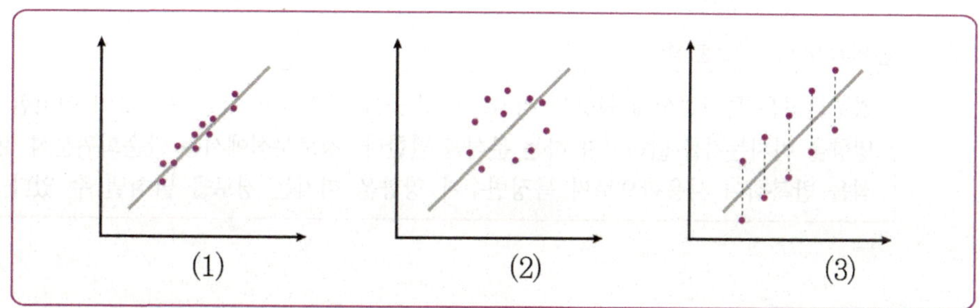

   ㉡ 균등분산 가정의 확인

      ⓐ 회귀모델의 중요한 가정의 하나는 균등분산이다. 즉, 모든 i에 대해서 ε_i는 평균이 0이며 동일한 분산을 갖는 정규분포를 갖는 것으로 가정하고 있다.

ⓑ 세 번째 그림은 X가 증가함에 따라 ε_i의 분산이 더욱 증가함을 나타낸다. 기업활동이나 경제현상을 분석하는 경우에는 이와 반대로 X가 증가함에 따라 잔차가 감소하는 경우도 많다. 이 경우 더빈-웨스튼의 검정 또는 연의 검정을 통해서도 균등분산의 상태를 조사할 수 있다. 또한 이와 같은 경우에는 우연적 오차(ε_i)가 일정한 분산을 갖고 있다고 가정하기가 곤란함을 알 수 있다.

ⓒ 경우에 따라서는 잔차의 Y에 대한 그 분포를 조사함으로써 우연적 오차(ε_i)들이 일정한 분산을 갖고 있는가를 파악할 수 있다. 특히, 독립변수가 여러 개 있을 때 또는 선형회귀방정식이 아닌 경우에는 ε_i의 Y에 대한 분포를 조사하는 것이 좋다.

ⓒ 오차의 상호독립성 가정의 확인

ⓐ 시계열 자료를 분석하는 경우에는 비록 시간변수가 분명히 모델에 포함되어 있지 않더라도 잔차(ε_i)를 시간에 대응시켜 도표화함으로써 잔차(ε_i)가 시간과의 상호관계가 있는지를 분석할 수 있다.

ⓑ 첫 번째 그림에서는 잔차가 상호 의존관계가 있음을 보여주지 않고 있으나, 세 번째 그림에서는 잔차(ε_i)가 서로 상관관계를 갖고 있음을 보여주고 있다.

ⓔ 예외적인 관측치의 구별

ⓐ 우연적 오차(ε_i)가 정규분포를 갖고 있다면 표본으로부터 관찰한 잔차의 크기가 평균으로부터 표준편차의 3배 또는 4배 이상 떨어져 있을 가능성은 아주 희박하다. 그러므로 표준화된 잔차($e_i / \sqrt{MSE}$)를 X에 대하여 대응시켜 도표화함으로써 예외적인 관측치를 구별해 낼 수 있다.

ⓑ 만약, 예외적인 관측치가 발견되면, 먼저 측정상의 오차가 없었는지를 확인해야 하며, 또 아무런 측정상 오차가 없다 하더라도 예외적인 자료는 분석하지 않는 것이 좋다.

✋ Plus UP!　　**경로분석**

경로분석은 특정현상에 영향을 미치는 변수들을 식별하고 이들 변수들이 어떠한 경로를 거쳐 영향을 미치는지를 밝히고자 하는 분석을 말한다. 경로분석에서는 단순회귀분석 및 다중회귀분석을 반복하여 사용함으로써 특정변수가 영향을 미치는 경로를 밝혀낼 수 있다.

03 판별분석

1 판별분석법의 개념 및 용도

(1) 판별분석의 개념

① 마케팅에서 종종 특정제품의 다량사용자와 소량사용자 간에 어떤 차이가 있는가, 또는 우리 상표를 선호하는 사람과 경쟁상표를 선호하는 사람이 어떤 점에서 다른가 등을 분석할 필요가 생긴다. 이 경우 단순히 주요 변수들을 비교하는 것만으로는 각 집단 간의 특성을 포괄적으로 파악하기 어려우며, 또한 어느 변수가 각 집단을 구분 짓는데 핵심적인 변수인지, 또 각 집단이 어느 정도 확실히 구분되는지 알 수 없는 경우가 많다. 이와 같이 집단들 간의 차이를 판별해주는 (독립)변수들을 파악하는 데 이용되는 분석기법이 판별분석이다. 즉, 판별분석(Discriminant Analysis)은 분류된 집단 간의 차이를 의미 있게 설명해 줄 수 있는 독립변수들로 이루어진 최적 판별식을 찾아내는 통계기법이다.

② 판별분석의 특징

　㉠ 판별분석은 독립변수를 적절히 조합한 새로운 판별식을 만들어 대상들에 대한 집단 구분이 보다 명확히 이루어질 수 있도록 하는 통계기법이다.

　㉡ 독립변수와 종속변수가 존재한다.

　㉢ 독립변수는 등간척도 또는 비율척도로 측정된 변수이며, 종속변수는 명목척도로 측정된 변수가 된다.

　㉣ 판별분석에서 두 집단은 모두 정규분포를 가지며, 분산이 동일하다고 가정한다.

(2) 판별분석의 용도

판별분석은 다음과 같은 용도에 사용될 수 있다.

① 측정대상들을 소속집단으로 분류하는 데 의미 있는 독립변수들을 알 수 있다.

② 집단구분에 있어 각 변수들의 기여도를 파악할 수 있다.

③ 향후 새로운 측정대상이 소속될 집단을 예측할 수 있다.

2 판별분석의 기본원리 및 수행단계

(1) 판별분석의 기본원리

① 판별분석은 선정된 독립변수, 즉 판별변수들을 가지고 이들의 선형결합에 의해 종속변수인 소속집단변수를 판별해 낼 수 있는 판별함수를 구성하는 것이 그 주요 내용이다.

② 판별함수는 측정변수가 1개일 때는 점으로 나타나고, 2개 이상일 경우에는 측정값들의 함수로 표시된다.

③ 판별분석은 집단 간의 차이를 가장 잘 판별할 수 있는 판별식, 즉 새로운 축 Y를 찾아내는 기법이며, 이는 판별식에서의 각 독립변수의 계수들을 추정하는 것과 같은 의미이다.

$$Y = a_1 X_1 + a_2 X_2 + a_3 X_3 + \cdots\cdots$$

여기서, Y : 판별대상 집단을 나타내는 판별점수(discriminant score)
a_i : 판별분석에 의해 추정되어야 할 판별계수
X_i : 독립변수

(2) 추정되는 판별식의 수

① 판별분석에서 하나의 판별식으로 각 조사대상의 소속집단을 정확히 구분할 수 있다면 이상적이지만 집단의 수(또는 독립변수의 수)가 많아지면 명확한 집단구분을 위하여 많은 수의 판별식이 이용되기도 한다.

② 판별식의 수는 '독립변수의 수'와 '집단의 수 − 1' 중에서 작은 값 이하여야 한다. 예를 들어, 독립변수의 수가 5개이고 집단의 수가 2개이면 판별분석에서 추정되는 판별식은 1개이다.

③ 판별분석에서 2개 이상의 판별식이 얻어질 경우 첫 번째 판별식이 집단을 가장 잘 판별하며, 두 번째 판별식은 첫 번째 판별식을 보조하여 집단구분에 필요한 추가적인 정보를 제공해 준다.

(3) 판별식의 유의성 검증

① 2개 이상의 판별식이 추정될 수 있다고 하더라도 이들 식이 모두 의미 있는 것은 아니다. 따라서 조사연구자는 각 식에 대하여 유의성을 검증하고 의미 없는 식은 분석에서 제거한다.

② 추정된 판별식이 통계적으로 유의한지에 대한 검증은 윌크스 람다값에 의해 이루어진다.
　㉠ 윌크스 람다(Wilks' lambda)를 계산하여 카이제곱(chi-square) 검정을 실시한다.

　㉡ 윌크스 람다(Wilks' lambda) = $\dfrac{\text{집단 내 분산}}{(\text{집단 내 분산 + 집단 간 분산})}$

　㉢ 윌크스 람다 값은 0과 1 사이의 수이며, 값이 작을수록 판별식의 집단 간 판별력이 높다고 판단할 수 있다.

(4) 판별식의 판별력(설명력)

조사자는 판별식이 각 응답자의 소속집단을 얼마나 정확히 예측하는가를 검토하여야 한다. 판별식의 판별력은 분류표(classification table)를 이용하여 정확도를 계산함으로써 파악할 수 있다. 분류표란 각 개인의 실제 소속집단과 판별식에 의해 예측된 소속집단 간의 교차표이다.

기출유형 다잡기

01 **회귀분석의 가정에 해당하지 않는 것은?**

① 오차항의 정규성 가정
② 편차의 등분산 가정
③ 오차항의 독립성 가정
④ 독립변수와 종속변수 간의 선형성 가정

> **해설** 오차항의 정규성·등분산성·독립성, 독립변수와 종속변수 간의 선형성이 회귀분석의 가정이다.

02 **다음 중 상관관계분석에 대한 설명으로 옳지 않은 것은?**

① 상관관계분석은 독립변수들 간의 변화의 정도를 파악하여, 이들 간의 관계를 분석하는 기법이다.
② 상관관계분석은 한 변수가 변화하였을 때 다른 변수가 변화하는 정도를 의미한다.
③ 독립변수와 종속변수를 설정하지 않고, 단순히 두 변수 간의 관계만 분석한다.
④ 어느 변수가 원인이며 결과인지 알 수 있는 두 변수의 인과관계를 설명해준다.

> **해설** 상관관계는 두 변수의 인과관계를 설명해주는 것은 아니며, 관계가 있을 뿐 어느 변수가 원인이며 결과인지 알 수는 없다. 두 개의 변수 간에 상관관계의 계수는 −1에서부터 +1 사이의 값을 가진다.
> ㉠ 정(+)의 상관관계: 두 변수가 같은 방향으로 변화한다.
> ㉡ 부(−)의 상관관계: 두 변수가 다른 방향으로 변화한다.

03 **다음 중 상관관계(Correlation)에 대한 설명으로 옳은 것은?**

① 두 개의 변수 간의 상관관계는 인과관계를 설명해 준다.
② 두 개의 변수 간에 상관관계의 범위는 0에서부터 1까지의 값을 가진다.
③ 두 개의 변수 간에 강한 상관관계가 있으면 서로 독립적인 것으로 본다.
④ 두 개의 변수 간에 상관관계가 없으면 상관계수는 0이다.

> **해설** ① 상관관계는 두 변수가 같은 방향으로 변화한다는 것을 보여줄 뿐, 인과관계를 설명해주는 것은 아니다.
> ② 두 개의 변수 간에 상관관계의 범위는 −1에서부터 +1까지의 값을 가진다.
> ③ 두 변수 간에 강한 상관관계가 있다면 두 변수 간 관계가 있는 것으로 독립적이지 않다.

정답 **01** ② **02** ④ **03** ④

04 다음 〈보기〉의 예시에서 나타난 현상은?

한 지역의 아파트 가격을 종속변수로, 방의 수와 평수를 독립변수로 하는 회귀분석을 하는 경우 2개의 독립변수들은 높은 상관관계가 있다.

① 공차한계
② 상관계수
③ 다중공선성
④ 표준화된 회귀계수

해설 다중공선성은 회귀모형의 가정 중 독립변수들 간에는 상관관계가 없다는 가정이 깨진 경우로, 독립변수들 간에 강한 상관관계가 있는 경우 회귀계수의 분산이 커져 회귀계수를 검증하거나 해석하는 것이 무의미하게 되는 경우를 뜻한다. 문제에서는 종속변수인 아파트 가격과 관련해서 가격에 영향을 미치는 독립변수인 방의 개수와 아파트 평수는 강한 양(+)의 상관관계가 있으므로, 의미있는 검증이 되기 위해서는 독립변수 중 하나를 제거하는 등의 적절한 조치가 필요하다.

05 다음 중 회귀분석에 대한 설명으로 옳지 않은 것은?

① 변수들 간의 함수관계를 분석하는 방법 중의 하나이다.
② 독립변수가 종속변수에 미치는 영향력의 크기를 파악할 수 있다.
③ 독립변수의 일정한 값에 대응하는 종속변숫값을 예측하는 모형을 산출하는 방법이다.
④ 많은 양의 자료도 쉽게 군집화하는 케이민스 클러스터링(K-means clustering)을 사용한다.

해설 회귀분석은 변수들 간의 함수관계를 분석하는 방법 중의 하나로 각 독립변수가 종속변수에 미치는 영향의 정도, 방향 등이 회귀계수로 나타나는 분석법이다.
④ 케이민스 클러스터링(K-means clustering)은 비계층적 군집화 방법 중 가장 널리 사용되는 것으로 K-평균법이라 한다. 군집분석과 관계가 있다.

06 다음 〈보기〉의 상황에 적합한 분석방법은?

어느 제품의 매출액이 광고비 지출액에 따라 변동한다면, 이들 두 변수 사이의 함수관계를 추정하여 매출액을 추정할 수 있고, 이때 광고비가 매출액에 미치는 효과를 분석하고자 한다.

① 요인분석
② 회귀분석
③ 판별분석
④ 다차원척도법

정답 **04** ③ **05** ④ **06** ②

해설 회귀분석은 둘 또는 그 이상의 수량적인 변수 사이의 관계를 파악함으로써, 어떤 특정한 변수의 값을 다른 한 개 또는 그 이상의 변수들로부터 예측하는 기법이다. 특히 변수 사이의 인과관계를 분석하는 통계적인 기법이다. 광고비가 매출액에 미치는 영향관계를 분석하는 것은 회귀분석의 예이다. 즉, 어느 제품의 매출액이 광고비 지출액에 따라 변동한다면, 이들 두 변수 사이의 함수관계를 추정하여 매출액을 추정할 수 있고, 광고비가 매출액에 미치는 효과를 분석할 수 있다.

07 다음 중 회귀분석에 대한 설명으로 틀린 것은?

① 회귀분석을 위해서는 독립변수와 종속변수가 존재해야 한다.
② 회귀모델은 회귀방정식으로 표현할 수 없다.
③ 회귀분석은 각 독립변수가 종속변수에 미치는 영향의 정도, 방향 등이 회귀계수로 나타나는 분석법이다.
④ 중요한 시장지표변수에 영향을 미치는 변수가 어떤 것들이 있으며, 그 영향 정도는 어느 정도인가를 파악하는 데 사용되는 기법이다.

해설 회귀분석은 중요한 시장지표변수에 영향을 미치는 변수가 어떤 것들이 있으며 그 영향 정도는 어느 정도인가를 파악하는 데 사용되는 기법이다. 독립변수들과 종속변수와의 관계는 회귀방정식이라는 함수에 의해 표현되는데, 여기서는 각 독립변수가 종속변수에 미치는 영향의 정도, 방향 등이 회귀계수로서 나타나게 된다.

08 다음 중 최소자승법에 대한 설명으로 옳은 것은?

① 대상 간의 거리의 곱을 최소로 하는 군집을 정하는 방법이다.
② 잔차의 제곱의 합을 최소로 하는 직선을 회귀선으로 하는 방법이다.
③ 집단 간의 떨어져 있는 거리를 중심으로 집단들의 평균을 비교하는 방법이다.
④ 변수와 공통요인 간의 거리를 최소로 하는 방식으로 공통요인을 해석하는 방법이다.

해설 최소자승법은 회귀식을 추정했을 때 발생하는 오차인 잔차의 제곱의 합을 최소로 하는 직선을 회귀선으로 하는 방법이다.

정답 **07** ② **08** ②

09 회귀분석과 상관관계에 대한 설명으로 옳지 않은 것은?

① 상관관계는 두 변수 간 관계를 예측할 수 있는 정도일 뿐이다.
② 상관관계는 서열척도만으로는 분석할 수 없다.
③ 회귀분석은 정규성, 선형성, 등간성 등의 조건이 필요하다.
④ 회귀분석은 변수 간 인과관계가 성립되어야 한다.

해설 상관관계는 서열척도만으로도 분석이 가능하다.

10 예측변수 x_1, x_2, x_3, x_4와 종속변수 y를 모두 표준화하고, 각 예측변수를 사용하여 도출한 회귀식 중 가장 높은 결정계수(R^2)를 가지는 것은?

① $y = .57x_1$　　　　　　　　② $y = .46x_2$
③ $y = .87x_3$　　　　　　　　④ $y = .62x_4$

해설 결정계수는 회귀분석에서 사용되는 개념으로 독립변수가 종속변수를 얼마나 설명하느냐를 $0 < R^2 < 1$ 사이의 값으로 나타낸다. 문제와 같이 예측변수(독립변수) 4개와 1개의 종속변수가 표준화된 경우 다중회귀분석 회귀식 $y = a + b_1 \times x_1 + b_2 \times x_2 + b_3 \times x_3 + b_4 \times x_4$ 에서 나오는 결정계수는 독립변수들(x_1, x_2, x_3, x_4)이 y를 얼마나 설명하냐를 보여준다. b(계수)가 클수록 x와 y 간의 상관관계가 커지고 R^2의 값이 1에 가까워지므로 b가 0.87인 ③의 설명력이 가장 높다고 할 수 있다.

11 단순회귀분석에서 회귀식 기울기의 정의는?

① 오류항
② 종속변수
③ x가 1단위 변경될 때 y의 변화량
④ x가 '0'일 때 직선이 y축과 교차하는 지점

해설 단순회귀분석에서 기울기는 독립변수 x의 값이 1단위 증가할 때 종속변수 y가 얼마나 변화하는지를 나타낸다. 즉, 기울기는 x와 y 간의 선형관계의 강도를 측정한다.

정답 　09 ②　10 ③　11 ③

12 다음 사례에서 알맞은 분석방법은?

은행의 신용카드 발급 담당자는 신용우량자와 신용불량자의 차별적 특성을 이해한다면 새로운 고객이 신용카드 발급을 신청했을 때 그 고객의 특성을 토대로 발급여부를 결정할 수 있다.

① 판별분석   ② 분산분석
③ 요인분석   ④ 회귀분석

해설 판별분석은 집단들 간의 차이를 판별해주는 변수들을 파악하는 데 이용되는 분석방법으로 분류된 집단 간의 차이를 의미 있게 설명해 줄 수 있는 독립변수들로 이루어진 최적 판별식을 찾아내는 통계기법이다.

13 다음 〈보기〉에서 설명하는 분석방법은?

보기

- 관측대상의 특성을 나타내는 변수들을 이용해서 특정한 대상이 어느 집단에 속하는지를 예측하기 위한 선형의 판별식을 구하는 방법이다.
- 2개 이상의 집단으로부터 얻은 자료를 이용하여 각 집단을 가장 효과적으로 분류할 수 있는 선형의 식을 구하는 통계기법이다.

① 판별분석법   ② 군집분석법
③ 분산분석법   ④ 컨조인트분석법

해설 판별분석법은 관측대상의 특성을 나타내는 변수들을 이용해서 특정한 대상이 어느 집단에 속하는지를 예측하기 위한 선형의 판별식을 구하는 방법으로, 2개 이상의 집단으로부터 얻은 자료를 이용하여 각 집단을 가장 효과적으로 분류할 수 있는 선형의 식을 구하는 통계기법이다. 즉, 선정된 독립변수, 즉 판별변수들을 가지고 이들의 선형결합에 의해 종속변수인 소속집단변수를 판별해 낼 수 있는 판별함수를 구성하는 것이 그 주요 내용이다.

정답 12 ①   13 ①

14 다음 중 판별분석에 대한 설명으로 틀린 것은?

① 다량 구매자와 소량 구매자 집단의 특성을 파악할 수 있다.
② 제품들의 포지셔닝 맵을 만드는 데 사용하는 분석기법이다.
③ 판별대상 집단이 3개이면 3개의 판별함수가 도출된다.
④ 윌크스 람다(Wilk's Lambda)값이 작은 변수는 판별력이 높은 변수이다.

해설 ② 제품들의 포지셔닝 맵을 만드는 데 사용되는 분석기법은 다차원척도법이다.

15 판별분석을 실행하는 것이 적절한 경우는?

① 유사한 시장을 찾아 분류한다.
② 대출 심사를 하여 대출 여부를 결정하여야 한다.
③ 매출에 영향을 미치는 많은 변수들을 몇 개의 변수로 줄여서 분석하고자 한다.
④ 가격, 유통경로, 광고 중에서 매출에 가장 큰 영향을 미치는 변수를 찾아낸다.

해설 판별분석은 두 개 이상의 모집단에서 추출된 표본들이 지니고 있는 정보를 이용하여 이 표본들이 어느 모집단에서 추출된 것인지를 결정해 줄 수 있는 기준을 찾는 분석법을 말한다. 대출금을 반환하지 않은 사람의 정보 유형(연령, 소득, 결혼 유무 등)을 참고하여 대출 신청 시 신청자의 정보 유형을 과거의 유형과 비교하여 장래 변제 가능성을 파악할 수 있다.
③은 요인분석, ④는 회귀분석의 예이다.

16 판별식의 유의성 검증에 활용하는 Willk's lamda(λ) 값에 대한 설명으로 옳은 것은?

① -1에서 1 사이의 값을 가진다.
② 값이 커질수록 판별식의 판별력이 높다.
③ 집단 간 분산 / (집단 간 분산 + 집단 내 분산)을 의미한다.
④ 추정된 판별식의 집단 간 차이를 잘 판별하는지를 검증한다.

해설 ④ 집단들 간의 차이를 판별해주는 (독립)변수들을 파악하는 데 이용되는 분석방법이 판별분석이다.
① 윌크스 람다 값은 0~1 사이의 값을 가진다.
② 윌크스 람다 값이 작을수록(0에 가까울수록) 판별식의 집단 간 판별력이 높다고 할 수 있다.
③ 집단 내 분산 / (집단 내 분산 + 집단 간 분산)의 비율이다.

CHAPTER 11

유사성이 높은 변수나 응답자들을 묶기 위한 통계분석

01 요인분석

◢1 요인분석법의 개념과 기능

(1) 요인분석법의 개념과 특징

① 요인분석법의 개념

　㉠ 요인분석(Factor Analysis)은 변수들 간의 상관관계(Interdependence)를 이용하여 다수의 변수들을 유사한 성격을 가진 항목들끼리 묶어 적은 수의 요인으로 축약시키는 것이다.

　㉡ 요인분석은 수집된 자료에 유사한 성격의 변수들이 많이 포함되어 있을 경우 변수에 포함되어 있는 정보의 손실을 최소화하면서 소수의 요인으로 축약하는 통계기법으로서 차후의 분석을 용이하게 한다.

　㉢ 측정하고자 하는 변수에 대한 설문항목들은 그 변수에 대한 요인이 된다. 따라서 변수를 설명하는 다수 항목(요인)들의 상관관계를 파악하여 보다 설명력(요인적재량)이 높은 항목들만 묶어주는 것이 요인분석이라고 할 수 있다. 요인적재량이 낮은 설문항목을 분석에서 제거해 나가면서 변수에 대한 설명력을 높일 수 있다.

② 요인분석법의 특징

　㉠ 독립변수, 종속변수의 개념이 없다.

　㉡ 모집단의 특성에 대한 추정을 하지 않는다.

　㉢ 모수, 통계량, 가설검정 등의 개념이 적용되지 않는다.

　㉣ 추출된 요인과 요인 내의 변수를 파악하여 추후 분석에 이용한다.

(2) 요인분석의 목적

요인분석은 상관관계가 높은 변수들끼리 동질적인 몇 개의 변수로 묶어준다는 점에서 다음과 같은 목적에 사용된다.

① 자료에 대한 요약으로 유사한 변수들끼리 묶어준다.

② 관련 변수들의 특성을 파악한다.

③ 설명력이 낮은 측정항목이나 불필요한 변수들을 제거한다.

④ 각 요인들을 구성하는 측정항목의 타당성을 검정할 수 있다.

(3) 요인분석법의 기능

요인분석법의 가장 중요한 특성은 원 변수들이 가지고 있는 정보를 그 손실을 최소화하면서 더 적은 수의 새로운 차원(Dimension)으로 재구성해 내는 것이다. 따라서, 요인분석은 다음과 같은 기능을 수행한다.

① 일련의 변수들 사이에 내재하는 차원(Dimension)의 발견(R-type 요인분석)

② 많은 수의 대상들을 보다 적고, 서로 상이한 집단으로 분류(Q-type 요인분석)

③ 추출된 요인과 이에 포함된 변수를 파악함으로써 회귀분석 등 추후의 분석에 이용될 새로운 변수를 추출

2 요인분석모델 및 수행단계

(1) 요인분석의 기본모델

요인분석에서는 변수들에 대한 반응이나 응답 사이에 상관관계가 높다면 이들 사이에 공통된 구조, 즉 요인이 있을 것이라고 가정하여 이 요인을 추출해 내게 된다. 구체적으로는 원래 변수들의 값을 요인들의 선형결합으로 나타내는 다음과 같은 식으로 기본모델이 구성되며, 요인분석은 여기서 원래 측정된 변수의 값을 가장 잘 나타낼 수 있는 a_i, F_i의 값을 구하는 과정이라고 할 수 있다.

원래 측정된 변수의 값 $= a_1F_1 + a_2F_2 + \cdots\cdots$

여기서, F_1, F_2: 요인

a_1, a_2: 요인부하점수

(2) 요인분석의 주요 개념

① 변수의 측정값 = 공통요인 + 고유요인

　㉠ 공통요인: 내재적으로 작용하는 공통적 요소

　㉡ 고유요인: 공통요인으로 설명할 수 없는 부분

　㉢ 요인적재값: 공통요인이 측정변수를 설명하는 정도의 차이

② 요인의 추출

　㉠ 측정값의 분산 = 공통요인의 분산 + 고유요인의 분산

　㉡ 공통성(Communality): 공통요인의 분산

　　ⓐ 공통성은 추출된 요인들이 각 변수를 어느 정도 설명하는지를 보여주는 지표이다.

　　ⓑ 공통성은 각 변수의 전체변량 중에서 추출된 요인에 의해 설명될 수 있는 공통변량의 비율이다.

　　ⓒ 요인적재량의 제곱은 결정계수가 되므로 공통성은 추출된 요인들에 의해 설명되는 특정 변수의 분산이 된다.

　㉢ 아이겐 값(Eigen Value: 고유값): 변수 하나에 담겨진 정보의 양을 1이라고 했을 때 추출된 요인에 포함된 상대적 정보의 양이 얼마인지를 보여주는 것으로 해석된다. 아이겐 값은 한 요인에 대한 요인적재값의 제곱의 합이다.

　　ⓐ 아이겐 값이 클수록 측정값을 잘 설명해 주는 중요한 공통요인이며, 요인의 수를 결정하는 방법 중 가장 많이 쓰이는 기준이다.

ⓑ 일반적으로 아이겐 값이 1보다 크면 설명력이 크다고 여긴다. 아이겐 값이 크다는 것은 그 요인이 변수들의 분산을 잘 설명한다는 것을 의미한다.

㉣ 공통요인의 개수는 아이겐 값과 스크리 도표(각 요인의 아이겐 값을 그림으로 보여주는 도표)를 이용해 정한다. 즉, 공통요인분석은 아이겐 값이 1보다 크게 나타난 요인만을 이용해 분석을 실시하는 것을 말한다.

③ 요인의 해석

㉠ 요인적재량(Factor Loading): 도출된 요인과 변수들 간의 상관관계

ⓐ 요인적재량을 선명히 도출하기 위해 추출된 요인을 회전한다.

ⓑ 널리 사용되는 회전법은 베리맥스 회전법이다.

ⓒ 보통 0.3 이상이면 적재량의 유의성이 있다고 할 수 있으며, 0.5 이상이면 설명력이 큰 것으로 해석한다.

ⓓ 표본의 수와 변수의 수가 증가할수록 요인적재량의 고려수준을 낮추어야 하며, 요인의 수가 많을수록 나중 요인에 대한 요인적재량의 고려수준은 높아야 한다.

㉡ 회전방법: 추출된 요인의 해석을 위해서는 요인을 회전시켜서 각 변수가 어느 요인에 더 관계가 깊은가를 분석해야 한다. 직각회전과 비직각회전이 있다.

3 요인분석의 종류

일반적으로 요인분석은 크게 다음의 기준에 의해 분류된다.

(1) 상관관계행렬(Correlation Matrix)과 분석대상에 따른 분류

요인분석의 기본은 상관관계가 높은 변수들을 함께 묶어 주는 것이다. 이를 위해 요인분석의 초기단계에서는 먼저 변수들 간의 상관계수를 계산하고, 주성분분석을 적용하여 초기분석결과를 도출한다. 주성분분석은 전체분산을 토대로 요인들을 추출하는 방법이다. 주성분분석의 경우 상관관계행렬의 대각선에 1이 사용되는데, 이는 모든 분산이 변수들에 의해 공유됨을 의미한다.

(2) 회전방법에 따른 분류

변수들을 요인으로 묶음에 있어 요인 간 독립성을 유지한 상태에서 요인 간의 상관이 0이 되도록 요인 간의 각도를 직각으로 유지하면서 축을 회전시키는 방법인 직각회전(Orthogonal Rotation)과 요인들 간의 상관관계를 어느 정도 가정하거나 요인들이 독립적이라고 보기 힘든 경우에 요인 간의 각도를 직각이 아닌 다른 각도로 유지하면서 축을 회전키시는 비직각회전(Oblique Rotation)이 있다.

(3) 분석의 목적에 따른 분류

요인분석은 분석의 목적에 따라 크게 탐색적(Exploratory) 요인분석과 확인적(Confirmatory) 요인분석으로 나누어진다. 우리가 보통 이용하는 요인분석은 대개가 탐색적 요인분석인데, 이에 비해 확인적 요인분석은 요인들을 추출해 내기는 하지만 분석의 초점은 추출해 낸 요인들이 과연 원래의 모집단을 대표하고 있는가에 있다.

① **탐색적 요인분석(EFA)**: 조사연구자가 어떤 요인들과 요인의 수에 대하여 확실한 정보가 없을 경우 실시하는 것으로, 개념들 간의 관계를 탐색적으로 파악하고자 할 때 사용하며, 사전에 어떤 변수들끼리 그룹화되어야 한다는 전제를 두지 않는다.

② **확인적 요인분석(CFA)**: 조사연구자가 분석 전에 이미 개발된 모형이나 사전지식을 기반으로 추출할 요인의 수와 각 요인에 속할 변수들을 미리 확정한 다음, 이렇게 정한 내용이 옳은지를 검정하기 위한 분석방법이다. 주로 SPSS-AMOS프로그램을 활용하여 변수들 간의 집중타당성(AVE값, CR값을 기준으로)을 확인한다.

4 요인분석 이용상의 고려사항

요인분석을 이용하여 분석을 실시하는 과정에 있어서 조사연구자가 주관적으로 판단해야 하는 사항들이 몇 가지 있기 때문에 보다 객관적이고 의미 있는 분석을 실시하기 위해서는 다음과 같은 사항에 대한 고려가 있어야 한다.

(1) 자료의 적합성 검정

① 요인분석은 변수들의 상관관계를 기초로 상관관계가 높은 변수들끼리 묶는 것으로, 의미 있는 요인분석이 행해지기 위해서는 변수들 간의 상관관계가 일정수준 이상은 되어야 한다.

② 즉, 변수들 간에 상관관계가 거의 없다면 요인분석을 행하더라도 의미 없는 결과를 낳게 되므로, 분석시행 전에 상관관계행렬(Correlation Matrix)을 검토하여 자료의 적합성 여부에 대한 평가를 내려야 한다.

(2) 요인 수의 결정

① 요인의 수를 결정하기 위해서는 아이겐 값을 기준으로 결정하거나 요인이 설명하는 분산의 정도에 따라 결정하는 것이 보통이다. 그러나 변수가 많은 경우, 이 기준을 무조건 적용하는 것은 많은 문제를 가져올 수 있는데 요인의 수가 많아지면 의미 있게 나올 수 있는 하나의 요인이 의미 없는 여러 요인으로 분리되어 버릴 위험이 있다.

② 또한 요인의 수가 너무 적은 경우에는 요인구조(Factor Structure)에 문제가 생길 수 있기 때문에 기존 연구조사 등을 통해 요인 수에 대한 신중한 사전조사가 있어야 한다.

(3) 상관관계의 문제

① 요인분석은 기본적으로 변수들 간의 상관계수로부터 시작되므로 상관계수의 문제인 정규성 (Normality), 범위(Range), 분포(Distribution) 등의 문제를 원천적으로 포함하게 된다.

② 정규성의 문제는 표본의 수가 증가함에 따라 해결될 수 있지만, 범위나 분포의 문제는 분석에 앞서 설문지의 작성단계와 자료수집 단계에서부터 많은 주의를 기울여야 한다.

③ 특히, 변수들 간의 척도가 상이한 경우 분포상의 상이성으로 인해 낮은 상관계수를 갖게 되며, 요인구조에 많은 문제가 발생하게 되므로 세심한 주의가 요구된다.

(4) 회전의 문제

① 일반적인 회전방법으로는 직각회전(Orthogonal Rotation)방법 중의 하나인 VARIMAX 가 많이 이용된다.

② 요인분석은 분산을 모든 요인에 균등하게 배분하기 때문에 많은 변수들에 있어서, 높은 요인적재량을 갖는 현저한 변수가 있는 경우는 VARIMAX가 적합하지 않게 된다. 또한 앞에서 언급하였듯이 요인 간에 완전히 독립적이라고 보기 힘든 경우, 즉 변수들 간 서로 상관관계가 존재하는 경우는 비직각회전(Oblique Rotation)에 의한 분석도 이루어져야 한다.

(5) 원자료의 정보유지

① 요인분석의 목표는 원자료의 정보손실을 최소로 유지한 가운데 가능한 한 자료의 양을 줄이는 것으로, 원자료의 정보는 가능한 한 유지되어야 한다.

② 즉, 이것은 공통성(Communality)가 높아야 함을 말하는 것인데, 공통성이 낮은 경우 요인분석의 의미는 희박해지며, 더욱이 요인점수를 이용한 추가분석은 많은 문제점을 일으킬 수 있는 여지가 있다.

02 군집분석

1 군집분석의 개념과 용도

(1) 군집분석의 개념

① 군집분석(Cluster Analysis)은 측정대상들을 그들이 공유하는 특성을 토대로 유사한 대상들끼리 그룹핑하는 통계기법으로, 시장세분화나 시장 내의 경쟁구조분석 등에 이용될 수 있다.

② 군집분석은 조사대상들의 속성을 이용하여 조사대상들 간의 유사성(Similarity)을 반영하는 지표를 만들고, 이 지표에 의해 비슷한 대상들부터 순차적으로 묶어나가는 통계기법이다.

③ 군집분석은 변수들의 값에 근거하여 조사대상을 구분하는 방법으로 종속변수가 존재하지
   않는 분석기법이다. 군집분석은 등간척도 또는 비율척도로 측정한 자료가 주로 사용된다.
④ 군집분석에는 차례대로 합쳐가는 계층적 방법과 요인분석 등으로 미리 군집을 예상하여
   합쳐가는 비계층적 방법이 있다.

(2) 군집분석의 목적 및 용도

군집분석의 목적은 다양한 분석대상을 서로 동질적인 집단으로 묶어주는(Grouping) 것
이다.

① **소비자를 서로 동질적인 집단으로 분류**: 분석대상 소비자를 분류함으로써 시장세분화 및
   세분시장의 특징파악 등에 사용될 수 있다.
② **기업, 제품, 상표를 서로 유사한 것끼리 분류**: 기업이나 제품, 상표들을 서로 유사한 것끼
   리 분류하고 그 계층구조를 밝힘으로써 시장에서의 경쟁구조, 대체관계 등을 파악할 수
   있다.
③ **표본추출을 위한 계층의 분류**: 표본추출을 위해 조사대상 지역이나 지구, 소비자들을 구
   분해야 하는 경우 군집분석에 의해 서로 유사한 특성을 가진 대상끼리 묶어져 계층이 구
   성되면 표본추출의 작업이 용이하고 정확성도 유지할 수 있다.

2 군집분석의 기본원리

(1) 유사성의 판단

군집분석은 주어진 분류기준변수에 근거하여 대상을 분류하게 되는데, 특정 분류기준에 의
거하여 서로 유사성을 가진 대상들을 하나의 집단으로 분류하여 묶어주는 것으로, 구체적으
로는 기준변숫값으로부터 구한 대상들 간의 거리를 가지고 그 유사성을 판단하여 분류를 행
하게 된다. 조사대상들 간의 거리가 가까울수록 보다 유사한 것으로 해석한다.

(2) 거리의 측정방법

대상들 간의 거리를 측정하는 방법으로 가장 대표적인 것은 '유클리드 거리(Euclidean
Distance)'이다. 이는 각 변수를 축으로 하는 좌표상에 각 조사대상들의 위치를 표시하고
피타고라스의 정리에 의해 거리를 계산하는 방식이다.

3 군집의 추출방법

유사성 측정방법을 선택한 이후, 이러한 유사성 척도들을 이용하여 어떻게 대상들을 군집화할
것인지 군집화 방법을 결정해야 한다. 군집화의 방법은 다양하지만 공통적인 기본원칙은 군집
내의 대상 간의 유사성을 극대화하고, 군집 간의 유사성은 극소화하는 것이다. 이러한 군집화
방법은 계층적 군집화와 비계층적 군집화로 나눌 수 있다.

(1) 계층적 군집화

① 계층적 군집화는 모든 대상들이 각각 하나의 군집을 이루고 있는 상태에서 출발하여 순차적으로 가장 유사한 대상들끼리 군집화함으로써 유사성이 높은 군집을 이루며, 최종적으로는 모든 대상이 하나의 군집으로 묶여지는 방법이다. 이 방법은 마지막에 모든 대상이 하나의 군집으로 묶이게 되므로 조사연구자는 어느 시점에서 군집화된 것이 가장 의미가 있는가를 판단하여야 한다.

② 계층적 군집화는 어떠한 기준으로 거리를 산정하는가에 따라 다음과 같이 나눌 수 있다.
   ㉠ **단일결합법**: 최단거리가 기준이 된다.
   ㉡ **완전결합법**: 형성된 군집과 다른 대상 간의 최장거리가 기준이 된다.
   ㉢ **평균결합법**: 군집 내 모든 대상들과 다른 대상 간의 거리의 평균을 기준으로 한다. 일반적으로 널리 이용되는 방법이다.
   ㉣ Ward법: 오차제곱합 방법으로 구성 가능한 군집들 모두에 대해서 그 군집을 구성하는 대상들의 측정치의 분산을 기준으로 사용하는 방법이다.

(2) 비계층적 군집화

① 비계층적 군집화는 계층적 군집화와는 달리 군집을 형성하는 과정이 순차적으로 이루어지지 않는다. 계층적 군집화 방법이 순차적으로 군집 수를 형성해 나가는 데 반해, 비계층적 군집화 방법은 최종 군집의 수와 시작점을 미리 정해 주어야 한다. 이와 같이 계층적 군집분석의 한계점을 극복하기 위해 최근에는 K-평균(mean)을 사용한다.

② K-평균법: 대상들을 하나씩 묶어나가는 계층적 군집분석과 달리 K-평균분석에서는 집단의 수 K를 미리 지정하고, 전체대상자를 K개의 집단으로 구분하는 방법이다. 만일 최적 집단의 수를 모르는 경우에는 대개 2~5개 정도의 집단 수(K)에 대해 분석을 반복한 후 집단 간의 차이가 가장 명확하게 나타나는 분석결과를 제시하는 집단 수를 최적안으로 결정하게 된다.

✎ Plus UP! K-평균법(K-means Clustering)

> K-평균법은 비계층적 군집화 방법 중 가장 널리 사용되는 것으로 케이민스 클러스터링(K-means Clustering)이라 한다. 사전에 정해진 군집의 수(k)만큼 임의의 조사대상을 중심으로 군집이 형성되어 가며, 대상들은 군집의 중심과의 거리에 따라 적절한 군집에 소속된다. 그러나 처음 소속된 군집에 끝까지 소속되는 것이 아니라 형성된 다른 군집에 더 가까우면 소속 군집이 변경된다.

01 다음 〈보기〉에서 설명하는 분석방법은?

> **보기**
>
> 연구자가 분석 전에 이미 개발된 모형이나 사전지식을 기반으로 추출할 요인의 수와 각 요인에 속할 변수들을 미리 확정한 다음, 이렇게 정한 내용이 옳은지를 검정하기 위한 분석방법이다.

① 회귀분석   ② 확인적 요인분석
③ 탐색적 요인분석   ④ 결합적 요인분석

해설 확인적 요인분석은 분석 전에 연구자가 이론이나 선행연구를 바탕으로 요인의 수와 각 요인에 속할 변수들을 사전에 설정하고, 실제 자료를 통해 그 설정이 타당한지 검증하는 분석 방법이다.
① 회귀분석은 두 변수 이상 간의 인과 관계를 분석하여 한 변수의 변화가 다른 변수에 미치는 영향을 추정하는 통계기법이다.
③ 탐색적 요인분석은 변수들 간의 관계를 탐색적으로 파악하여 어떤 요인으로 묶일 수 있는지 알아보는 분석방법으로, 사전에 요인의 수나 변수의 소속을 정하지 않는다.
④ 결합적 요인분석은 일반적인 통계분석 용어로 사용되지 않는 표현이다.

02 많은 변수들을 보다 적은 수의 변수나 차원으로 축소시켜 그 안에 숨어 있는 기본구조를 파악하려고 하는 경우에 사용하는 다변량분석기법은?

① 요인분석   ② 군집분석
③ 다차원척도법   ④ 컨조인트분석

해설 ② **군집분석**: 소비자나 상표들을 서로 유사한 것끼리 묶어서 군집화하려는 경우에 사용된다.
③ **다차원척도법**: 소비자가 제품이나 상표에 대해 가지고 있는 인식을 근거로 하여 제품, 상품의 상대적 위치를 파악하려는 경우에 사용된다.
④ **컨조인트분석**: 제품의 속성의 중요도를 파악하는 데 아주 유용한 기법이다.

03 다음 중 요인분석에 관한 설명으로 잘못된 것은?

① 독립변수, 종속변수의 개념이 없다.
② 모집단의 특성에 대한 추정을 하지 않는다.
③ 모수, 통계량, 가설검정 등의 개념이 적용된다.
④ 추출된 요인과 요인 내의 변수를 파악하여 추후 분석에 이용한다.

정답   **01** ②   **02** ①   **03** ③

해설 ③ 요인분석이란 변수들 간에 공통적으로 작용하는 내재적 요인을 추출하여 전체 자료를 설명할 수 있도록 변수의 수를 줄이는 기법이다. 따라서 모수, 통계량, 가설검정 등의 개념은 요인분석에 적용되지 않는다.

04 요인분석에서 요인과 변수의 상관관계를 나타내는 것은?

① 분산(Variance)
② 고유값(Eigen value)
③ 공통성(Communality)
④ 요인적재량(Factor loading)

해설 ④ 요인적재량(factor loading)은 도출된 요인과 변수들 간의 상관관계를 나타낸다. 이러한 요인적재량의 일반적인 기준은 보통 0.3 이상이면 유의하다고 보지만, 보수적인 기준은 0.4 이상이다. 그리고 0.5 이상인 경우는 매우 높은 유의성을 가진 것으로 본다. 적재량의 유의성은 표본의 수, 변수의 수, 요인의 수 등에 따라 변동된다.

05 다음 중 요인분석과 관련성이 적은 것은?

① 요인적재량(Factor loading)
② 공통성(Communality)
③ 설명분표준편차
④ 아이겐 값(Eigen value)

해설 ① 요인적재량(Factor Loading): 도출된 요인과 변수들 간의 상관관계
② 공통성(Communality): 공통요인의 분산
④ 아이겐 값(Eigen Value): 공통요인의 분산을 변형한 값으로 공통요인이 측정변수를 설명해주는 정도를 나타낸다. 즉, 아이겐 값이 클수록 측정값을 잘 설명해 주는 중요한 공통요인이다.

06 다음 중 요인분석의 목적이 아닌 것은?

① 관련 변수들의 특성을 파악한다.
② 설명력이 낮은 측정항목이나 불필요한 변수들을 제거한다.
③ 각 요인들을 구성하는 측정항목의 타당성을 검정할 수 있다.
④ 좀 더 의미 있고 추상적인 개념을 도출하기 위해 변수들을 확대한다.

해설 요인분석은 변수들 간의 상관관계를 이용하여 서로 유사한 변수들끼리 묶어주는 방법이다. 즉, 변수들 사이의 공분산 관계를 이용하여 원래 변수들을 적은 수의 요인(Factor)으로 축소시킬 목적을 갖는 분석을 말한다.

정답 **04** ④ **05** ③ **06** ④

07 요인분석에 대한 설명으로 옳지 않은 것은?

① 확인적 요인분석과 탐색적 요인분석이 있다.
② 관련 변수가 묶여 하나의 요인이 되는 과정을 거친다.
③ 묶이지 않는 변수는 측정항목의 공통성이 높기 때문이다.
④ 설명력이 낮은 측정항목 또는 불필요한 변수를 제거하기 위해 이용된다.

> **해설** 요인분석은 독립변수들 간의 상관관계를 이용하여 서로 유사한 공통점을 지닌 요인들을 묶어 변수의 범주를 줄이는 분석방법으로, 탐색적 요인분석과 확인적 요인분석방법이 있다. 서로 묶이지 않는 변수는 공통성이 낮다.

08 다음 중 군집분석의 용도로 적합하지 않은 것은?

① 독립변수의 변화에 따라 종속변수가 얼마나 변화하는지를 알 수 있다.
② 소비자를 서로 동질적인 집단으로 분류하여 시장세분화에 이용할 수 있다.
③ 제품이나 상표들의 시장 내 경쟁구조를 파악할 수 있다.
④ 본추출을 위한 계층을 분류하는 데 사용할 수 있다.

> **해설** 군집분석에서는 종속변수가 존재하지 않으며, 독립변수의 변화에 따라 종속변수의 변화를 측정하는 분석은 회귀분석이 대표적이다.

09 다음 〈보기〉는 무엇에 대한 설명인가?

보기

주어진 분류기준에 의거하여 서로 유사한 특성을 가진 대상들을 하나의 집단으로 묶어줌으로써 궁극적으로 집단 간은 서로가 이질적이면서 집단 내에서는 서로가 동질적인 집단들을 만들어내는 기법이다.

① 환경분석   ② 회귀분석
③ 매트릭스 분석   ④ 군집분석

> **해설** 〈보기〉의 내용은 ④ 군집분석에 대한 설명이다.

10 다수의 대상을 각 대상이 보유한 특성을 토대로 유사한 것끼리 묶는 통계기법은?

① 군집분석 ② 상관분석
③ 요인분석 ④ 컨조인트분석

해설 군집분석은 소비자가 분석대상들을 상호 연관성에 근거해 서로 동질적인 집단으로 분류하는 기법으로 마케팅에서는 시장세분화에 이용되는 통계기법이다.

11 시장세분화나 시장 내의 경쟁구조 분석에 이용되는 통계 기법은?

① 요인분석 ② 다차원척도법
③ 군집분석 ④ 컨조인트분석

해설 군집분석은 인구통계적 변수 또는 제품사용상의 특성변수 등을 이용하여 비슷한 특성의 소비자들끼리 묶음으로써 시장세분화의 분석도구로 활용된다. 또한 소비자들에 의해 유사하게 지각되는 상표들끼리 묶어 줌으로써 시장 내의 상표들 간의 경쟁관계를 파악할 수 있게 해 준다.

정답 **10** ① **11** ③

CHAPTER 12

소비자지각을 기반으로 한 통계분석

01 컨조인트분석

1 컨조인트분석의 개념

(1) 컨조인트분석의 개념

컨조인트분석(Conjoint Analysis)이란 어떤 제품이나 서비스가 갖고 있는 속성 하나하나에 부여하는 가치(효용)를 추정함으로써, 그 고객이 어떤 제품을 선택할지를 예측하는 기법이다. 컨조인트분석의 적용과 결과해석은 개인수준에서 이루어진다. 즉, 제품개념들에 대한 선호도점수는 개인별로 측정되고 이를 이용하여 실시된 컨조인트분석은 개인별 효용점수를 계산해 준다. 이러한 점수를 이용하여 소비자들을 동질적인 세분시장으로 묶어 이 세분시장에 맞는 제품을 개발할 수 있다.

(2) 컨조인트분석의 특징

① 보다 효과적으로 속성 간의 상대적 중요도를 파악할 수 있고 소비자의 효용을 측정할 수 있다.
② 개별속성을 독립적으로 판단하여 상품속성별 중요성, 즉 속성별 가중치를 쉽게 평가할 수 있다.
③ 속성수준을 조합하여 소비자가 원하는 가장 이상적인 상품을 구성할 수 있다.

(3) 컨조인트분석의 수행단계

컨조인트분석의 수행단계는 다음과 같다.
① 제1단계: 주요 제품속성의 선정 및 속성수준의 결정
② 제2단계: 제품프로파일의 구성과 선호도자료의 수집
③ 제3단계: 분석
④ 제4단계: 해석 및 이용

2 컨조인트분석의 활용 및 한계

(1) 컨조인트분석의 활용

제품이나 서비스의 어떤 요소가 소비자 선택에 영향을 주는지 알고 싶을 때, 컨조인트분석을 통해 그 요인을 정량적으로 분석할 수 있다. 이 기법의 적용분야로는 신제품의 개발, 상품의 중요 속성 파악, 포지셔닝, 경쟁분석, 가격설정, 시장세분화, 광고·커뮤니케이션의 효율화 등이 있다.

(2) 컨조인트분석의 한계

① 내구성이나 스타일 등은 수준을 분리하기 어렵다.

② 면접방법이 일대일 개별면접법 등 제한된 방법들에 한해서 적용이 가능하다.

③ 중요한 속성이 하나나 둘 정도밖에 없는 경우는 사용이 제한된다.

④ 의사결정을 잘못해서 발생하는 위험이 적은 경우에는 소요되는 비용에 비해서 경제성이 낮다.

⑤ 분석할 수 있는 속성의 수에 한계가 있다.

02 다차원척도법

1 다차원척도법의 개념 및 용도

(1) 다차원척도법의 개념

① 다차원척도법(MDS: Multi-Demensional Scaling)이란 대상들에 대한 다양한 평가자료를 이용하여 소비자들이 평가하는 상대적 위치를 간접적으로 추론해내는 방법으로 포지셔닝 맵(지각도)을 작성하는 기법을 말한다.

② 예를 들면 브랜드들 간의 유사성(Similarity) 정도의 비교자료, 각 브랜드에 대한 선호도(Preference)자료, 브랜드들과 사용자특성 간의 교차분석표(Cross-Table) 등의 다양한 형태의 자료를 이용하여 포지셔닝 맵을 도출할 수 있다.

(2) 다차원척도법의 용도

다차원척도법에는 많은 종류의 분석기법이 있다. 이러한 분석기법을 단독으로 또는 결합해서 사용하는 경우 다차원척도법은 다음과 같은 용도에 사용될 수 있다.

① 브랜드들 간의 유사성자료를 이용하여 브랜드들의 위치를 제시하는 방법: KYST 프로그램, ALSCAL프로그램

　　예 KYST 출력결과

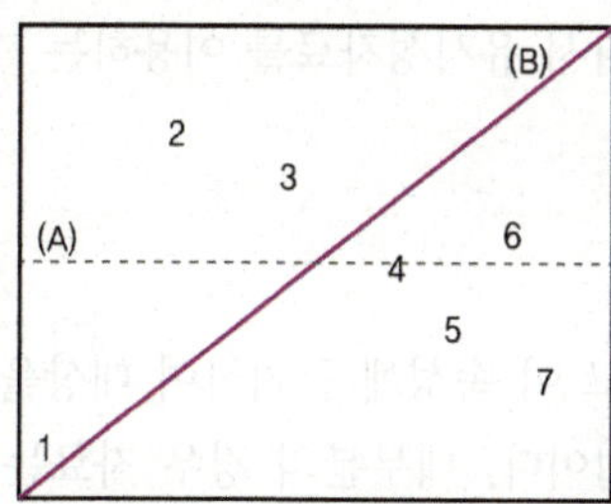

1: 어코드, 2: 그랜저, 3: 소나타, 4: 아반떼, 5: SM3, 6: K3, 7: 마티즈

(A): 승용차의 가격, (B): 수입차-국산차의 구분

② 상황표를 이용하여 브랜드들의 위치를 표시하는 방법: 대응일치분석

▌ 상황표의 예 ▌

구분	탠디	금강	엘칸토	총계
20대 초반	45	25	30	100
30대 초반	40	40	20	100
30대 이상	35	65	20	120
총계	120	130	70	320

(3) 다차원척도법(포지셔닝 맵)의 활용방안

① 시장의 경쟁구조 파악
② 소비자의 욕구파악 및 시장의 세분화
③ 시장기회의 포착 및 경쟁적 마케팅전략의 수립

2 다차원척도법의 기본원리

① 다차원척도법은 대상에 대한 유사성 자료, 선호자료, 평가자료 등 인간의 인식, 지각에 관한 자료를 측정하여 대상들의 상호관계를 공간 내에 점 또는 벡터로 표시하는 기법이다. 대상들을 이러한 공간 내에 배열함으로써 대상 간에 내재해 있는 관계를 보다 쉽게 이해할 수 있게 해주는 것이다.
② 이러한 과정에서 유사성자료나 선호자료 등 Non-metric 자료가 Metric 자료로 변환되어 분석된다는 것이 다차원척도법의 특징 중 하나이다.
③ 다차원척도법은 대상을 공간상에 배열하는 기법들을 통칭하는 것이기 때문에 여기에는 많은 여러 가지 기법들과 접근방법이 포함되며, 또 이들을 이용한 컴퓨터 프로그램도 많이 개발되어 활용되고 있다.

3 다차원척도법의 종류

다차원척도법은 크게 나누어 속성평가자료를 이용하는 방법과 비속성자료를 이용하는 방법으로 나누어질 수 있으며, 비속성자료를 이용하는 방법은 다시 유사성자료를 이용하는 기법들과 선호도자료를 이용하는 기법들로 구분될 수 있다.

(1) 속성평가자료를 이용하는 방법

① 대상을 평가, 인식하는 중요 속성들을 정의하고 이 속성에 근거하여 대상을 평가한 자료를 분석하여 대상들을 공간상에 배열하는 방법이다. 대부분의 경우 자료는 등간척도 이상의 척도로 측정된다. 여기에 속하는 기법으로는 속성의 평균을 가지고 공간지각도를 그리는 단순한 방법 이외에 앞에서 언급된 요인분석, 판별분석들도 이용될 수 있다.

② 속성평가자료를 이용하는 방법들의 장점으로는 도출된 지각차원의 해석이 용이하기 때문에 진단적인 정보를 제공해 준다는 것이 있으며, 단점으로는 만약 주요 속성이 누락되었을 때는 불완전한 결과가 나온다는 점, 필요한 차원의 수가 많아진다는 점들이 지적되고 있다.

(2) 비속성자료를 이용하는 방법

① 소비자들은 대상을 각 속성에 근거해서 개별적으로 인식하는 것이 아니라 총체적으로 인식한다는 가정하에서 개발된 기법들로서, 유사성 자료를 이용하는 기법들과 선호도자료를 이용하는 기법들로 대별할 수 있다. 비속성자료를 이용하는 기법들은 서열척도나 명목척도로 측정되는 경우가 많다.

② 비속성자료를 이용하는 경우의 장점으로는 소비자들의 총체적인 인식을 측정함으로써 속성을 찾기 어렵거나 질문하기 어려운 경우에도 사용할 수 있다는 점, 보다 현실적인 평가 행동에 가깝다는 점, 필요한 차원의 수가 적다는 점 등이 있으며, 반면에 추출된 차원의 해석이 주관적이어서 판단이 곤란한 경우가 생긴다는 점이 단점으로 지적되고 있다.

01 컨조인트분석을 활용한 예시를 〈보기〉에서 모두 고른 것은?

보기

㉠ 포지셔닝 ㉡ 시장세분화
㉢ 상품의 중요 속성 파악

① ㉠, ㉡ ② ㉠, ㉢
③ ㉡, ㉢ ④ ㉠, ㉡, ㉢

> **해설** 컨조인트분석이란 어떤 제품이나 서비스가 갖고 있는 속성 하나하나에 부여하는 가치(효용)를 추정함으로써, 그 고객이 어떤 제품을 선택할지를 예측하는 기법이다. 이 기법의 적용분야로는 신제품의 개발, 상품의 중요 속성 파악, 포지셔닝, 경쟁분석, 가격설정, 시장세분화, 광고·커뮤니케이션의 효율화 등이 있다.

02 컨조인트분석에 대한 설명으로 옳지 않은 것은?

① 효과적으로 소비자의 효용을 측정할 수 있다.
② 효과적으로 속성 간의 상대적 중요도를 파악할 수 있다.
③ 가상상품에 대한 선호 정도를 정확하게 평가할 수 있다.
④ 속성수준을 조합하여 소비자가 원하는 가장 이상적인 상품을 구성할 수 있다.

> **해설** 컨조인트분석은 FGI를 통해 어떤 제품이 갖고 있는 속성에 고객이 부여하는 효용을 추정함으로써 각 속성이 전체에서 어느 정도 공헌하고 있는지를 분석하여 고객이 어떠한 제품을 선택할지를 예측하는 기법이다. 세부속성을 각각 변화시켜 가며 피조사자에게 어떤 제품을 택할지를 물어보는 방식을 취하기 때문에 실제 시장 상황을 미리 시뮬레이션할 수 있다는 장점이 있는 반면 제품의 모든 속성을 반영하여 질문할 경우 소비자의 신뢰도 높은 답변을 얻기 힘들다는 단점이 있다. 즉, 피조사자가 선호하는 속성을 통해 제품에 대한 효용과 중요도는 측정이 가능하지만 표본조사는 태생적으로 오류를 내포하고 있기 때문에 정확한 평가는 어렵다.

정답 **01** ④ **02** ③

03 다음 설명에 해당하는 것은?

> 제품 구매 시에 소비자가 중요하게 생각하는 제품 속성별로 소비자들이 선호하는 속성 수준을 찾아냄으로써, 최적의 신제품을 개발하는 데 활용할 수 있는 가장 유용한 조사 기법이다.

① 요인분석　　　　　　　　　　② 판별분석
③ 군집분석　　　　　　　　　　④ 컨조인트분석

해설 컨조인트분석(Conjoint Analysis)은 소비자 선호를 기반으로 제품 속성의 중요성과 각 속성의 수준을 평가하여 최적의 제품 구성을 결정하는 데 사용되므로, 제품의 속성별 선호를 분석하고 최적의 신제품을 개발하는 데 가장 적합하다.

04 여러 대상들의 유사성 지각에 관한 정보로 대상들을 시각적으로 나타내며, 대상들의 위치를 바탕으로 유사성 지각의 토대가 된 차원들을 추정하는 통계기법은?

① 군집분석　　　　　　　　　　② 컨조인트분석
③ 유사성분석　　　　　　　　　④ 다차원척도법

해설 다차원척도법은 다양한 평가자료를 이용하여 각 속성들 간의 상대적 위치를 간접적으로 추론해 내는 방법이다. 각 속성들의 유사성, 선호도, 교차분석표 등을 이용하여 시각적으로 표현하는 포지셔닝 맵 등을 작성하는 데 사용하는 기법이다.

05 다음 〈보기〉에서 설명하는 분석법은?

보기

> 대상들에 대한 소비자의 지각, 선호, 평가자료 등을 이용하여 소비자들이 대상을 어떤 차원에서 인식하고 있는가, 그러한 차원에서 각 대상은 어느 위치에 있는가, 소비자들은 각 차원에서 어느 위치에 있는가 등을 분석하는 기법이다.

① 다중회귀분석　　　　　　　　② 컨조인트분석
③ 다차원척도법　　　　　　　　④ 요인상관성분석

해설 〈보기〉의 내용은 ③ 다차원척도법에 대한 설명이다.

정답　**03 ④　04 ④　05 ③**

 다음 중 다차원척도법의 용도가 아닌 것은?

① 대상에 대한 지각, 인식차원의 파악

② 지각, 인식차원에서의 각 대상의 위치파악

③ 새로운 대상의 소속집단 예측

④ 지각, 인식차원에서의 소비자 위치분포 파악

해설 ③ 새로운 대상의 소속집단 예측은 판별분석의 용도이다.

01 보고서의 역할

1 조사보고서의 역할 및 작성 시 유의점

조사연구자가 자료를 수집하고 분석을 완료하였다고 하여 프로젝트가 끝나는 것이 아니다. 보고서(report)의 작성과 제출 및 조사결과에 대한 구두발표(Oral Presentation)를 통해 마무리가 된다.

(1) 조사보고서의 기능(역할)

① **조사내용의 요약 및 정리**: 조사기업은 보고서 및 구두발표를 통하여 조사 진행과정에서 이용된 조사방법, 분석결과와 대안제시 등과 같은 조사의 전반적 과정을 공식적으로 의뢰기업에 제시한다.

② **조사회사와 의뢰기업 간의 거래지속 여부 결정**: 의뢰기업은 해당 조사기업과 지속적인 거래관계를 유지할 것인지에 대한 의사결정의 기준으로 조사보고서에 제시된 내용에 대한 평가를 이용한다.

③ **기업의 향후 마케팅활동에 대한 지침**: 의뢰기업은 조사보고서에 나타난 대안을 토대로 마케팅의사결정을 내린다.

(2) 조사보고서 작성의 사전작업

① 조사를 실시하게 된 배경, 그리고 조사가 수행된 직접적인 이유를 명확히 해야 한다. 이는 조사보고서 작성 시 그 방향성을 잃지 않고 조사의 목적에 충실할 수 있기 때문이다. 또한 조사결과 중 조사목적에 관련된 자료나 분석결과에 초점을 맞추어야 할 것이다.

② 구체적 사실을 최소화하고 과다정보를 요약하여 핵심정보만을 강조할 수 있어야 하며, 가능하면 정보를 통합하여 변수 간의 관계나 유형을 파악할 수 있도록 해야 한다. 기법 그 자체보다 밝혀낸 사실에 초점을 두고, 사용자가 이해하기에 편리하도록 정리되었는가를 검토하여야 한다.

(3) 조사보고서의 작성지침

경영자는 조직 전반에 걸쳐서 처리해야 하는 업무가 대단히 많고 광범위하다. 따라서 수많은 업무에 관하여 세부적이고 기술적인 면까지 모두 알고 있지는 못하기 때문에 다년간의 경험 이외에 정확한 판단을 내리기 위한 적절한 자료를 필요로 한다. 그러므로 조사연구자는 피보고자를 고려하여 필요로 하는 정보가 판단의 객관적인 기준이 될 수 있도록 간결하면서도 완벽하게, 또 보기 쉽고 간단하게 작성하면서 내용은 정확하고 논리적이어야 한다. 이를 위해서 다음의 5가지 사항을 고려하여야 한다.

① **피보고자를 고려하라**: 조사보고서란 조사보고서를 읽는 사람에게 정보를 제공하는 것이다. 따라서 그들의 요구에 맞게 정보가 체계적으로 수집·정리되고 분석되어야 한다.

② **초안을 작성해 보아라**: 조사보고서를 읽는 대상, 그들이 기대하고 있는 내용, 형식, 스타일, 문체, 분량 등을 충분히 고려하면서 조사보고서 초안을 작성해 보는 게 좋다. 이는 조사보고서의 내용이 어떤 점이 부족한지, 어떻게 수정해야 하는지, 어떻게 정리해야 하는지를 알 수 있게 해준다.

③ **간결하면서도 완벽하게 하라**: 조사보고서 작성 시 조사목적에 합당하고 중요한 점에 대해서만 집중적으로 다루어야 한다. 대체적으로 조사보고서 의뢰자는 조사보고서 전체를 읽으려 하지 않고 보고서 윤곽을 파악한 뒤 필요한 부분, 즉 자기에게 필요하고 중요한 분야에 대해서 충분한 정보를 얻으려고 하기 때문이다.

④ **객관적이면서도 효과적이어야 한다**: 조사보고서 서식은 문장구조가 핵심적이고 간결하면서 흥미도 있어야 하며, 적절한 용어를 사용해야 한다. 또한 조사연구자는 객관적인 태도로 조사결과를 제시하고 설명할 의무가 있으며 조사결과가 매우 유용하다는 사실을 연구의뢰자에게 인식시켜야 한다.

⑤ **구두보고지침**: 조사보고서를 작성할 때 일반적으로 응답자의 개인적인 응답을 공개하지 않는 것이 조사의 기본적인 윤리라고 볼 수 있다. 많은 경우 응답에 참여한 사람들은 법적인 규정을 모르는 상태에서 자신의 응답이 보호를 받을 것이라고 인식하고 있다. 따라서 조사연구자는 인지동의와 익명성, 비밀보장을 충분히 고려해야 한다.

(4) 조사보고서의 작성 시 문제점

조사보고서의 작성 시 다음과 같은 문제점들이 발생된다.

① **강조점 및 지향성의 차이에서 비롯되는 문제점**: 조사연구자가 마케팅 목표를 잘 모르고 있어 조사배경이나 조사결과 이용자의 욕구에 대해서도 무관심한 경우 조사결과가 효과적으로 전달되지 못한다.

② **보고서 내용 및 체계에서 비롯되는 문제점**: 조사시작 시점부터 명확한 조사배경이나 조사목적이 없는 경우는 조사결과의 제시도 초점을 잃게 된다.

③ **보고서에서 사용하는 언어 및 제시방법에서 비롯되는 문제점**: 말이 너무 장황하고 요점을 찌르지 못한다든지, 설명이 과다하고 중복되어 있다든지, 문법이나 철자가 틀렸을 경우에도 조사결과가 제대로 전달되지 못한다.

◢ **2** 조사보고서의 작성

(1) 조사보고서의 작성요건

① 보고서는 논리적으로 쉽게 이해할 수 있도록 구성한다.

② 전문적인 용어의 사용을 가급적 줄인다.

③ 보고서의 양은 지나치게 많지 않도록 한다.

④ 해결방안을 강조하여야 한다.

⑤ 시각적인 보조자료를 많이 활용하여야 한다.

⑥ 전문용어나 분석 내용이 이해하기 어려운 경우에는 주석을 이용하여 쉬운 용어로 추가 설명을 한다.

(2) 조사보고서의 내용

조사보고서는 일반적인 보고서와 같이 서론, 본론, 결론 등의 순서로 작성한다.

① **표지의 작성**: 조사보고서의 표지에는 조사보고서의 제목, 조사를 수행한 회사 및 조사를 의뢰한 회사, 출간일, 소속기관 등이 포함된다.

② **목차**: 조사보고서의 목차에는 전개될 내용의 기술로 내용 차례, 표 및 그림 차례 등이 포함된다.

③ **연구결과의 요약**: 조사보고서의 요약에는 조사의 목적, 자료수집방법 및 대상, 분석방법, 발견점 등에 대한 내용의 요약 등이 포함된다.

④ **서론**: 서론은 조사를 통해서 해결해야 할 문제가 무엇인지 기술한다. 조사의 배경, 조사의 필요성, 의사결정문제, 조사의 목적, 가설, 조사범위와 방법, 조사기간, 조사팀 등이 포함 되며 전체 보고서의 윤곽을 예고하여 의뢰자의 관심을 유도할 수 있도록 하여야 한다.

⑤ **조사방법 및 자료수집**: 조사방법, 자료수집대상 및 수집방법, 표본의 특성 및 크기 등이 포함된다.

⑥ **자료분석 및 분석결과**: 조사보고서의 자료분석에는 분석방법, 사용한 통계패키지, 발견 점 등이 포함된다.

⑦ **전략적 제안점**: 조사보고서의 결론에는 분석결과의 요약·해석, 발견점의 의의, 의사결 정에 대한 제안, 조사의 한계 및 후속 조사의 필요성 등이 포함된다.

⑧ **부록**(표 및 도표): 조사보고서의 마지막에 첨부되는 부록에는 조사보고서의 본론에 담기 어려운 각종 표, 연구에 사용한 질문지 및 기록지, 각종 참고문헌 등 관련이 있는 자료들 을 수록한다.

ㄱ 제품출시 전
  ⓐ **의사결정문제**: 성공적인 신제품의 개발
  ⓑ **조사문제**: 제품개념시험(Concept Test), 상표 및 포장에 대한 평가, 시제품의 성능시험, 광고문안 테스트, 시험시장(Test Market), 표적시장 정립을 위한 조사
ㄴ 도입기
  ⓐ **의사결정문제**: 신제품의 성공적 출시
  ⓑ **조사문제**: 상표·광고에 대한 인지도 및 태도조사, 제품사용실태에 대한 조사, 제품의 개선을 위한 조사, 광고문안의 개선을 위한 조사, 고객반응 추적조사(인지도, 선호도, 시장점유율 등의 정기적 추적조사)
ㄷ 성장기
  ⓐ **의사결정문제**: 매출 및 시장점유율의 증가, 경쟁상표들에 대한 대응방안 수립, 효율적 마케팅믹스 전략의 구상(광고문안의 변경, 제품디자인의 변경, 가격인하, 새로운 판촉방법 이용 시 예상되는 효과 등)
  ⓑ **조사문제**: 상표·광고에 대한 인지도 및 태도조사, 제품사용실태에 대한 조사, 제품 포지셔닝에 대한 조사, 광고문안의 개선을 위한 조사, 판촉기법들에 대한 조사, 고객반응 추적조사
ㄹ 성숙기
  ⓐ **의사결정문제**: 매출 및 시장점유율의 유지·증대, 새로운 시장기회의 포착, 차별적 제품의 도입, 경쟁상표들에 대한 대응방안 수립, 마케팅믹스 비용의 효과분석
  ⓑ **조사문제**: 시장세분화를 위한 조사, 시장의 경쟁구조 파악을 위한 조사, 차별적 제품개발을 위한 조사, 제품의 재포지셔닝에 대한 조사, 광고문안의 개선을 위한 조사, 마케팅 활동의 효과측정을 위한 조사, 고객반응 추적조사

02　결과의 구두발표

1　구두발표의 의의

(1) 구두발표의 이해

구두 발표는 의사결정자에게 마케팅조사 결과를 제시하는 것으로 객관적인 정보를 바탕으로 숫자와 같은 정량적 수치를 근거로 활용한다.

(2) 구두발표의 내용

① 구두발표 시에는 마케팅조사의 과정 문제점과 조사목표 정의, 조사계획 개발, 조사계획 실행, 조사결과 해석 및 보고의 내용을 담고 있다.
② 구두발표 시는 마케팅조사를 통해 타겟 소비자를 더 잘 파악하고 효과적인 마케팅 전략

을 수립했다는 것을 뒷받침해야 한다. 이는 객관적인 조사가 설계되어 양질의 데이터가 확보되었고 막연한 주장이 아니라 데이터로 뒷받침이 되는 것을 조건으로 한다.

◢ 2 구두발표 시 유의사항

(1) 발표상황에 대한 사전점검

구두발표 시는 발표 장소, 참석자, 시간대 등 발표상황을 전반적으로 점검하여 의도한 발표대로 정확한 전달이 되어야 한다.

(2) 구두발표의 방법

구두발표는 프리젠테이션, 출력보고서, 비대면 보고 등 다양한 방법이 있으며 그에 따른 기능상의 특징을 정확히 알고 이를 활용해야 한다.

(3) 발표 준비 및 진행

발표 전 사전리허설을 실시하여 설득력이 약한 부분이나 발표의 취약점을 미리 개선한 후 발표를 진행한다.

(4) 구두발표 후의 보완사항

구두발표는 발표가 끝났다고 해서 모든 과정이 종료되는 것이 아니라 발표에서 접수된 피드백이나 보완의견 등을 반영하여 개선이 이루어져야 한다.

03 마케팅조사의 윤리적 측면

기업들은 마케팅조사를 통해 소비자욕구를 충족시킬 수 있는 제품의 개발과 변화하는 환경에 대응하는 새로운 마케팅전략수립에 유용한 정보를 수집할 수 있으므로 마케팅조사산업은 소비자와 기업 모두에게 긍정적인 영향을 미치고 있다. 그러나 마케팅조사의 윤리(Ethics)적 측면이 소비자 및 기업차원에서 관심의 대상이 되고 있다. 문제는 마케팅조사과정에서 수집되는 많은 개인정보들은 어떻게 관리되고 보호되어야 하는가이다. 예를 들어 최근 국민 개개인의 사생활을 보호하기 위해 개인의 정보를 보호하는 법률이 계속 제정되고 있다. 이에 따라 과거에는 주민센터에서 쉽게 확인할 수 있는 가구별 구성원들에 대한 정보가 통제되며, 신용카드나 백화점카드 가입자들에 대한 개인정보들도 보호되고 있다.

조사기업이 윤리적 측면을 고려해 마케팅조사를 수행해야 한다는 것은 응답자뿐만 아니라 조사를 의뢰한 기업에 대해서도 적용된다. 과거에 조사를 실시한 기업의 경쟁업체가 조사를 의뢰하는 경우 이 기업에 대한 조사업무를 수행하는 것이 적절한지가 그 예라 할 수 있다.

◢ 1 응답자들에 대한 윤리적 고려사항

대부분의 조사기업들은 면접원들이 면접을 적절히 실시하였는지를 검증하기 위하여 응답자의 이름과 전화번호 및 집주소를 설문지상에 기록하도록 하고 있다. 현재 통계법 개정 법률 제8조, 제9조에는 개인이나 법인, 단체의 비밀에 속하는 사항에 대해서는 비밀을 보장하도록 되어 있고, 지정된 통계목적 이외에는 사용치 못하도록 규정하고 있다.

① 조사연구자는 응답자들이 자신들에 관련된 사적 정보가 외부에 공개되지 않을 것으로 기대하므로 자체적 윤리규정을 세우고 이를 지켜나가야 한다. 일반적인 서베이형태의 마케팅조사에서는 응답자들에 대한 정보가 코딩과정을 거쳐 수치화된 정보(이름, 전화번호 등은 포함되지 않음)로 분석되므로 일반적으로 개인정보가 보호된다. 그러나 실험실에서의 소비자면접에 있어서는 흔히 기업의 실무자들이 면접의 진행과정을 일방거울(One-way Mirror)을 통하여 지켜보는데, 이 경우 이러한 사실을 참석자들에게 미리 알려주어야 한다.

② 소비자들에게 시식을 하도록 하거나 피부에 부작용을 일으킬 수 있는 제품을 사용하는 제품 테스트에서는 응답자들에게 발생가능한 문제점을 충분히 설명하고 만일의 사태에 대비해 응급조치를 할 수 있는 준비를 갖추어야 한다.

◢ 2 조사기업의 조사의뢰기업에 대한 윤리적 고려사항

현재 우리나라에서는 마케팅조사를 체계적으로 수행할 수 있는 조사업체들이 제한되어 있어 한 조사업체가 경쟁관계에 있는 기업들에 대한 마케팅조사를 함께 실시하는 경우가 있다. 이 경우 조사업체는 먼저 조사된 기업의 자료를 다른 의뢰기업의 조사에 활용할 수 있는가, 동일한 연구원이 두 경쟁업체의 프로젝트를 수행할 수 있는가 등의 윤리적 문제에 직면하게 된다.

① 조사기업에서는 한 업종에서 한 업체의 조사만을 실시하는 것이 원칙이다.

② 조사기업은 동일업종 내의 두 개의 업체에 대한 조사를 실시한다면 독립된 부서들이 각 업체를 담당하도록 해야 한다.

③ 위 경우에도 조사기업의 각 부서는 상호 간의 정보교환을 통제하여 의뢰기업에 대한 철저한 비밀보장이 이루어지도록 해야 한다.

◢ 3 조사의뢰기업의 조사기업에 대한 윤리적 고려사항

성공적인 마케팅조사를 위해 의뢰기업은 조사에 있어서의 권리와 함께 의무사항들도 고려해야 할 것이다.

① 의뢰기업은 조사기업의 연구원에게 계약 시 결정된 내용 이외의 것을 요구하지 않아야 한다. 예를 들어 의뢰기업은 추가적인 자료수집과 분석, 수차례에 걸친 구두발표를 요구하기도 하며, 어떤 경우에는 계약 당시 약속한 자료제공이나 산업에 대한 설명을 이행하지 않기도 한다.

② 의뢰기업은 필요 이상으로 조사예산을 삭감하는 것을 피해야 한다. 이는 조사기업으로 하여금 표본을 줄이거나 통제의 정도를 낮추는 방법으로 자료의 질이 저하되는 것을 초래할 수 있다.

4 조사응답자 권리의 보호

(1) 조사응답자 권리의 보호

조사연구자는 응답자의 권리를 보호해줌으로써 자료원을 보호할 수 있으며, 이를 통해 더 정확한 자료를 응답자로부터 얻을 수 있다. 조사연구자가 보호해야 하는 응답자의 권리로, 첫째 인간의 존엄성, 둘째 사생활(Privacy) 보호, 셋째 응답자 신원의 보호(Protection of Anonymity)의 세 가지를 들 수 있다. 최근에는 디지털 기술의 발전으로 인해 응답자의 사생활이 침해될 가능성이 커지게 되었다.

(2) 조사응답자의 적극적인 권리의 보호

최근에는 응답자의 권리를 적극적으로 보호하기 위해서 다음의 사항이 논의되고 있다.

① 응답자에게는 조사(Survey)에 꼭 참가해야 할 의무가 없기 때문에 응답자에게 거부할 권리를 주지시켜야 한다. 또한 질문사항, 질문방법에 따라 응답자의 의견이 조작될 위험이 있다는 점을 응답자는 파악해야 한다.

② 조사자는 자기의 역할에 숙달된 반면에 응답자는 그렇지 못하기 때문에, 조사내용을 막연히 설명하면서 조사자가 응답자에게 면접에 동의하도록 유도해서는 안 된다.

③ 응답자에게 '타인의 행동이나 태도'의 형태로 질문을 객관화함으로써 응답자의 사생활을 간접적으로 침해하게 되는 부작용을 유의해야 한다.

④ 면접법을 이용할 경우 응답자의 심리적인 압박감과 불안감을 해소하도록 노력해야 한다.

⑤ 응답자가 직접 느끼지 못하는 과정에 의해 기만당하게 해서는 안 된다.

기출유형 다잡기

01 제품수명주기(PLC)에 따라 발생되는 의사결정의 문제해결을 위한 마케팅조사 문제로 옳지 않은 것은?

① 제품출시 전: 제품개념시험(Concept Test)
② 도입기: 상표·광고에 대한 인지도 및 태도조사
③ 성장기: 표적시장 정립을 위한 조사
④ 성숙기: 고객반응 추적조사

해설 ③ 표적시장 정립을 위한 조사는 제품수명주기(PLC) 중 제품출시 전에 해당한다.
성장기 단계에서는 이미 시장이 형성되었기 때문에 시장점유율 확대, 브랜드 충성도, 고객 유지 관련 조사 등이 핵심이 된다.

02 조사보고서의 기본원칙과 거리가 먼 것은?

① 정확하고 분명한 문장을 사용한다.
② 간결하고 짧은 문장과 간접적인 표현을 사용한다.
③ 작성 전에 미리 충분히 구상한다.
④ 조사보고서의 내용과 형식은 이용자의 관심에 초점을 맞추어 기술한다.

해설 간결하고 짧은 문장과 직설적인 표현을 사용한다.

03 조사보고서를 작성하는 요건으로 옳지 않은 것은?

① 쉽게 이해할 수 있게 정보를 표현해야 한다.
② 정확한 정보전달을 위해 가급적 전문용어를 사용하는 것이 좋다.
③ 불필요한 것을 많이 포함시키면 핵심내용의 전달에 방해가 될 수 있다.
④ 전달할 정보가 정확하지 않은 경우, 의사결정자의 판단오류를 초래할 수 있다.

해설 조사보고서 작성에 있어서 정확한 정보전달 및 오류발생을 감소시키기 위해서는 상대방이 쉽게 이해할 수 있도록 가급적 쉬운 용어를 사용하는 것이 좋다.

정답 **01** ③ **02** ② **03** ②

04 최종조사보고서에 포함되는 항목으로 옳지 않은 것은?

① 자료분석　　　　　　　　　　② 조사예산
③ 조사방법　　　　　　　　　　④ 마케팅적 시사점

> **해설**　최종조사보고서 내용으로 표지의 작성, 연구결과의 요약, 조사방법 및 자료수집, 자료분석 및 분석결과, 전략적 시사점, 부록 등이 기재되어야 한다.
> ② 조사예산은 조사요구서 작성 시에 포함되는 내용이다.

05 조사보고서 작성을 위한 규칙에 해당하지 않는 것은?

① 시각적 자료를 적극적으로 활용한다.
② 구체적인 내용을 담은 긴 보고서가 좋다.
③ 의사결정자가 이해하기 쉽도록 보고서를 작성한다.
④ 의사결정자가 조사결과를 활용할 수 있도록 작성한다.

> **해설**　구체적 사실을 최소화하고 과다정보를 요약하여 핵심정보만을 강조할 수 있어야 하며, 가능하면 정보를 통합하여 변수 간의 관계나 유형을 파악할 수 있도록 해야 한다. 기법 그 자체보다 밝혀 낸 사실에 초점을 두고, 사용자가 이해하기에 편리하도록 정리되었는가를 검토하여야 한다.

06 조사보고서의 기능으로 옳지 않은 것은?

① 조사내용의 요약 및 정리
② 기업의 향후 마케팅활동에 대한 지침
③ 의뢰기업의 영업기밀정보 정리 및 보호
④ 조사회사와 의뢰기업 간의 거래지속 여부 결정

> **해설**　의뢰기업에 대한 조사회사의 영업비밀유지는 조사보고서의 기능으로 작용하는 것이 아니고 당연한 의무이다.

정답　04 ②　05 ②　06 ③

07 조사보고서에 대한 설명으로 옳은 것은?

① 조사보고서의 서론에는 조사 결과의 한계점을 기술한다.

② 조사보고서에서 자료분석 방법을 설명할 때는 보고서 전체의 주제를 순서대로 기술한다.

③ 조사보고서에서 자료수집 방법을 설명할 때는 조사의 배경 및 목적, 의사결정 문제, 가설을 포함한다.

④ 조사보고서의 결론에는 조사 목적별로 핵심 발견점을 요약하고 조사 목적을 달성하지 못한 경우에는 그 이유를 함께 기술한다.

> **해설**　① 일반적으로 조사보고서의 결론에 조사 결과의 한계점을 기술한다.
> 　② 자료분석 방법은 연구에서 사용한 분석기법과 절차를 설명하는 부분으로, 주제별로 순서대로 기술하는 것이 아니라, 자료분석기법 및 방법론에 중점을 두고 기술한다.
> 　③ 자료수집 방법을 설명할 때는 실제로 사용된 데이터 수집 방법, 샘플링 기법, 데이터 수집 도구 등을 설명한다. 조사의 배경 및 목적은 보고서 앞부분에 기술한다.

08 다음 중 마케팅조사의 윤리에 대한 설명으로 틀린 것은?

① 조사결과 이용자는 조사설계의 내용에 대한 비밀을 보장해야 한다.

② 연구조사자는 조사활동을 통한 내용을 보호해야 한다.

③ 조사결과 이용자는 자료에 의해 정당화될 수 없는 결과를 고의로 퍼트려서는 안 된다.

④ 연구조사자는 조사주체와 조사목적을 반드시 비밀로 해야 한다.

> **해설**　④ 연구조사자는 조사시 일반적으로 조사기관(조사주체)을 밝혀야 하며, 그 목적을 말해야 신뢰성 있는 조사결과를 얻을 수 있다.

09 다음 중 조사연구자가 보호해야 하는 응답자의 권리에 해당하지 않는 것은?

① 사생활 보호　　　　　　　② 조사자와의 관계
③ 응답자 신원의 보호　　　　④ 인간의 존엄성

> **해설**　마케팅조사 연구자가 보호해야 하는 응답자의 권리에는 인간의 존엄성, 사생활 보호, 응답자 신원의 보호가 있다.